"四个全面"战略布局与全面推进国防和军队建设

主　编　杨梅枝　孙家荣　刘盍松
副主编　王　鹏　高　攀　徐树森

西北工业大学出版社

【内容简介】 本书紧紧围绕习近平同志治国理政新理念、新思想、新战略,着眼于军队贯彻落实"四个全面"战略布局,全面论述了"四个全面"战略布局的形成过程、科学内涵和重大意义,深入分析了"四个全面"战略布局对强军兴军的重大指导作用和对军队建设的目标要求。剖析了全面推进国防和军队建设的问题和挑战,结合实际有针对性地提出了军队贯彻落实"四个全面"战略布局的具体对策和措施。本书对于教育引导全军官兵自觉做到思想上真心认同、感情上真挚拥护、政治上真诚信仰、行动上坚决贯彻"四个全面"战略布局,对于推动政治建军、改革强军、依法治军,实现强军目标,具有重要的理论参考价值和实践指导意义。

图书在版编目(CIP)数据

"四个全面"战略布局与全面推进国防和军队建设/杨梅枝,孙家荣,刘盍松主编.—西安:西北工业大学出版社,2016.6
 ISBN 978-7-5612-4935-2

Ⅰ.①四… Ⅱ.①杨… ②孙… ③刘… Ⅲ.①国防建设—概况—中国 ②军队建设—概况—中国 Ⅳ.①E2

中国版本图书馆 CIP 数据核字(2016)第 157300 号

出版发行:西北工业大学出版社
通信地址:西安市友谊西路 127 号　　邮编:710072
电　　话:(029)88493844　88491757
网　　址:www.nwpup.com
印 刷 者:陕西宝石兰印务有限责任公司
开　　本:787 mm×960 mm　1/16
印　　张:11.875
字　　数:250 千字
版　　次:2016 年 6 月第 1 版　2016 年 6 月第 1 次印刷
定　　价:38.00 元

序

党的十八大以来，以习近平同志为总书记的党中央，从坚持和发展中国特色社会主义战略全局出发，以"中国梦"开篇，以"两个一百年"奋斗目标为统领，以全面深化改革、全面推进依法治国为两翼，以全面从严治党为根本保证，将完善和发展中国特色社会主义制度、推进国家治理体系和治理能力现代化作为治国理政着力点，统筹国内、国际两个大局，放眼党的长期执政、国家的长治久安、中华民族的永续发展，作出一系列重大战略决策并付诸实践。"四个全面"战略布局是习近平同志站在时代和全局的高度，在坚定中国自信、发展中国道路、优化中国模式、总结中国经验，带领人民推动改革开放和社会主义现代化建设的进程中提出来的，是顺应人民期盼、破解发展难题、引领民族复兴所作的战略选择，是我们党把马克思主义基本原理同中国实际和时代特征相结合的重要理论创新成果。"四个全面"战略布局开拓了我们党治国理政的新境界，确立了中国由大向强发展的总方略，开启了接续打造"中国优势"的新篇章。协调推进"四个全面"战略布局，对于坚持和发展中国特色社会主义、实现中华民族伟大复兴的中国梦具有重大现实意义和深远历史意义。

我军作为党绝对领导下的人民军队，作为执行革命政治任务的武装集团，必须坚持用党的理论创新成果武装官兵头脑、指导军事实践，这既是我军的光荣传统，也是我军不断创新发展、成长壮大的根本保证。"四个全面"战略布局科学把握我国当前社会发展出现的阶段性特征，科学回答了新形势下如何发展、如何改革、如何治国、如何管党等根本性、全局性、方向性问题，体现出我们党在治国理政方略上的新突破，为实现中国梦、强军梦提供了更明确的行动指南。习近平同志2016年1月视察第十三集团军时强调指出："全军要认真贯彻党中央和中央军委决策部署，以党在新形势下的强军目标为引领，贯彻新形势下军事战略方针，深入推进政治建军、改革强军、依法治军，坚定信心，狠抓落实，开创强军兴军新局面。"这就要求我们，军队不仅要把"四个全面"战略布局作为精神旗帜和战略总纲牢固确立起来，更要把"四个全面"战略布局作为科学指南在部队各项建设和工作中落实下去，努力在新征程上开拓强军兴军新局面。

军队贯彻落实"四个全面"战略布局,就必须全面贯彻党的十八大和十八届三中、四中、五中全会精神,深入学习贯彻习近平总书记系列重要讲话精神,特别是国防和军队建设重要论述,紧紧围绕实现党在新形势下的强军目标,深化国防和军队改革,深入推进依法治军、从严治军,加强军队党的建设,贯彻整顿、备战、改革、规划的总体思路,同全面建成小康社会进程相一致,全面推进国防和军队建设、改革和军事斗争准备,坚决完成党和人民赋予的各项任务,为"四个全面"战略布局的协调推进和全面落实作出新的贡献。

贯彻"四个全面"战略布局,要引导广大官兵坚定理想信念,增强道路自信、理论自信、制度自信;牢记强军目标,强化使命担当,担负起新一代革命军人的重大历史责任;坚决拥护改革,自觉投身改革,为实现强军目标提供强大动力;强化法治信仰和法治意识,形成党委依法决策、机关依法指导、部队依法行动、官兵依法履职的良好局面;自觉践行军队党的建设要走在前列的要求,为实现党在新形势下的强军目标提供坚强的思想和组织保证。

本书着眼于军队贯彻落实"四个全面"战略布局,全面推进国防和军队建设,论述"四个全面"战略布局的形成过程、科学内涵和重要意义,深入分析"四个全面"战略布局对强军兴军的重大指导作用,对军队建设的目标要求,对全面建成小康社会与实现军队的历史使命、全面深化改革与深化国防和军队改革、全面依法治国与依法治军、从严治军和全面从严治党以及加强军队党的建设进行深入研究,剖析全面推进国防和军队建设面临的问题和挑战,提出了军队贯彻落实"四个全面"战略布局的对策和措施。本书对于教育引导全军官兵自觉做到对"四个全面"战略布局思想上真心认同、感情上真挚拥护、政治上真诚信仰、行动上坚决贯彻,具有一定的理论参考价值和实践指导意义。

颜晓峰[*]

2016 年 3 月

---

[*] 彦晓峰,国防大学马列主义教研部教授、博士生导师

目　录

第一章　"四个全面"是引领民族复兴的战略布局 ·················· 1
 一、"四个全面"战略布局的形成与发展 ······················· 1
 二、"四个全面"战略布局的科学内涵 ························· 12
 三、"四个全面"战略布局的历史地位 ························· 17
 四、深入贯彻落实"四个全面"战略布局的实践要求 ············· 24

第二章　"四个全面"战略布局是全面推进国防和军队建设的科学指南 ·· 35
 一、"四个全面"战略布局提供了强军兴军的根本遵循 ··········· 35
 二、"四个全面"战略布局明确了强军兴军的时代坐标 ··········· 42
 三、"四个全面"战略布局厘清了强军兴军的实践路径 ··········· 47

第三章　"四个全面"战略布局对国防和军队建设的目标要求 ········ 57
 一、以能打胜仗为目标推进国防和军队建设 ·················· 57
 二、以攻坚克难的精神深化国防和军队改革 ·················· 63
 三、以厉行法治的决心建设法治军队 ························ 73
 四、以走在前列的标准加强军队党的建设 ···················· 79

第四章　在全面建成小康社会进程中有效履行军队使命任务 ········ 86
 一、全面建成小康社会是实现中国梦的关键阶段 ··············· 86
 二、全面建成小康社会对军队履行使命任务的新要求 ··········· 91
 三、有效履行"四个坚决维护"的新的历史时期军队使命 ········ 98

第五章　在全面深化改革进程中深化国防和军队改革 ·············· 107
 一、全面深化改革是实现中国梦的关键 ······················ 107

二、深化国防和军队改革是全面深化改革的必然要求 …………… 111
　　三、深化国防和军队改革面临的问题与挑战 ………………………… 114
　　四、以强军目标统领国防和军队改革 ………………………………… 117

第六章　在全面依法治国进程中推进依法治军从严治军 …………… 126
　　一、全面依法治国是实现中国梦的法治保障 ………………………… 126
　　二、依法治军从严治军是全面依法治国和强军兴军的必然要求 …… 131
　　三、依法治军从严治军面临的问题与挑战 …………………………… 134
　　四、不断提高国防和军队建设法治化水平 …………………………… 137

第七章　按照全面从严治党要求　加强军队党的建设 ……………… 145
　　一、全面从严治党是实现中国梦的重要保证 ………………………… 145
　　二、加强军队党的建设是全面从严治党和强军兴军的必然要求 …… 153
　　三、军队党的建设面临的问题与挑战 ………………………………… 159
　　四、大力加强和改进军队党的建设 …………………………………… 164

结束篇：着眼战略全局　全面推进国防和军队建设 …………………… 172
　　一、着力推动理论武装与实践运用相结合 …………………………… 172
　　二、以实际行动拥护改革，支持改革，投身改革 …………………… 175

后记 …………………………………………………………………………… 182

参考文献 ……………………………………………………………………… 184

第一章 "四个全面"是引领民族复兴的战略布局

实现中华民族的伟大复兴是近代以来中国人民的梦想。在追梦路上中国人民在中国共产党的领导下，经历了中国新民主主义革命、社会主义革命、社会主义建设和改革开放的历史时期，形成了毛泽东思想、邓小平理论、"三个代表"重要思想和科学发展观。21世纪第二个10年，中国向何处去？中国将走一条怎样的发展道路？对于世界来说，这个问题的答案，变得远比100年前重要得多。党的十八大以来，在我们党提出全面建设小康社会的10年之后，中国如何全面建成小康社会，实现什么样的民族复兴、如何实现民族复兴，这些问题摆在我们党面前亟须作出回答。以习近平同志为总书记的党中央高瞻远瞩，从实现中华民族伟大复兴的战略高度，提出协调推进全面建成小康社会、全面深化改革、全面依法治国、全面从严治党的战略布局。"四个全面"战略布局，成为中华民族实现伟大复兴的战略指引。

一、"四个全面"战略布局的形成与发展

中华民族伟大复兴的中国梦是需要通过制定战略部署、战略目标、战略步骤和战略重点，逐步努力奋斗来实现的。全面建成小康社会是实现中华民族伟大复兴中国梦的"关键一步"。在全面建成小康社会的关键阶段，从2014年12月到2015年2月，在短短两个多月时间内，习近平同志先后11次阐述了党的十八大以来新一届中央领导集体提出并形成的"四个全面"战略布局。2015年既是全面深化改革的关键之年，也是全面推进依法治国的开局之年，"四个全面"战略布局应运而生。

（一）"四个全面"战略布局提出的时代背景

党的十八大以来，以习近平同志为总书记的党中央，坚持改革开放以来中国特色社会主义的战略规划，针对新形势下的新机遇、新挑战和历史任务，提出了"四个全面"战略布局。"四个全面"战略布局的提出不是偶然的，而是有着深刻的时代背景，这是引领民族复兴所作的战略选择，是回应人民期盼所作的战略选择，是破解发展难题所作的战略选择。

1. 实现中华民族伟大复兴的中国梦是"四个全面"战略布局提出的大历史背景

（1）"四个全面"战略布局，应该放在中华民族伟大复兴的历史进程中去考察。中华民族具有5000多年的悠久历史，在漫长的历史长河中，我国各族人民创造了灿烂的中华文明，为人类文明进步作出了巨大贡献。鸦片战争以后，由于西方列强的侵略和封建统治的腐朽，中国逐步沦为半殖民地半封建社会，国家积贫积弱，战乱不已，民不聊生。为了实现中华民族伟大复兴，无数仁人志士奋起寻求救国救民、振兴中华的道路。中国共产党成立后，领导人民完成了新民主主义革命，实现了民族独立和人民解放，建立了新中国；确立了社会主义基本制度，实现了中国历史上最广泛最深刻的社会变革；十一届三中全会后，开启了改革开放和社会主义现代化建设的伟大历程，开创了中国特色社会主义事业，为实现全面建成小康社会的目标，实现中华民族的伟大复兴，提供了坚强保障。

2013年1月24日，新一届中央领导集体第一次走出人民大会堂和中南海的集体亮相，就是选择到国家博物馆参观《复兴之路》展览，这一举动很有象征意义，足以证明中华民族复兴在新一届领导集体心目中的分量。在参观完《复兴之路》展览后，习近平同志发表了重要讲话，提出了实现中华民族伟大复兴的中国梦，指明我们比历史上任何时期都更接近中华民族伟大复兴的目标。正如习近平同志指出："经过鸦片战争以来170多年的持续奋斗，中华民族伟大复兴展现出光明的前景。现在，我们比历史上任何时期都更接近中华民族伟大复兴的目标，比历史上任何时期都更有信心、有能力实现这个目标。"[①]

（2）伟大的时代呼唤伟大的理论。在实现中华民族伟大复兴的大历史背景下，有很多问题需要在理论上加以回答和阐明。"四个全面"战略布局，满足了我国历史向前发展的需要，确立了新形势下党和国家各项工作的战略目标和战略举措，为实现"两个一百年"奋斗目标、实现中华民族伟大复兴的中国梦提供了理论指导和实践指南。"为子孙后代计、为长远发展谋"，"四个全面"战略布局确实在考虑党和国家长治久安的问题。比如，全面依法治国、全面从严治党，就是管长远的。从这个意义上讲，"四个全面"战略布局的战略目标尽管是全面建成小康社会，但对实现建国100年的奋斗目标也是管用的，也是实现中华民族伟大复兴的战略指引。

2. 当代中国发展新阶段是"四个全面"战略布局提出的实践基础

实践是理论的源泉，理论来自于实践。毛泽东同志指出："真正的理论在世界上只有一种，就是从客观实际抽出来又在客观实际中得到了证明的理论，没有任何别的东西可以称得起我们所讲的理论。"[②] "四个全面"战略布局，正是这样的理论，它来源于实践，不断接受

---

① 习近平. 习近平谈治国理政. 北京：外文出版社有限责任公司，2015：35-36.
② "整顿党的作风". 毛泽东选集（第三卷）. 北京：人民出版社，1991：817.

实践的检验，并成为实践的理论指南。

改革开放30多年来，我国经济社会发展取得了举世瞩目的成就。经济总量位居世界第二位，2014年我国国内生产总值达到636 463亿元，综合国力不断增强，国际地位大幅提升，对世界的影响力越来越大，人民的生活水平不断提高。现在，我国已经正式进入中等收入国家行列。我国经济社会发展呈现出阶段性特征：经济实力显著增强，但是生产力水平总体上还不高，自主创新能力还不强，长期形成的结构性矛盾和粗放型增长方式尚未根本改变；社会主义市场经济体制初步建立，但是影响发展的体制机制障碍依然存在，改革攻坚面临深层次矛盾和问题；人民生活总体上达到小康水平，但是收入分配差距拉大趋势还未根本扭转，城乡贫困人口和低收入人口还有相当数量，统筹兼顾各方面利益难度加大；协调发展取得显著成绩，但是农业基础薄弱、农村发展滞后的局面尚未改变，缩小城乡、区域发展差距和促进经济社会协调发展任务艰巨；社会主义民主政治不断发展、依法治国基本方略扎实贯彻，但是民主法制建设与扩大人民民主和经济社会发展的要求还不完全适应，政治体制改革需要继续深化；社会主义文化更加繁荣，同时人民精神文化需求日趋旺盛，人们思想活动的独立性、选择性、多变性、差异性明显增强，对发展社会主义先进文化提出了更高要求；社会活力显著增强，同时社会结构、社会组织形式、社会利益格局发生深刻变化，社会建设和管理面临诸多新课题；对外开放日益扩大，同时面临的国际竞争日趋激烈，发达国家在经济科技上占优势的压力长期存在，可以预见和难以预见的风险增多，统筹国内发展和对外开放要求更高。

这些情况表明，经过新中国成立以来特别是改革开放以来的不懈努力，我国取得了举世瞩目的发展成就，从生产力到生产关系、从经济基础到上层建筑都发生了意义深远的重大变化，但我国仍处于并将长期处于社会主义初级阶段的基本国情没有变，人民日益增长的物质文化需要同落后的社会生产之间的矛盾这一社会主要矛盾没有变，我国仍然是发展中国家的地位没有变。当前我国发展的阶段性特征，是社会主义初级阶段基本国情在新世纪新阶段的具体表现。像中国这样一个大国，长期保持经济发展和社会稳定，还有很多事要做。习近平同志强调："要有强烈的问题意识，要以重大问题为导向，抓住关键问题进一步研究思考，着力推动解决我国发展面临的一系列突出矛盾和问题。"具体来说，我国发展中还存在不平衡、不协调问题；城乡区域发展差距和居民收入分配差距依然较大；教育、就业、医疗、住房、生态环境、食品药品安全、社会治安、执法司法等领域还存在一些突出矛盾。这些矛盾和问题与过去相比，在新常态下已经有了很大的不同，表现出当代中国发展的新特点。面对新问题，也就意味着我们过去的办法已经越来越不管用，就是我们常说的：老办法不管用，新办法不会用，硬办法不敢用，软办法不顶用。那么怎么办？这就需要有新的思想理论指导。基于这个现实判断，"四个全面"战略布局很有针对性。比如，全面建成小康社会，是为了解决发展不平衡、不协调、不可持续的问题；全面深化改革，是为了解决发展的深层次矛盾特别是利益固化的问题；全面依法治国，是为了解决治理方式不相适应、人治色彩很浓的问题;全面从严治党,是为了解决"四风"泛滥、腐败形势复杂严峻的问题。由此可见,清醒认识和全面把握当代中国经济社会发展的新特点,是"四个全面"战略布局提出的直接原因。

3. 积极回应人民群众的新期盼是"四个全面"战略布局提出的社会现实背景

习近平同志指出:"今天,历史的接力棒传到了我们手里。历史和人民既赋予我们重任,也检验我们的行动。"① 经过多年努力,现在我们比以往任何时候都更加接近中华民族的伟大复兴。这对当代中国人民、中国共产党人都是一个神圣时刻。人民期待新一届领导集体继续高举中国特色社会主义伟大旗帜,坚定不移地推进改革开放,紧紧抓住和利用好战略机遇期,带领全国人民为全面建成小康社会而努力奋斗。党的十八大提出了"全面建成小康社会"的战略目标,并确定了到2020年实现这个目标的时间表,正是这次大会,以习近平同志为总书记的党中央接过了历史的接力棒,继续在中国特色社会主义道路上谋划民族复兴的伟大事业,继续书写辉煌的篇章。今天的中国人民,期待有更好的教育、更稳定的工作、更高满意的收入、更可靠的社会保障、更高水平的医疗卫生服务、更舒适的居住条件、更美好的环境,期盼着孩子们能成长得更好、工作得更好、生活得更好。人民对美好生活的向往,就是我们党的奋斗目标。

今天的中国,既有改革开放30多年以来丰富的物质和精神财富基础,又面临着国际风云变幻、国内改革发展稳定任务繁重等多重考验。历史提供了前所未有的机遇,同时带来了巨大的压力和挑战,光明的前途上充满困难和风险。在走向民族复兴的历史进程中,我们面临许多不可回避的问题,如经济总量领先下的人均落后,先富起来之后的共富挑战,资源环境约束下的转变压力,创新能力与发展需求脱节,民生问题较为突出,国内外安全风险叠加交织,治理现代化目标任重道远……当前,我国的改革进入"深水区"和"攻坚期",改革的难度更大,体制机制障碍依然存在,利益藩篱难以打破,人民群众对深化改革有更高的期盼,期望能够进一步破除阻挠改革的体制机制性障碍,期盼改革能够进一步保障社会的公平正义,期盼人民群众能更好分享改革发展的成果,有更多的获得感。人民群众期盼通过全面依法治国,解决党和国家事业发展面临的一系列重大问题,解放和增强社会活力,促进社会公平正义,维护社会和谐稳定,确保党和国家长治久安。人民群众期盼我们党通过全面从严治党,保持反腐败的高压态势,坚决把腐败蔓延的势头遏制住,能够看得见、享受得到全面从严治党、推进党风廉政建设和反腐败斗争的成果。

以习近平为总书记的党中央,面对种种困难和问题,不畏惧、不回避,敢于直面应对,表现出强烈的责任意识和担当精神,把党执政兴国作为第一要务,站在时代发展和战略全局的高度,积极回应人民群众的新期盼,提出了"四个全面"的战略布局。"四个全面"战略

---

① 习近平.在参加十二届全国人大三次会议上海代表团审议时的讲话.人民日报,2015-3-6(1).

布局体现了以人为本、为民造福、让全国人民共享改革发展成果的执政观,体现了我党为国家谋富强、为人民谋幸福的价值观。"四个全面"战略布局是党中央为人民过上幸福生活的顶层设计,是积极回应人民期盼而作出的战略选择。

4. 党的十八大是"四个全面"战略布局产生的总源头

通过学习习近平同志关于"四个全面"战略布局的多次重要讲话,结合"四个全面"战略布局提出和形成的历史过程,我们可以得出一个基本判断:党的十八大是"四个全面"战略布局的总源头。

2014年12月,习近平同志在江苏调研时发表重要讲话,第一次提出了"四个全面"的战略思想和战略布局。他强调,要全面贯彻党的十八大和十八届三中、四中全会精神,落实中央经济工作会议精神,主动把握和积极适应经济发展新常态,协调推进全面建成小康社会、全面深化改革、全面推进依法治国、全面从严治党,推动改革开放和社会主义现代化建设迈上新台阶。2015年2月,习近平同志在省部级主要领导干部学习贯彻十八届四中全会精神全面推进依法治国专题研讨班开班式上作重要讲话,又对"四个全面"的定位和相互关系,进行了深刻阐述。他指出,党的十八大以来,党中央从坚持和发展中国特色社会主义全局出发,提出并形成了全面建成小康社会、全面深化改革、全面依法治国、全面从严治党的战略布局。这个战略布局,既有战略目标,也有战略举措,每一个"全面"都具有重大战略意义。全面建成小康社会是我们的战略总目标,全面深化改革、全面依法治国、全面从严治党是三大战略举措。习近平同志在以上两个时间点提出"四个全面"的战略布局,与党的十八大密切相关,完全可以说明党的十八大是"四个全面"战略布局的总源头。现在从以下四方面作深入分析。

(1) 从"全面建设小康社会"到"全面建成小康社会"。从"全面建成小康社会"的形成过程来看,首先要掌握"小康"的概念。"小康"一词是1979年邓小平同志会见日本首相大平正芳时提出和使用的。他用这一概念来表述我国实现四个现代化所要达到的目标水准。"小康社会"的概念可以追溯到20世纪改革开放之初的80年代。党的十六大提出了"全面建设小康社会"的目标,党的十七大使用了"全面建设小康社会"的概念,但真正赋予"全面建设小康社会"丰富内涵,并对这一工作作出全面战略部署的是党的十八大。党的十八大把"全面建设小康社会"阐述为"全面建成小康社会",并将我国经济社会发展目标的表述做了重大调整和完善。"建设"和"建成"虽然一字之差,却反映了我党对建成小康社会的决心、信心和自信,以最大的能力实现我党对人民的政治承诺。党的十八届五中全会对全面建成小康社会提出了经济保持中高速增长、人民生活水平和质量普遍提高、国民素质和社会文明程度显著提高、生态环境质量总体改善和各方面制度更加成熟更加定型的新的目标要求。

(2) 从"全面深化改革开放"到"全面深化改革"。党的十八大在确定经济社会发展和改革开放目标时,同时将改革的目标与发展的目标一起并列提出。十八大报告的提法是"全面建成小康社会和全面深化改革开放的目标"。在阐述了"全面建成小康社会"的目标后,报告继而阐述了"全面深化改革开放"的目标。党的十八届三中全会确定的主题是"全面深化改革"。改革开放以来,党中央召开的历次三中全会的主题都是研究讨论深化改革问题。有的涉及的是全局性改革,有的涉及的是局部性改革。十八届三中全会所确定的主题与十八大报告中的提法有一点不同,即少了"开放"二字。按邓小平同志关于改革开放的思想和观点来讲,"开放也是改革"。所以,为突出全面深化改革这个主题,将改革开放简化为改革,更为简明扼要。确定的改革总目标是"完善和发展中国特色社会主义制度,推进国家治理体系和治理能力现代化"。

（3）从"全面推进依法治国"到"全面依法治国"。党的十八大报告明确提出了"全面推进依法治国"的概念,不仅如此,报告的第五部分即"坚持走中国特色社会主义政治发展道路和推进政治体制改革"中,专门列了一个目来阐述这个问题,对"全面推进依法治国"提出了要求,作出了部署。党的十八届四中全会通过的《关于全面推进依法治国若干重大问题的决定》,将"全面推进依法治国"确定为主题。从党的十八大我们党提出"全面推进依法治国",对这项工作提出要求,到十八届四中全会将其确定为中央全会的主题,专题研究,整体部署,形成了我们党对这个问题的完整工作思路、方针和措施。十八届三中全会"全面深化改革"的决定和四中全会"全面推进依法治国"的决定形成了"破"和"立"的辩证统一关系。2015年2月2日,习近平同志在省部级主要领导干部学习贯彻党的十八届四中全会精神全面推进依法治国专题研讨班开班式上的讲话中把"全面推进依法治国"表述为"全面依法治国",与"全面深化改革""全面从严治党"的表述相一致。由此可见,"全面依法治国"也直接来源于党的十八大。

（4）从"全面提高党的建设科学化水平"到"全面从严治党"。从党的十八大报告中,没有"全面从严治党"的表述,但这并不能说明"全面从严治党"与党的十八大精神没有关系。在党的十八大报告中"全面提高党的建设科学化水平"这个部分中,我们可以感受到"全面从严治党"的灵魂、精神和意蕴的存在。党的十八大结束后不久,党中央就对这一活动的开展作了全面部署,紧接着全国各地区、各部门按照中央的统一部署,分期分批开展了教育实践活动。从2015年开始,进行"三严三实"专题教育活动。在党的群众路线教育实践活动结束的时候,习近平同志在党的群众路线教育实践活动总结大会上发表重要讲话,对活动进行了全面总结,并对新形势下坚持从严治党提出了八个方面的要求。正如习近平同志在党的十八届四中全会指出的那样:"我们要实现党的十八大和十八届三中全会做出的一系列战略部署,全面建成小康社会、实现中华民族伟大复兴的中国梦,全面深化改革、完善和发展中国特色社会主义制度,就必须在全面推进依法治国上作出总体部署,采取切实措施,迈出坚实步伐。"① 2014年12月习近平同志在江苏调研时明确提出了"全面从严治党",并且第一次将"四个全面"战略布局有机结合到一起,提出了"四个全面"的战略布局。综上可见,"全面从严治党"虽然不是直接来源于党的十八大,但它与十八大有着密不可分的关系,是间接来源于党的十八大。党的十八大是"四个全面"战略布局产生的总源头。

(二)"四个全面"战略布局的形成与发展

马克思说:"理论在一个国家实现的程度,总是决定于理论满足这个国家的需要的程度。"② 这里让我们先来回顾一下党中央对"四个全面"战略布局的具体部署。"四个全面"战略布局,每一个"全面"都有一个逐步提出、日益明晰的过程。"四个全面"战略布局,是在党的十六大提出的全面建设小康社会奋斗目标的基础上,在党的十八大以来新的伟大实践中,逐步提出并形成的,其间经历了下述三个阶段。

1. 从"一个全面"到"两个全面"

2002年在党的十六大报告中提出了"一个全面",即"全面建设惠及十几亿人口的更高水平的小康社会"。2007年,党的十七大会议重申了"一个全面"的奋斗目标,从政治、经济、文化、社会和可持续发展等方面,进一步丰富和发展了全面建设小康社会的目标。在距离2020年全面建成小康社会还有8年之际召开的党的十八大,把"全面建设小康社会"改为"全面建成小康社会"。这是第一个全面的提出,既是对全面建设小康社会所要实现目标的回顾,又是对将要建成小康社会目标的细化和具体化,还进一步从政治、经济、文化、社会和生态文明建设等方面,对全面建成小康社会提出目标和要求。我党在提出了全面建成小康社会的同时,还提出了第二个全面,即全面深化改革开放的目标,并认为全面建成小康社会,必须以更大的政治勇气和智慧,不失时机深化重要领域改革,坚决破除一切妨碍科学发展的思想观念和体制机制弊端,构建系统完备、科学规范、运行有效的制度体系,使各方面制度更加成熟、更加定型。要加快完善社会主义市场经济体制,完善公有制为主体、多种所有制经济共同发展的基本经济制度,完善按劳分配为主体、多种分配方式并存的分配制度,完善宏观调控体系,更大程度更广范围发挥市场在资源配置中的基础性作用,完善开放型经济体系,推动经济更有效率、更加公平、更可持续发展。加快推进社会主义民主政治制度化、规范化、程序化,从各层次各领域扩大公民有序政治参与,实现国家各项工作法治化。加快完善文化管理体制和文化生产经营机制,基本建立现代文化市场体系,健全国有文化资产管理体制,形成有利于创新创造的文化发展环境。加快形成科学有效的社会管理体制,完

---

① 《中共中央关于全面推进依法治国若干重大问题的决定》的说明. 人民代表大会制度重要文献选编(四). 北京:中国民主法制出版社,2015.

② 马克思恩格斯选集(第1卷). 北京:人民出版社,1972:11.

善社会保障体系,健全基层公共服务和社会管理网络,建立确保社会既充满活力又和谐有序的体制机制。加快建立生态文明制度,健全国土空间开发、资源节约、生态环境保护的体制机制,推动形成人与自然和谐发展的现代化建设新格局。这些重要思想深刻阐述了把党的十六大、十七大报告提出的"全面建设小康社会"这"一个全面"扩展为"两个全面"的必要性和重要意义。

2013年,党的十八届三中全会通过的《中共中央关于全面深化改革若干重大问题的决定》,把党的十八大报告提出的"全面深化改革开放"简化为"全面深化改革"。当前,随着国内外环境都在发生极为广泛而深刻的变化,我国发展面临一系列突出矛盾和挑战,前进道路上还有不少困难和问题。比如:发展中不平衡、不协调、不可持续问题依然突出,科技创新能力不强,产业结构不合理,发展方式依然粗放,城乡区域发展差距和居民收入分配差距依然较大,社会矛盾明显增多,教育、就业、社会保障、医疗、住房、生态环境、食品药品安全、安全生产、社会治安、执法司法等关系群众切身利益的问题较多,部分群众生活困难,形式主义、官僚主义、享乐主义和奢靡之风问题突出,一些领域消极腐败现象易发多发,反腐败斗争形势依然严峻,等等。解决这些问题,关键在于深化改革。全会通过的《中共中央关于全面深化改革若干重大问题的决定》,深刻剖析了我国改革发展稳定面临的重大理论和实践问题,阐明了全面深化改革的重大意义和未来方向,提出了全面深化改革的指导思想、目标任务、重大原则,描绘了全面深化改革的新蓝图、新愿景、新目标,合理布局了深化改革的战略重点、优先顺序、主攻方向、工作机制、推进方式和时间表、路线图,汇集了全面深化改革的新思想、新论断、新举措,形成了改革理论和政策的一系列重大突破,这是我们党在新的历史起点上全面深化改革的科学指南和行动纲领。

2. 从"两个全面"到"三个全面"

2014年10月,也就是在全面深化改革元年召开的党的十八届四中全会,审议通过了《中共中央关于全面推进依法治国若干重大问题的决定》(以下简称《决定》)。《决定》提出,全面建成小康社会、实现中华民族伟大复兴的中国梦、全面深化改革、完善和发展中国特色社会主义制度,提高党的执政能力和执政水平,必须全面推进依法治国。《决定》深刻论述了依法治国在党和国家工作全局中的重要地位和作用,科学分析了法治建设面临的形势和存在的问题,明确提出了全面推进依法治国的指导思想,精辟论述了全面推进依法治国的总目标,这就是在中国共产党领导下,坚持中国特色社会主义制度,贯彻中国特色社会主义法治理论,形成完备的法律规范体系、高效的法治实施体系、严密的法治监督体系、有力的法治保障体系,形成完善的党内法规体系,坚持依法治国、依法执政、依法行政共同推进,坚持法治国家、法治政府、法治社会一体建设,实现科学立法、严格执法、公正司法、全民守法,促进国家治理体系和治理能力现代化。《决定》提出了全面推进依法治国的基本原则:必须坚持中国共产党的领导,必须坚持人民主体地位,必须坚持法律面前人人平等,必须坚持依法治国和以德治国相结合，必须坚持从中国实际出发。

《决定》从坚持和发展中国特色社会主义出发，按照党的十八大加快建设社会主义法治国家的要求，对全面推进依法治国作出了全面部署，提出了科学立法、严格执法、公正司法、全民守法和加强法治工作队伍建设的重点任务。尤其是《决定》提出了中国特色社会主义法治道路、中国特色社会主义法治体系、处理好党的领导和依法治国关系等一系列重大论断，对全面推进依法治国的重点任务和重大举措进行了全面部署，既是坚定不移走中国特色社会主义法治道路的庄重宣言，也是全面推进依法治国、加快建设社会主义法治国家的路线图。

这样，就把"两个全面"进一步扩展为"三个全面"。现在，全面建成小康社会进入决定性阶段，改革进入攻坚期和深水区，我们面对的改革发展稳定任务之重前所未有、矛盾风险挑战之多前所未有，依法治国在党和国家工作全局中的地位更加突出、作用更加重大。全面推进依法治国是关系我们党执政兴国、关系人民幸福安康、关系党和国家长治久安的重大战略问题，是完善和发展中国特色社会主义制度、推进国家治理体系和治理能力现代化的重要方面。要实现党的十八大和十八届三中全会作出的一系列战略部署，全面建成小康社会、实现中华民族伟大复兴的中国梦，全面深化改革、完善和发展中国特色社会主义制度，就必须在全面推进依法治国上作出总体部署、采取切实措施、迈出坚实步伐。

3. 从"三个全面"到"四个全面"

在党的十八届四中全会闭幕后不久，2014年12月14日，习近平同志在江苏考察调研时提出："协调推进全面建成小康社会、全面深化改革、全面推进依法治国、全面从严治党，推动改革开放和社会主义现代化建设迈上新台阶"。至此，把"三个全面"首次扩展为"四个全面"的战略布局。从公开的新闻报道看，"全面从严治党"这6个字合在一起表述尚属首次。但其主要精神在习近平同志2014年10月8日党的群众路线教育实践活动总结大会的讲话中已经体现出来了。他指出："今天这个大会，是对党的群众路线教育实践活动进行总结，对巩固和拓展教育实践活动成果、加强党的作风建设、全面推进从严治党进行部署。"对于管党治党来说，"全面"二字至少包含三个层面。一是内容无死角，涵盖党的思想建设、组织建设、作风建设、反腐倡廉建设和制度建设各个领域。二是主体全覆盖，从严管党治党不仅是党中央的责任，党的各级组织都必须贯彻从严治党要求。同时，落实管党治党主体责任，意味着一把手不仅仅"独善其身"，还要把班子成员管好。三是劲头不松懈，要把从严治党常态化、制度化。

（1）我党提出全面从严治党具有深刻的历史意义。这是因为"我们党是靠革命理想和铁的纪律组织起来的马克思主义政党，纪律严明是党的光荣传统和独特优势"。从以毛泽东为代表的党的第一代领导集体，到以习近平同志为代表的中央领导集体，都始终坚持党要管党、从严治党。正是依靠从严治党，严明党的纪律，我们党才在革命和建设中取得辉煌成就。当今中国处于深化改革阶段,正经历经济增长速度换挡期、结构调整阵痛期、前期刺激政策消化期"三期叠加"时期,我们党面临着精神懈怠的危险、能力不足的危险、脱离群众的危险和消极腐败的危险这"四大危险",面临着执政考验、改革开放考验、市场经济考验、外部环境考验这"四大考验",面对着"利益固化藩篱"等"命运性问题"。中国共产党作为执政党,担负着团结带领人民全面建成小康社会、推进社会主义现代化、实现中华民族伟大复兴的重任。因此,在改革开放新时期必须坚持从严治党,只有从严治党才能维护党的集中统一、稳固党的执政根基,才能把党的十八大提出的关于党的建设的目标落到实处,才能更好地实现经济社会发展、民族团结进步、国家长治久安。从严治党是党的建设的根本原则,贯穿党的建设始终。仔细分析党的历史上着重突出"从严治党"的时间节点便能清晰地发现:在党面对关乎党的命运、国家生死存亡的时期,我们党尤其强调从严治党。我们党领导革命、建设和改革的过程中越是面对危险和难题之时,越是需要加紧对党的治理、提高管党治党水平之时。

(2) 全面从严治党更有深刻的现实内涵。之所以强调党的十八大之后"新时期"语境之下从严治党的必要性和极端重要性,主要原因如下:一是从世情方面来看,随着中国的GDP总量超过日本,成为全球第二大经济体,中国在世界中承担着更多的大国责任,中国已经与世界各国在共同利益基础之上构成"命运共同体",如何使中国特色社会主义彰显世界意义,如何使中国道路更加可持续,如何打消"中国威胁论""黄祸论"等西方偏见,始终要依靠作为社会主义事业领导核心的中国共产党。因此,我们党能否加强纪律、统一意志、统一行动,是面对复杂国际形势作出正确判断的关键。从严治党的历史意义在于,我们党会团结带领全国各族人民经受住各种风险与困难,完成时代赋予的光荣而艰巨的任务。二是从国情方面来看,虽然我们在经济、政治、文化、社会、生态方面均取得新进步,迈出了新步伐,但是需要看到的还有经济发展不平衡、不协调、不可持续问题;一些领域存在道德失范、诚信缺失现象;社会矛盾明显增多,教育、就业、医疗、住房、生态环境等关系群众切身利益的问题增多;等等。保持既有成就和解决新问题,同样需要我们从严治党。三是从党情来看,我党执政已逾耳顺之年,除了党所处的社会生态发生了很大变化,党的自身情况也发生了很大变化。因此,习近平同志指出:"党要管党,才能管好党;从严治党,才能治好党。对我们这样一个拥有8 500多万党员、在一个13亿人口大国长期执政的党,管党治党一刻不能松懈。如果管党不力、治党不严,人民群众反映强烈的党内突出问题得不到解决,那我们党迟早会失去执政资格,不可避免被历史淘汰。这绝不是危言耸听。"[①] 总之,党的十八大以来,在新的历史时期中党和国家面临着前所未有的机遇和挑战,必须要坚持党要管党、从严治党。唯有如此,才能使我们在新时期"蹄疾步稳"地进行全面深化改革。

---

① 在全国组织工作会议上的讲话. 十八大以来重要文献选编(上). 北京:中央文献出版社,2013:349-350.

对"四个全面"战略布局的定位也有个发展过程。最初这"四个全面"战略布局是作为全面完成党的十八大提出的任务、要求以及当前党和国家事业发展中必须解决好的主要矛盾提出来的。2014年11月，习近平同志到福建考察调研时提出了"三个全面"，"协调推进全面建成小康社会、全面深化改革、全面推进依法治国进程"。2014年12月习近平同志在江苏调研时强调，要"协调推进全面建成小康社会、全面深化改革、全面推进依法治国、全面从严治党，推动改革开放和社会主义现代化建设迈上新台阶"。习近平同志在不同场合，就这"四个全面"战略布局作出过一系列重要论述，而在公开报道中，将"四个全面"战略布局并提，这还是第一次，意蕴深邃。这一次，则在"三个全面"基础上，增加了"全面从严治党"。"四个全面"战略布局的提出，使当前和今后一个时期，党和国家各项工作关键环节、重点领域、主攻方向更加清晰，内在逻辑更加严密，新一届中央领导集体治国理政总体框架更加完整，日臻成熟。2015年2月2日，习近平同志在省部级主要领导干部学习贯彻党的十八届四中全会精神全面推进依法治国专题研讨班开班式上的讲话中指出："党的十八大以来，党中央从坚持和发展中国特色社会主义全局出发，提出并形成了全面建成小康社会、全面深化改革、全面依法治国、全面从严治党的战略布局。这个战略布局，既有战略目标，也有战略举措，每一个'全面'都具有重大战略意义。全面建成小康社会是我们的战略目标，全面深化改革、全面依法治国、全面从严治党是三大战略举措"。他还强调："要把全面依法治国放在'四个全面'的战略布局中来把握，深刻认识全面依法治国同其他三个'全面'的关系，努力做到'四个全面'相辅相成、相互促进、相得益彰。"首次把这"四个全面"战略布局定位于党中央的战略布局。从时间轴来看，"四个全面"战略布局是在不同高层会议场合逐步提出的。从中不难看出，习近平对于总体方略有着系统深邃的战略思考，有章有法，思路清晰。

从"四个全面"战略布局的提出和形成的历史过程来看，它的产生具有深刻的历史必然性。"四个全面"战略布局是着眼中华民族复兴"中国梦"的大历史背景，是破解中国现阶段发展难题的战略选择，是回应人民期盼所作的战略选择，是时代发展的现实需要，是中国化马克思主义理论发展的必然结果，是坚持和发展中国特色社会主义的客观要求。"四个全面"战略布局立足治国理政全局，统领中国发展总纲，抓住了改革发展稳定的关键，确立了新形势下党和国家各项工作的战略方向、重要领域和主攻目标。"四个全面"战略布局的提出，既是对我党治国理政历史经验和科学理论的继承，又是对党治国理政新实践的新总结和新概括。我们相信，"四个全面"战略布局来自于实践，又回到实践，不断丰富、不断完善，一定会发挥科学理论对人们的引领作用、对实践的指导作用，推动中国特色社会主义事业的发展，引领中华民族伟大复兴的中国梦的实现。

二、"四个全面"战略布局的科学内涵

认真学习领会和正确认识把握"四个全面"战略布局的科学内涵及其内在的逻辑联系,对于促进党的理论和实践的大发展,促进中国特色社会主义事业的大跨越,推进实现中华民族伟大复兴中国梦,都具有十分重大而深远的意义。

(一)"四个全面"战略布局的科学内涵

2014年年底,习近平同志在江苏调研时首次提出了要协调推进"全面建成小康社会、全面深化改革、全面推进依法治国、全面从严治党"。这是其治国理政方略的顶层设计,是中国复兴伟业的战略路线图。"四个全面"战略布局第一次将全面建成小康社会,定位为"实现中华民族伟大复兴中国梦的关键一步";第一次将全面深化改革的总目标,确定为"完善和发展中国特色社会主义制度、推进国家治理体系和治理能力现代化";第一次将全面依法治国,论述为全面深化改革的"姊妹篇",形成"鸟之两翼、车之双轮";第一次为全面从严治党标定路径,要求"增强从严治党的系统性、预见性、创造性、实效性",锻造中国特色社会主义事业更加坚强的领导核心。

"四个全面"战略布局构成了一个严密的体系,有着很强的学理支持和经验支撑。理解"四个全面"战略布局,是读懂中国故事,读懂中国复兴的重要窗口。

(1) 全面建成小康社会。由习近平担任起草组组长的党的十八大报告首次提出"全面建成小康社会"的战略目标,并确定了时间表,即到2020年实现全面建成小康社会的宏伟目标。习近平提出要让人民有"更好的教育、更稳定的工作、更满意的收入、更可靠的社会保障、更高水平的医疗卫生服务、更舒适的居住条件、更优美的环境""孩子们能成长得更好、工作得更好、生活得更好"[①]……习近平同志数次用朴实的语言道出了人民心中的梦想,这是全面小康的群众表达。全面建成小康社会,核心就在全面。这个"全面"体现在覆盖的人群是全面的,也体现在涉及的领域是全面的。在"四个全面"战略布局中其地位特殊,全面建成小康社会难度最大,是"战略目标",其他三个"全面"都是为了实现这个目标进行的"战略举措",不仅如此,它还是"中国梦"大格局中的关键一步。

(2) 全面深化改革。党的十八届三中全会提出"全面深化改革"的战略抉择,是以习近平同志为总书记的党中央带领全国各族人民在新的历史起点上进行的具有新的历史特点的伟大斗争。这场伟大斗争肩负的一个重要历史使命,就是确保用今后几年时间,到2020年如期全面建成小康社会,进而到21世纪中叶建成富强民主文明和谐的社会主义现代化国家,实现中华民族伟大复兴的中国梦。党的十八届三中全会提出的一揽子改革举措,在世界改革

---

① 习近平. 习近平谈治国理政. 北京:外文出版社,2015.

史上都是罕见的。中国执政党内部相继成立多个工作小组，并由高层领导人担任组长，便是保持国家的相对自主性，使公共决策既不受部分利益集团的影响，也不为非理性选民所左右。改革必然触及利益，势必会遭到特殊利益集团的阻碍。改革的动力来自人民的力量，来自实现中国复兴的力量。突破既得利益，让改革落地，需要有决心、有担当。无论是党的十八大以来的铁腕反腐，还是政治经济社会等领域的利益再分配，都显出中国执政党实现人民对美好生活向往的坚定决心，以及最高领导人实现中华民族伟大复兴的个人历史担当。总之，全面深化改革将成为改革开放以来中国共产党领导人民进行的最广泛、最深刻的一场变革，而且必将带来新的重大突破，推动经济社会发展全面提升。

（3）全面依法治国。全面依法治国，既是全面建成小康社会的重要内容和内在目标，又是全面建成小康社会的制度动力和根本保障。党的十八届四中全会通过的"全面推进依法治国"决定，是中共党史上第一个关于加强法治建设的专门决定，对在新形势下进一步引导和保障中国特色社会主义建设，通过全面推进依法治国、加快建设法治中国，推进国家治理体系和治理能力现代化，在法治轨道上积极稳妥地深化各种体制改革，为全面建成小康社会、实现中华民族伟大复兴中国梦提供制度化、法治化的引领、规范、促进和保障，具有十分重要的战略意义，对加强中国特色社会主义法治体系建设，全面推进依法治国，加快建设社会主义法治国家，具有十分重要的现实意义。党的十八届四中全会提出了180多项重要法治改革举措，许多都是涉及利益关系调整的"硬骨头"。法治领域的改革与政治改革密切相连，改革难度大，社会关注度高，特别需要自我革新的勇气。然而，法治改革关涉执政党能否长期执政，关涉法治社会能否顺利实现，关涉中国复兴能否到来，意义非凡，必须下死决心。

（4）全面从严治党。"全面从严治党"，是习近平同志2014年10月在总结党的群众路线教育实践活动讲话时正式提出的。中央政治局第十六次集体学习曾专门安排了党的建设内容，习近平在讲话中指出"要营造一个良好从政环境""要有一个好的政治生态"。党内潜规则盛行，政治生态受到污染，从政环境不够纯洁，根源在于没有做到全面从严治党。在习近平同志的认知里，"中国要出问题，还是出在共产党内部"，如果不是党出现动摇基本路线、立国之本的根本性问题，外部势力与党外右翼人士搞不垮社会主义中国。苏联、东欧国家早已证明了这个真理。只要把这个党管好、治好，中国的现代化就有了强有力的政党力量保证，实现中华民族伟大复兴中国梦就大有希望。从"打铁还要自身硬"的掷地有声到"踏石留印，抓铁有痕"的庄严宣告，从"八项规定"新风拂面到"四风"涤荡，党的十八大以来，习近平同志高度重视党的建设，在多个场合强调了党要管党、从严治党。与此同时，一边扎牢制度篱笆，一边剑指沉疴顽疾，"老虎""苍蝇"一起打，彰显了中央从严治党的决心。严格执纪，铁面问责，将制度的笼子扎紧，架起制度的高压线，划出纪律的红线。党的十八大以来，中央以从严治党为遵循，拔烂树、治病树、打老虎、拍苍蝇，截至目前，已有100多名副部级以上官员和军级以上军官被查处，反腐决心可见一斑。显然，治国必先治党，治党务必从严，习近平同志指出，如果党内不纯洁，缺乏正气，被团团伙伙、利益集团充斥，制度和规矩成为软约束，是不可能引领国家走向复兴的。这也是为什么习近平同志多次强调"三严三实"要求、严肃党内政治生活、"党的建设是最大政绩"的重要原因。

习近平同志提出的"四个全面"战略布局是一份庄严的政治承诺，背后隐藏着深层的中国复兴逻辑。只有全面深化改革，破除利益藩篱，实现全面小康才有动力；只有全面依法治国，建立规则秩序、推进公平正义，实现全面小康才有保障；只有全面从严治党，锻造领导核心、提供政治支撑，实现全面小康才有保证。以全面深化改革破解民族复兴进程中的深层次矛盾问题，以全面依法治国确保现代化建设有序进行，以全面从严治党巩固党的执政基础和群众基础，才能绘就全面小康的宏图，从四个方面全面揭示了"四个全面"战略布局的全面内涵。

（二）"四个全面"之间的相互关系

有人认为"四个全面"战略布局，就是四句话，内容很明确，也很简单。但是，深入学习习近平同志关于"四个全面"战略布局的论述，就可以发现这四句话构成的战略布局，立意很高，着眼长远，考虑得很深、很远。全面建成小康社会是党的十八大提出的总目标，而全面深化改革与全面推进依法治国，则如大鹏之两翼、战车之两轮，共同推动全面建成小康社会奋斗目标顺利实现。这个过程中，全面从严治党则是各项工作顺利推进、各项目标顺利实现的根本保证。"四个全面"战略布局，相辅相成、相互促进、相得益彰，涵盖了我们党治国理政的方方面面，体现了政治目标、执政理念、执政方式和执政党自身建设的有机统一。其中，全面建成小康社会是总目标，全面深化改革、全面依法治国、全面从严治党是战略举措。

（1）全面建成小康社会是总目标。党的十八大提出了全面建成小康社会的奋斗目标，而要实现这个奋斗目标，就要不失时机深化重要领域改革，坚决破除一切妨碍科学发展的思想观念和体制机制弊端，构建系统完备、科学规范、运行有效的制度体系，使各方面制度更加成熟更加定型。"战略目标"和"战略举措"之别，"战略举措"是为"战略目标"服务的，或者说，"战略举措"是实现战略目标的重大"举措"。全面深化改革也好，全面推进依法治国也好，全面从严治党也好，都是为了全面建成小康社会。因此，我们要正确认识和处理好战略目标与战略举措之间的关系。清醒地认识这一点，非常重要。到2020年全面建成小康社会，这是坚持和发展中国特色社会主义的阶段性目标，是实现中华民族伟大复兴的中国梦的重要台阶和关键一步，同时也是中国共产党对全国人民的庄严承诺。可以说，这是我们肩负的崇高、神圣而又艰巨、紧迫的历史使命。现在距离2020年只有4年多时间了，或者说，历史留给我们的时间已经不多了。其中在经济目标中有一个硬指标，那就是我们过去说的"两个翻番"，即"实现国内生产总值和城乡居民人均收入比2010年翻一番"。按照党的十八大时测算，今后8年年均增长7%，国内生产总值就可以翻一番；年均增长6.8%，城乡居民人均收入就可以翻一番。从目前来看，尽管这两年经济下行，但还在可以实现我们奋斗目

— 14 —

标的区间之内。比如2014年国内生产总值增长7.4%，全国居民人均可支配收入比上年增长10.1%，其中城镇居民人均可支配收入比上年增长9%，农村居民人均可支配收入比上年增长11.2%，这些数据都在合理的区间之内。但是，我们不得不提醒自己，在经济转型的同时如果没有一定的增长速度，是会影响全面建成小康社会目标实现的。我们不以GDP论英雄，但不能没有含有较高质量和效益的国内生产总值。所以，贯彻"四个全面"战略布局，落实所有的举措，都必须牢记全面建成小康社会的战略目标。

（2）全面深化改革和全面依法治国是姊妹篇。从党的十八届三中全会开启全面深化改革的历史进程，到十八届四中全会高举全面推进依法治国的旗帜，两次全会、两大主题、两份决定，是党中央治国理政总体战略在时间轴上的顺序展开，是推动实现全面建成小康社会蓝图的姊妹篇。通过全面深化改革，推进体制机制创新，进一步解放和发展生产力，促进社会公平正义，可以为建设中国特色社会主义法治体系创造条件。通过全面推进依法治国，确保改革沿着法治轨道有序推进，及时巩固、发展改革成果，可以为推进国家治理体系和治理能力现代化提供有力的法治保障。全面深化改革，必须自觉运用法治思维和方式，坚持重大改革于法有据；必须坚持依法行政，致力于推进国家治理体系和治理能力现代化；必须坚持司法公正，让改革中各种利益关系的调整获得应有的法律保障；必须增强全民法治观念，使改革在良好的法治氛围中推进。

（3）全面从严治党是保证。办好中国的事情关键在党。党的十八届三中、四中全会对"加强和改善党对全面深化改革的领导""加强和改进党对全面推进依法治国的领导"均进行了专门论述，不论是全面深化改革还是全面推进依法治国，都对从严治党提出了新要求，也都以党的领导作为实现目标的根本保证。因此，实现全面建成小康社会的奋斗目标，需要全面推进从严治党，因为党是中国特色社会主义事业的坚强领导核心，没有党的坚强领导不可能实现全面建成小康社会的目标。全面深化改革需要全面从严治党，因为改革开放事业是新的形势下党领导人民进行的伟大革命，只有全面加强党的领导和改善党领导，加强党的自身建设，提高党的建设科学化水平，才能确保改革开放事业的正确方向。全面推进依法治国同样需要在党的领导下进行，必须坚持全面推进从严治党，加强党的全面建设，因为"社会主义法治必须坚持党的领导，党的领导必须依靠社会主义法治"。

总之，全面建成小康社会是奋斗目标，全面深化改革是动力，全面依法治国是保障，全面从严治党是保证。全面深化改革和全面依法治国如车之两轮、鸟之两翼，共同推进全面建成小康社会目标的顺利实现，全面从严治党始终成为中国特色社会主义事业的领导核心。"四个全面"战略布局的创造性，在于它把全面小康这一奋斗目标、深化改革这一发展动力、依法治国这一重要保障、从严治党这一政治保证科学统筹起来，每一个方面都强调"全面"，并注入新的丰富内涵，提出新的更高要求，明确了实现治国理政现代化的总方略、总框架、总抓手。我们要深刻理解"四个全面"战略布局，关键是注重"全面"，要害是抓好统筹。如果把中国比作一列正在向着全面建成小康社会进发的列车，那么改革就是发动机，法治就是稳压器,党的领导就是火车头。"四个全面"战略布局是一个整体,缺一不可,共同支撑起中国特色社会主义事业的全局。

(三)"四个全面"战略布局的三大基本逻辑

党的十八大以来,党中央从坚持和发展中国特色社会主义全局出发,提出并形成了全面建成小康社会、全面深化改革、全面依法治国、全面从严治党的战略布局。这一战略思想具有贯通历史、立足现实、着眼未来的三大逻辑。

(1)"四个全面"战略布局有着深厚的历史逻辑。所谓历史逻辑就是始终尊重历史发展的方向,始终沿着历史进步的逻辑前进。"四个全面"战略布局的提出是立足于深厚历史土壤之中的,有客观历史基础。这一思想没有割断历史,更没有否定历史,而是以历史为前提和基础的。全面建成小康社会的思想是以邓小平理论中关于小康的思想、"三个代表"重要思想中关于全面建设小康社会的思想、科学发展观关于全面建设小康社会新要求的思想以及全面建成小康社会的理论为基础的,是对这些思想的继承和发展。全面深化改革是从"不改革开放就是死路一条""改革开放是新时期中国最鲜明的特征""改革开放是决定当代中国命运的关键抉择,是发展中国特色社会主义、实现中华民族伟大复兴的必由之路"等理论创新中走过来的,更是从农村改革、城市经济体制改革、全方位改革等实践创新中走过来的。

(2)"四个全面"战略布局有着强大的现实逻辑。所谓现实逻辑就是始终以解决现实问题为导向,努力解决人民群众最关切的实际问题。"四个全面"战略布局就是攻坚克难的思想,就是敢于和善于啃硬骨头的思想。全面依法治国就是要解决群众反映强烈突出的执法司法问题,解决立法工作中较为突出的部门化倾向、争权诿责现象,解决比较严重的有法不依、执法不严、违法不究现象,解决仍然存在的执法体制权责脱节、多头执法、选择性执法现象,解决较为突出的执法司法不规范、不严格、不透明、不文明现象等。全面从严治党就是要彻底医治损害党的先进性和纯洁性的病症、坚决祛除滋生在党的健康肌体上的毒瘤。在纪念国庆65周年招待会上,习近平指出:"我们要坚持党要管党、从严治党,增强党自我净化、自我完善、自我革新、自我提高能力,永不动摇信仰,永不脱离群众。凡是影响党的创造力、凝聚力、战斗力的问题都要全力克服,凡是损害党的先进性和纯洁性的病症都要彻底医治,凡是滋生在党的健康肌体上的毒瘤都要坚决祛除,使中国共产党始终同人民心连心、同呼吸、共命运。"

(3)"四个全面"战略布局有着宏远的未来逻辑。所谓未来逻辑就是把握社会发展的基本趋势,从时代变革的大趋势中把握走势。全面建成小康社会展现了未来五年中国的宏伟景象,到2020年全面建成小康社会之时,我们这个历史悠久的文明古国和发展中社会主义大国,将成为工业化基本实现、综合国力显著增强、国内市场总体规模位居世界前列的国家,成为人民富裕程度普遍提高、生活质量明显改善、生态环境良好的国家,成为人民享有更加充分民主权利、具有更高文明素质和精神追求的国家,成为各方面制度更加完善、社会更加充满活力而又安定团结的国家,成为对外更加开放、更加具有亲和力、为人类文明作出更大贡献的国家。全面深化改革是面向未来的事业,是只有进行时没有完成时的事业,全面深化改革可以让一切劳动、知识、技术、管理、资本的活力竞相迸发,让一切创造社会财富的源泉充分涌流,让发展成果更多更公平惠及全体人民。全面推进依法治国,总目标是建设中国特色社会主义法治体系,建设社会主义法治国家,是深深影响中国未来的宏伟战略,是关系我们党执政兴国、关系人民幸福安康、关系党和国家长治久安的重大战略问题。全面从严治党是确保我们党始终走在时代前列的未来工程,从严治党永远没有休止符。"中国特色社会主义最本质的特征就是坚持中国共产党的领导,中国的事情要办好首先中国共产党的事情要办好。""全面从严治党,是我们党在新形势下进行具有许多新的历史特点的伟大斗争的根本保证"①。

只有顺应历史发展,适应现实需要,着眼未来事业,全面落实"四个全面"的战略布局,解决制约我国实现现代化进程中存在的主要矛盾和难题,才能协调推进中国特色社会主义事业大踏步地发展,为实现"两个一百年"的目标和中华民族伟大复兴的中国梦奠定坚实的基础。

三、"四个全面"战略布局的历史地位

再没有什么使命,比引领一个民族走向复兴更光荣;再没有什么事业,比团结十几亿人民共圆梦想更崇高。我们要把"四个全面"战略布局放在坚持和发展中国特色社会主义、实现中华民族伟大复兴的中国梦这个大背景下,放在历史的长时段、全过程中,深入理解和把握它的重大意义、丰富内涵、内在联系和实践要求,自觉用这一战略布局统一思想认识、指导推动工作。"四个全面"的战略布局是当代中国共产党人对科学社会主义理论的运用和发展,是把马克思列宁主义同中国实际相结合的最新理论成果,是中国特色社会主义理论体系的重要组成部分,是实现中华民族伟大复兴的中国梦的行动指南。

(一)"四个全面"战略布局是马克思主义与中国实际相结合的新飞跃

马克思主义中国化发展的必然要求就是运用马克思主义解决中国革命、建设和改革开放的实际问题,在马克思主义中国化的历史进程中,在不同的历史时期,不断产生新的飞跃,产生新的理论成果,"四个全面"战略布局就是马克思主义与中国实际相结合的理论成果。

(1)"四个全面"战略布局是马克思主义与中国实际相结合的最新理论成果。改革开放以来,在新的历史时期,我们党坚持马克思主义的思想路线,不断探索和回答什么是社会主

---

① 习近平. 在参加十二届全国人大三次会议上海代表团审议时的讲话. 人民日报,2015-3-5(1).

义，怎样建设社会主义；建设什么样的党，怎样建设党；实现什么样的发展，怎样发展这三大基本问题，形成了邓小平理论、"三个代表"重要思想、科学发展观三大理论成果。党的十八大以来，以习近平同志为总书记的党中央以筚路蓝缕、以启山林的精神，坚持问题导向和科学思维，以当代中国共产党人的全局视野和战略眼光，坚定中国自信、立足中国实际、总结中国经验、针对中国难题，提出了"四个全面"战略布局，进一步探索和回答了"什么是民族复兴、怎样实现民族复兴"这样的基本问题，从而在整体上进一步深化和丰富了我们对共产党执政规律、社会主义建设规律、人类社会发展规律的认识，进一步推进了马克思主义中国化，坚持并丰富了党的基本理论、基本路线、基本纲领和基本经验，开辟了马克思主义中国化的新境界。"四个全面"第一次把全面小康放在中国梦的大格局中审视，把全面小康目标升华成民族复兴的重要里程碑，将全面建成小康社会定位为"实现中华民族伟大复兴中国梦的关键一步"；第一次将全面深化改革的总目标确定为"完善和发展中国特色社会主义制度、推进国家治理体系和治理能力现代化"；第一次将全面依法治国，论述为全面深化改革的"姊妹篇"，形成"鸟之两翼、车之双轮"；第一次为全面从严治党标定路径，要求"增强从严治党的系统性、预见性、创造性、实效性"，锻造我们事业更加坚强的领导核心。"四个全面"战略布局是我们党治国理政方略与时俱进的新创造、马克思主义与中国实践相结合的新飞跃，它使得我们党和国家各项工作的关键环节更加清晰、内在逻辑更加严密，使得以习近平同志为总书记的新一届中央领导集体治国理政的总体框架更加完整、日臻成熟。这一马克思主义中国化的最新理论成果，将在我国今后更加壮阔的改革开放大业中逐渐展现其导航和引领作用。

(2) "四个全面"以科学的态度对待马克思主义，体现了一脉相承又与时俱进的辩证关系。习近平同志讲过学哲学、用哲学是我们党的一个好传统，要原原本本学习和研究经典著作，努力把马克思主义作为自己的看家本领。由此可见，"四个全面"战略布局的提出，是我们党长期坚持马克思主义立场观点方法的必然结果，它与毛泽东思想、中国特色社会主义理论体系是一脉相承的，彰显了马克思主义与时俱进的理论品质。"四个全面"战略布局既是邓小平"三步走"战略顺利实施的保障，又是大胆超越"三步走"战略基本实现社会主义现代化的归宿点，矛头直接指向社会主义现代化和中华民族伟大复兴。"四个全面"战略布局坚持和发展了马克思主义，把马克思主义中国化推向了新高潮。

(3) "四个全面"充分体现了中国共产党坚持实事求是的思想路线，是推动中国历史潮流走向更高境界的战略布局。实事求是思想路线是马克思主义的灵魂，是中国特色社会主义的根基。实事求是思想路线强调从实际出发，用全面的观点和发展的观点看问题；坚持思想和实际、客观与主观、理论和实际相结合。全面建成小康社会的提出，体现了我党从中国的实际出发，坚持把这个目标付诸实践的决心和勇气。全面深化改革体现了我们党实事求是的理论品质。当前，我国的改革已经进入深水区和攻坚期，有很多"硬骨头"很难啃下来，这就需要一种整体全面的战略眼光来实施改革，需要更加注重改革的系统性、预见性、整体性和协同性。全面推进依法治国，就是建设社会主义法治体系、建设社会主义法治国家。全面从严治党也有其针对性，在新的形势下，我们党面临着许多新情况、新问题、新挑战，落实党要管党、从严治党的任务比以往任何时期更为艰巨和紧迫，而且我们党还面临着"四大考验"和"四大危险"。这些问题都需要站在全局、实事求是、从实际出发，对症下药，加大治理力度，确保党的先进性和纯洁性，确保我党能够承担起领导改革和建设重任，始终成为中国特色社会主义事业的坚强领导核心。实事求是的思想路线贯穿于"四个全面"战略布局中，是马克思主义的精髓。

（4）"四个全面"战略布局继承和发扬了我党群众路线的优良传统。马克思主义唯物史观认为群众是历史的创造者，是推动历史发展的根本力量，一切依靠群众，一切为了群众，从群众中来，到群众中去，这就是我们党始终坚持的群众路线，是我们党的工作路线和生命线。"四个全面"战略布局正是在践行群众路线中萌芽、形成和发展的，是广大人民所期盼的。只有把马克思主义中人民群众是历史主体的观念作为贯彻在全党心中的压舱石，我党才能提出如此深刻的战略思想。正因为"四个全面"战略布局是群众路线的结晶，所以一经提出，立刻在广大人民之间产生了共鸣，"四个全面"战略布局在群众路线指引下，开辟了马克思主义中国化的新格局。

"四个全面"战略布局是一个科学的完整的理论体系。"四个全面"战略布局，以实现"两个一百年"奋斗目标和中华民族伟大复兴的中国梦为背景，以探索和回答"什么是民族复兴、怎样实现民族复兴"这样的基本问题为主线，形成了内涵丰富、逻辑严密、科学完整的理论体系。在"四个全面"战略布局中，全面建成小康社会是处于引领地位的战略目标，全面深化改革、全面依法治国、全面从严治党相辅相成，共同为这一战略目标提供基本动力、基本保障、基本支撑。可见，"四个全面"战略布局相辅相成、相互促进、相得益彰，是一个科学的完整的理论体系。"四个全面"战略布局作为中国特色社会主义理论体系重要组成部分，毫无疑问，正在成为我们为实现"两个一百年"奋斗目标不懈努力的理论指导和实践指南。

（二）"四个全面"是引领中华民族实现伟大复兴的战略布局

中国梦归根到底是人民的梦，要依靠人民来实现。党的十八大以来，以习近平同志为总书记的党中央从改革发展稳定的实际出发，积极回应人民群众的期待诉求，提出并形成了"全面建成小康社会、全面深化改革、全面依法治国、全面从严治党"的战略布局，开辟了我们党治国理政的新境界，实现了马克思主义与中国实践相结合的新飞跃，成为引领实现中国梦的战略布局。

（1）全面建成小康社会是实现中国梦的坚实基础。党的十八大后，习近平同志提出实现中华民族伟大复兴的中国梦的重大命题。"中国梦的本质是国家富强、民族振兴、人民幸福。我们的奋斗目标是，到2020年国内生产总值和城乡居民人均收入在2010年基础上翻一番，全面建成小康社会。到21世纪中叶，建成富强民主文明和谐的社会主义现代化国家，实现中华民族伟大复兴的中国梦。"中国梦的提出，成为时代的最强音，成为中国人民进军的号角，是引领中国走向未来和激励中华儿女团结奋进的精神旗帜。从全面建成小康社会与中国梦的关系来看，全面建成小康社会是实现中国梦的阶段性目标。其基本内涵是经济持续健康发展，人民民主不断扩大，文化软实力显著增强，人民生活水平全面提高，资源节约型、环境友好型社会建设取得重大进展。2021年是中国共产党成立一百周年，到2020年全面建成小康社会的目标也就成为我们党"两个一百年"奋斗目标中的第一个目标。全面建设小康社会是正在进行时，全面建成小康社会是将来完成时，是到2020年要完成的任务、实现的目标。如果2020年全面建成小康社会的任务不能如期完成、目标不能如期实现，那么，中国梦的实现就会被延迟。因此，全面建成小康社会是实现中国梦的前提和基础。

（2）全面深化改革是实现中国梦的不竭动力。实现"两个一百年"的奋斗目标，让民族复兴的中国梦变得生机盎然、活力无限，就必须坚定不移地全面深化改革。随着追梦圆梦的进程不断推进，"改革号"巨轮已经驶入攻坚期和深水区，各种深层次矛盾相互交织叠加、错综复杂。如何突破利益固化的藩篱，敢于啃硬骨头、涉险滩，协调推进各领域各环节的改革，最大限度集聚人民群众改革智慧和力量？答案是必须通过全面深化改革，为坚持和发展中国特色社会主义注入强劲动力，汇聚起改革发展驰而不息的正能量。全面深化改革，是决定中国前途命运的关键一招，是实现民族复兴中国梦的根本动力。梦想的最终实现，需要正确的方向和科学的引领。要想实现"两个一百年"的奋斗目标，还必须把握好全面深化改革的内在规律，坚持正确的方法论。只有全面把握改革的战略思维、辩证思维、法治思维、系统思维、底线思维和创新思维，正确处理好"解放思想和实事求是的关系""整体推进和重点突破的关系""顶层设计和摸着石头过河的关系""胆子要大和步子要稳的关系""改革发展稳定的关系"，不断提高驾驭市场经济的能力、加强社会治理的能力、建设生态文明的能力、统筹国际国内两个大局的能力，把全面深化改革的顶层设计与基层实践探索对接，全面协调推进经济体制、政治体制、文化体制、社会体制、生态文明体制和党的建设制度改革，中国梦之航船才能穿越激流险滩，驶向胜利的彼岸。

（3）全面依法治国是实现中国梦的强力支撑。作为国家治理领域的一场深刻而广泛的革命，全面依法治国内嵌于中国特色社会主义经济、政治、文化、社会、生态文明建设五位一体总布局当中，为实现中国梦提供根本性、全局性和长期性的制度保障。今天，中国的全面发展既要依靠改革的力量，又要依靠法治的力量。中国梦的实现既需要改革的内驱动力，又需要法治的铸基护航。法治兴则国兴，法治强则国强。实现中国梦首先要实现国家富强，只有全面推进科学立法、严格执法、公正司法、全民守法，坚持依法治国、依法执政、依法行政共同推进，坚持法治国家、法治政府、法治社会"一体建设"，才能确保党和国家的事业蓬勃发展，因此，法治是实现国家富强梦的制度基石。在实现民族振兴的伟大征程中，要全面展现中华文明的独特魅力，就必须大力弘扬法治精神，实施依法治国基本方略，可以说法治也是实现民族复兴梦的制度保障。中国梦归根到底是人民的梦，如何切实维护和保障人民权益，让每一个人都能感受到公平、正义、安全和尊严，法治是必由之路。只有强化法治信仰和权威，人人尚法、尊法、用法、护法，社会共识才会不断增进和达成，各不同利益主体才能求同存异、和谐共处，才能在实现中国梦的征程中始终有牢不可摧的民意之基，始终有破浪前行的勇气动力。因此，全面依法治国，是历史和时代赋予的全新责任和使命，也是实现民族复兴中国梦的坚实保障。

（4）全面从严治党是实现中国梦的政治保证。中国共产党与中华民族的前途命运，构成了当代中国最为关键的"命运共同体"。伟大的事业需要坚强的领导核心，毫不动摇坚持党的领导，不断增强党的创造力、凝聚力和战斗力，切实增强理论自信、道路自信、制度自信，才能不断开创中国梦之新境界。治国必先治党、治党务必从严。党的十八大以来，以习近平为总书记的党中央提出全面从严治党，是我们党对管党治党的理论升华和拓展。历史使命越光荣，奋斗目标越宏伟，执政环境越复杂，我们就越要从严治党。历史和现实反复证明，中国共产党与中华民族的前途命运息息相关，面对新时期"四大危险"和"四大考验"，只有全面从严治党，时刻保持自觉和自省，紧紧抓住加强党的执政能力建设、先进性和纯洁性建设这条主线，坚持在思想、组织、作风、反腐倡廉和制度上"不留死角"、不设"法外之地"，坚持"老虎""苍蝇"一起打，坚持思想建党和制度建党紧密结合，牢牢抓住领导干部这个"关键少数"，坚持用制度管党、管权、管吏，不断提高党的领导水平和执政水平，不断提高拒腐防变和抵御风险的能力，才能真正跳出"其兴也勃焉，其亡也忽焉"的历史周期律，使我们党始终走在时代前列，成为全国各族人民的主心骨，团结带领人民锐意进取、接续奋斗，实现中华民族伟大复兴的中国梦。

在"四个全面"战略布局中，全面建成小康社会是处于引领地位的战略目标，全面深化改革、全面依法治国、全面从严治党，同样具有不可替代的地位和作用，只有以全面深化改革破解民族复兴进程中的深层次矛盾问题，以全面依法治国确保现代化建设有序进行，以全面从严治党巩固党的执政基础和群众基础，才能绘就全面小康社会的宏图，才能建成富强民主文明和谐的社会主义现代化国家。"四个全面"战略布局，统一于民族复兴的伟大梦想，统一于中国特色社会主义伟大事业，是中国和中国人民阔步走向未来、实现中华民族伟大复兴中国梦的行动指南。

（三）"四个全面"战略布局是坚持和发展中国特色社会主义的战略抓手

坚持和发展中国特色社会主义，是改革开放30多年来党和国家一以贯之的主题。党的十八大后，以习近平同志为总书记的党中央紧紧抓住坚持和发展中国特色社会主义这一主题，谱写中国特色社会主义新篇章。两年多来，依据党的十八大的战略部署和全面发展面临的主要矛盾，努力实现"两个一百年"和中国梦的奋斗目标，我们党牢牢把握"四个全面"战略布局，渐次展开、相互配合、形成合力，展现出治国理政的健康发展和主线轨迹。

（1）"四个全面"战略布局正是中国在"发展起来以后"，更加注重发展和治理的系统性、整体性、协调性的必然选择。两年多来，统筹改革发展稳定，各项举措力度空前，经济发展进入新常态；推进治党治国治军，反腐倡廉纯洁队伍，正风肃纪凝聚人心；运筹内政外交国防，中国梦与亚太梦，世界梦同频共振。近几年，科学统筹、协调推进重大决策部署，使局面为之而变，气象为之而新，民心为之而振。事实充分证明，"四个全面"战略布局是坚持和发展中国特色社会主义道路、理论和制度的重要战略抓手。

（2）"四个全面"战略布局构建了中国特色社会主义道路的具体模式。党的十八大对中国特色社会主义道路作出了完整准确的概括。走中国道路还要通过一定的具体模式体现出来。"四个全面"战略布局，是十八大以来党治国理政的总纲领，纲领具有道路的意义和功能。可以说，"四个全面"战略布局是新形势下中国道路的具体模式。"四个全面"战略布局围绕一个战略目标，构建三大战略举措，构成了走向民族复兴的具体道路。围绕保证实现全面小康的战略目标，我们党推出动力机制、法治保障、领导力量三大战略举措，构建了实现战略目标的支持系统。全面深化改革为全面建成小康社会提供动力保证，是战略目标与发展动力的统一；全面依法治国为全面建成小康社会提供法治保证，是战略目标与治理方式的统一；全面从严治党为全面建成小康社会提供领导保证，是战略目标与组织力量的统一。

（3）"四个全面"战略布局提出了中国特色社会主义理论的创新观点。中国特色社会主义理论体系是一个开放的体系、不断创新的体系。当前，我们正在进行具有许多新的历史特点的伟大创新实践，如此丰富而深刻的创新实践，孕育和催生着党的理论创新。围绕"四个全面"战略布局，习近平同志提出了一系列新思想新观点新论断，发展创新了中国特色社会主义理论。比如，明确指出中国梦归根到底是人民的梦，高度概括了"两个一百年"奋斗目标的价值本质；系统阐述完善和发展中国特色社会主义制度、推进国家治理体系和治理能力现代化的全面深化改革总目标，发展创新了中国特色社会主义治理理论；深刻论述中国特色社会主义法治道路，大大提高了党对全面依法治国的认识；深入研究从严治党规律，把对共产党执政规律的认识推进到更深层次，等等。

（4）"四个全面"战略布局强化了中国特色社会主义制度的稳固基础。坚持和完善中国特色社会主义制度，是实现"两个一百年"奋斗目标的根本保障。"四个全面"战略布局，实质上也正是从制度建设层面全面推进，为长期稳定持续发展夯实制度基础。全面深化改革就是要为党和国家事业发展、为人民幸福安康、为社会和谐稳定、为国家长治久安提供一整套更完备、更稳定、更管用的制度体系。全面依法治国则是用法治为国家稳定发展提供坚实基础，为国家有序发展提供规范框架，为国家持续发展提供确定空间。全面从严治党就是要加强制度治党，用制度管权管事管人。改革立制、法治强制、治党用制，相互强化、相互深化，都是完善中国特色社会主义制度的创新实践。

（四）"四个全面"战略布局开启了加快国家治理现代化的伟大征程

国家治理现代化，既是我国社会主义现代化的重要内容，也是实现社会主义现代化的前提条件和重要途径。党的十八届三中全会将"完善和发展中国特色社会主义制度，推进国家治理体系和治理能力现代化"作为全面深化改革的总目标。而习近平同志提出的协调推进"四个全面"战略布局，从顶层设计和具体部署上规定了国家治理现代化的实现途径，开启了加快推进我国国家治理现代化的伟大征程。

（1）"四个全面"战略布局深化了对国家治理现代化规律的认识。"四个全面"战略布局深化了对国家治理现代化道路、模式的认识，指明现代化不是只有一条路径，道路和模式的选择须从本国实际出发。对现代化的追求是很多发展中国家的共同愿望。20世纪五六十年代，西方所谓自由民主的现代化模式应用于第三世界国家时遭遇了挫折与失败。与之不同，我党自成立时起，就带领中国人民坚定不移走自己的路。习近平同志深刻指出，一个国家选择什么样的治理体系，是由这个国家的历史传承、文化传统、经济社会发展水平决定的，是由这个国家的人民决定的。我国今天的国家治理体系，是在我国历史传承、文化传统、经济社会发展的基础上长期发展、渐进改进、内生性演化的结果。"四个全面"战略布局，正是对我国社会主义现代化实践经验的总结和升华。"四个全面"战略布局中的每一个"全面"，都以坚持和发展中国特色社会主义为内核和方向，充分展现出我们党的主张和定力；"四个全面"战略布局从目标、动力、制度、能力等方面全方位规划出了党和人民沿着中国特色社会主义道路实现社会主义现代化的独特模式与独特路径。

（2）"四个全面"战略布局揭示了推进国家治理现代化是一项复杂而综合的系统工程。协调推进"四个全面"战略布局，既规定了国家治理现代化要达到的目标，也包含了实现国家治理现代化的具体举措，深刻揭示了国家治理体系是一个逻辑严密、环环相扣的制度体系，只有各项建设协调推进、互相配合，才能够发挥整体性的系统功能，达到推进国家治理体系和治理能力现代化的效果。国家治理能力是一项综合能力，只有以提高党的执政能力为重点，提高各级干部、各方面管理者的素质和本领，提高党政机关、企事业单位、人民团体、社会组织的工作能力，才能形成先进的国家治理能力。国家治理体系与国家治理能力是一个相辅相成的有机整体，国家治理体系从根本上规定了治理能力的内容、结构和治理能力所能达到的上限，而国家治理能力反过来影响国家治理体系的效能，只有国家治理体系与治理能力现代化相配套、相协调，才能形成国家治理现代化的合力。把国家治理现代化分为国家治理体系现代化和国家治理能力现代化两个方面，破除了以为建好制度就完事大吉的不全面认识，不仅是中国特色社会主义国家治理理念和实践的重大创新，也是对现代国家治理理论的丰富发展，充分体现了"四个全面"战略布局的科学性。

（3）"四个全面"战略布局对推进国家治理体系和治理能力现代化将发挥重大的引领作用。为指导推进国家治理体系和治理能力现代化，既要掌握战略举措，又要把握精神实质。"四个全面"战略布局是基于我国发展的现实要求提出来的，要深入把握"四个全面"战略布局的精神实质。现在，距离 2020 年全面建成小康社会的时间只剩下 5 年，任务繁重、时间紧迫。协调推进"四个全面"战略布局，对实现国家治理现代化意义非同一般。"四个全面"战略布局是针对当前我国发展的现实需要和面临的突出矛盾提出来的，标志着我党对中国特色社会主义规律的认识达到了一个新的高度。我们应当用发展的眼光来看"四个全面"战略布局。"四个全面"战略布局以全面建成小康社会为战略目标，是为了突出它承上启下的重大战略意义，在当前这一决定性阶段，其更能够发挥凝聚共识、团结力量的作用，达到集中精力攻克难关、夺取胜利的目标。但全面建成小康社会不是终极目标，而是与中国梦相连通的，全面深化改革、全面依法治国和全面从严治党也都是只有进行时没有完成时的长期任务，所以"四个全面"战略布局在精神实质上是坚持和发展中国特色社会主义道路、理论、制度的战略抓手，是发展中国特色社会主义的战略布局，与中国特色社会主义"五位一体"总布局相统一。当然，中国特色社会主义理论体系从来是与时俱进的，"四个全面"战略布局作为中国特色社会主义理论体系的最新成果自然也是与时俱进的，它必将在指导实践中接受检验，根据实践的发展变化而丰富完善。

四、深入贯彻落实"四个全面"战略布局的实践要求

马克思、恩格斯指出："一切划时代的体系的真正的内容，都是由于产生这些体系的那个时期的需要而形成起来的。""四个全面"战略布局，正是在实现"两个一百年"奋斗目标和中华民族伟大复兴的关键时期形成的一个划时代体系，竖起了坚持中国道路、引领中国发展、增创中国优势的伟大精神旗帜。习近平同志指出："落实好全面建成小康社会、全面深化改革、全面依法治国、全面从严治党的战略布局，要求全党同志以与时俱进、奋发有为的精神状态，不断推进实践创新和理论创新，继续写好马克思主义中国化、时代化的新篇章。"①

（一）深入贯彻落实"四个全面"战略布局的本质要求

马克思主义告诉我们，人民群众是创造历史的英雄。在当代中国的发展中，人民群众既是历史的创造者，也是协调推进"四个全面"战略布局的中坚力量。"四个全面"战略布局的本质要求在于为人民造福，逐步实现共同富裕，全面建成小康社会，实现中华民族伟大复

---

① 习近平. 在陕西调研考察时讲话. 人民日报，2015-2-17（1）.

兴的中国梦。

（1）"四个全面"战略布局要求尊重人民群众的主体地位。马克思主义认为，决定历史发展的最终力量是每个历史时期的普通民众，他们既创造了那个时期的物质财富，也创造了那个时期的精神财富，而且还是社会变革的决定力量。列宁认为，具有优秀精神品质的是少数人，而决定历史结局的却是广大群众。尊重不尊重群众的主体地位，承认不承认人民群众是历史的创造者和社会发展的决定力量，是区别马克思主义唯物史观和唯心史观的重要分界线，也是马克思主义的社会发展观和其他形形色色发展观的显著差别。人民群众中蕴含着无穷的智慧和创造力，永远是我们克敌制胜、推进各项工作的力量源泉。人们对美好生活的向往，就是我们的奋斗目标，也是协调推进"四个全面"战略布局的力量源泉。习近平在履新时对人民群众的高度评价和定位，指出人民是历史的创造者，群众是真正的英雄。目的是提醒广大党员干部要自觉摆正和人民群众的位置，牢固树立"人民至上"观念不变。始终与人民心心相印、与人民同甘共苦、与人民团结奋斗。"四个全面"战略布局是为回应人民群众新期盼所作的顶层设计，是为人民造福，也必须紧紧依靠人民群众来实现。

（2）"四个全面"战略布局要求维护社会公平正义。公平正义是人类追求美好社会的永恒主题，也是社会发展进步的价值取向。公平正义是中国特色社会主义的内在要求，要在全体人民共同奋斗、经济社会发展的基础上，加紧建设对保障社会公平正义具有重大作用的制度，逐步建立以权利公平、机会公平、规则公平为主要内容的社会公平保障体系，努力营造公平的社会环境，保证人民平等参与、平等发展权利。我们就是要通过协调推进"四个全面"战略布局，实现社会的全面发展，通过全面深化改革、全面依法治国、全面从严治党，实现全面建成小康社会目标，在实现富裕的基础上，创造公平公正的发展环境。党的十八届五中全会提出的五大发展理念之一就是共享发展，共享发展注重的是解决社会公平正义问题。必须坚持发展为了人民、发展依靠人民、发展成果由人民共享，作出更有效的制度安排，使全体人民在共建共享发展中有更多获得感。只有切实维护和实现社会公平正义，才能让人民群众拥有追梦、圆梦的空间和社会环境，才能调动人民的积极性。要把建立权利平等、机会平等、规则平等为主要内容的社会建设保障体系作为中国特色社会主义的重大任务，使人民在经济社会发展中平等参与、平等竞争、平等发展、平等享有，使人人拥有实现梦想的机会。

（3）"四个全面"战略布局要求着力保障和改善民生。民生连着民心，民心关系国家的前途和命运。我们党"把增进人民福祉、促进人的全面发展作为发展的出发点和落脚点"，提出保障和改善民生没有终点站。改善民生不是暂时性的政策安排，而是中国道路的本质要求，是全面建成小康社会的根本要求。从这样的高度，才能理解为什么人民群众的"获得感"是深化改革的最终目的，"公平正义"是依法治国的最高目标。全面从严治党的目的也是更好地服务人民，保障和改善民生。未来我国"十三五"期间，无论经济形势如何风云变幻，不管改革发展遭遇多少阻力，民生建设只会加强，不会削弱；民生改善只会前进，不会停滞。这需要我们继续以"坚定不移走共同富裕的道路"的决心,拿出"决不让一个地区掉队"的勇气,激荡"必须不断为人民造福"的热情,把民生改善书写在时代新的年轮,把人民幸福镌刻在通向中国梦的里程碑上。提高人民的物质文化生活水平,是"四个全面"战略布局的根本目的,也是凝聚广大人民群众力量的内在要求。"四个全面"战略布局从根本上要求我们坚持民生为先、民生为重、民生为本,不断实现好、维护好、发展好最广大人民群众的根本利益,使发展成果更多更公平地惠及全体人民。

(4)"四个全面"战略布局的根本在于带领人民实现共同富裕。经过30多年的改革开放,我国社会生产力、综合国力实现了历史性跨越,但仍有7 000多万人生活在贫困线上,贫富差距、城乡差距、地区差距仍然较大。如果西部地区、农村地区、老少边穷地区人民的小康问题不解决,我们就不可能全面建成小康社会,更不可能最终实现共同富裕。现在,距离2020年只有5年时间,已经到了把促进人民共同富裕作为重大课题的关键时刻。习近平同志在当选中共中央总书记当天同中外记者见面时即郑重宣示:"我们的责任,就是要团结带领全党全国各族人民,继续解放思想,坚持改革开放,不断解放和发展社会生产力,努力解决群众的生产生活困难,坚定不移走共同富裕的道路。"协调推进"四个全面"战略布局,就是我们党完成这一根本任务的重要战略目标和战略举措,要靠发展、靠改革、靠法治、靠从严治党,领导全国人民进一步解放和发展生产力,不断提高人民物质文化生活水平,使发展成果更多更公平惠及全体人民,逐步走向共同富裕。只有带领人民实现共同富裕,才能让最广大的人民群众感受到真正的幸福。共同富裕是人民社会追求的永恒目标,也是"四个全面"战略布局的本质要求。共同富裕是未来中国发展顺乎民心的大方向,要用改革的最大红利让最广大人民群众受益,在经济社会不断发展的基础上,朝着共同富裕的方向稳步前进。

(二)深刻领会和掌握"四个全面"战略布局的方法论意义

"四个全面"战略布局为实现"两个一百年"奋斗目标、实现中华民族伟大复兴的中国梦提供了理论指导和实践指南,具有丰富的方法论内涵。"四个全面"战略布局以马克思主义辩证唯物主义和历史唯物主义为指导,对当代中国国情、世情、党情进行了深刻分析,形成了"变与不变"的辩证法思想。协调推进"四个全面"战略布局是当前党和国家事业发展中必须解决好的主要矛盾,体现了两点论和重点论的统一。"四个全面"战略布局不仅客观认识到了我们前进道路上遇到的各种复杂的现实问题,而且找到了解决问题的科学路径。"四个全面"战略布局闪耀着辩证唯物主义和历史唯物主义的真理光芒,具有方法论意义。

(1)"四个全面"战略布局运用了矛盾运动的基本原理。抓住当前党和国家事业发展中必须解决好的主要矛盾,强调增强问题意识、坚持问题导向,既注重总体谋划,又注重牵住"牛鼻子",既讲两点论,又讲重点论,优先解决主要矛盾和矛盾的主要方面,以此带动其他矛盾的解决。"四个全面"战略布局体现了两点论与重点论的统一。2015年1月23日,在十八届中央政治局第二十次集体学习时的讲话中,习近平同志强调:"我们提出要协调推进全面建成小康社会、全面深化改革、全面依法治国、全面从严治党，是当前党和国家事业发展中必须解决好的主要矛盾。我们既要注重总体谋划，又要注重牵住'牛鼻子'。在任何工作中，我们既要讲两点论，又要讲重点论，没有主次，不加区别，眉毛胡子一把抓，是做不好工作的。"将协调推进"四个全面"看作是当前必须解决好的"主要矛盾"，这里的主要矛盾就是中心问题。因此，我们要更加自觉地贯彻"四个全面"战略布局，使每一项工作都融入"四个全面"战略布局之中，不能游离在"四个全面"战略布局之外。这为我们从全局认识和解决主要矛盾和问题提供了基本的思想方法。

（2）"四个全面"战略布局体现了唯物辩证法的精髓。运用世界统一于物质、物质决定意识的原理，从我国社会主义初级阶段这个当代中国的客观实际出发，准确把握我国不同发展阶段的新变化新特点，坚持从客观实际出发，认识当下、规划未来、制定政策、推进事业。"四个全面"战略布局处处体现着辩证法的科学精神，具体表现为：1）国情、世情、党情"变与不变"的辩证法。一是国情的"变与不变"。我国仍处于并将长期处于社会主义初级阶段的基本国情没有变，我们在任何情况下都要牢牢把握这个最大国情，推进任何方面的改革发展都要牢牢立足这个最大实际。从20世纪50年代中期我们进入社会主义初级阶段一直到21世纪中叶，这100年都是社会主义初级阶段。这是不变的国情。但同时，要看到不变中有变，2014年中国人均GDP已经达到7 000美元，经济结构、社会结构、产业结构以及城市结构的复杂程度已经不是1956年初级阶段开始时、1978年改革开放启动时甚至进入21世纪新千年时所能比拟的。做好任何方面的工作都要立足这一基本国情，处理好变与不变的辩证法。二是世情的"变与不变"。2014年11月28日，在出席全国外事工作会议时，习近平同志指出当代中国国际环境有"五个不会改变"："要充分估计国际格局发展演变的复杂性，更要看到世界多极化向前推进的态势不会改变；要充分估计世界经济调整的曲折性，更要看到经济全球化进程不会改变；要充分估计国际矛盾和斗争的尖锐性，更要看到和平与发展的时代主题不会改变；要充分估计国际秩序之争的长期性，更要看到国际体系变革方向不会改变；要充分估计我国周边环境中的不确定性，更要看到亚太地区总体繁荣稳定的态势不会改变。"这实际上就是五个变与五个不变：复杂性、曲折性、尖锐性、长期性、不确定性，这就是变；世界多极化、经济全球化、时代主题、国际体系变革、亚太地区总体格局，都不会改变。三是党情的"变与不变"。我们党的党员数量不断增加，截至2014年12月底，党员人数达到8 779.3万人，约是1956年的8.8倍、是1978年的2.5倍，不管数量怎样变化，对于党员质量的要求没有变。我们党面临的执政环境不断变化，我们是在发展社会主义市场经济和对外开放的条件下执政的，不管条件如何变化，对于党的先进性、纯洁性建设的要求没有变。2）战略目的和手段的辩证关系：战略目的和手段的有机统一性，全面建成小康社会是战略目的，其他三个全面是战略手段。其中，全面深化改革是战略动力，全面依法治国是战略保障，全面从严治党是战略基础。战略手段之间的有机统一性，各项改革要有法有据，法治建设也要促进改革；改革要加强和改进党的建设，党的建设要促进改革；依法治国要使党治国理政法治化，全面从严治党使全面依法治国更加能动化、科学化。战略动机与结果的有机统一性，无论是哪一个全面都有一个啃硬骨头的问题，有一个过险滩的问题，辩证法要求我们：敢于啃硬骨头，还要善于啃得下、崩不了牙；敢于涉险滩，还要能上岸。

（3）"四个全面"战略布局坚持以整体性、系统性、普遍性、全面性为特征的辩证思维坚持"世界是普遍联系的"这一辩证唯物主义基本观点，加强顶层设计、整体谋划，使"四个全面"战略布局之间、每一个"全面"内部及各项具体举措之间形成有序关联、有机衔接，进而在政策取向上相互配合、在实施过程中相互促进、在实际成效上相得益彰。体现了系统分析的要求。习近平同志在中央政治局第二十次集体学习时指出：要学习掌握唯物辩证法的根本方法，不断增强辩证思维能力，提高驾驭复杂局面、处理复杂问题的本领。"我们的事业越是向纵深发展，就越要不断增强辩证思维能力。全面深化改革，要突出改革的系统性、整体性、协同性，使改革成果更多更公平惠及全体人民。要反对形而上学的思想方法，看形势做工作，不能盲人摸象、坐井观天、揠苗助长、削足适履、画蛇添足。"如何培育辩证思维？最重要的就是要掌握事实的整体性，从整体上去把握事物，不是孤立地看问题。正如列宁所言，在社会现象领域，没有哪种方法比胡乱抽出一些个别事实和玩弄实例更普遍、更站不住脚的了。

（4）"四个全面"战略布局坚持科学社会主义基本原则。坚持中国特色社会主义道路的正确方向，是协调推进"四个全面"战略布局最根本的方法论，也是必须坚守的底线。坚持和发展中国特色社会主义是党的十八大以来坚持的主线，围绕着如何建设中国特色社会主义，我党着眼战略全局，针对当我国存在的矛盾和问题，着眼解决我国突出的矛盾和问题，提出了"四个全面"的战略布局。全面建成小康社会是我们的战略目标，这是我党坚持科学社会主义基本原则、坚持和发展中国特色社会主义、实现中国梦的关键一步。全面深化改革和全面依法治国、全面从严治党是实现全面建成小康社会战略目标、实现中国梦的三大战略举措。全面深化改革和全面依法治国相互作用、相辅相成、相得益彰，为实现全面建成小康社会的目标、实现中国梦提供强大的动力和保障。全面从严治党是坚持和发展中国特色社会主义、全面建成小康社会、实现中国梦、实现共产主义提供坚强的政治保证。协调推进"四个全面"作为牵引各项工作的"牛鼻子"和解决当前突出矛盾和问题的最基本方法的提出，是坚持科学社会主义基本原则的具体运用和发展。

（5）"四个全面"战略布局坚持人民创造历史的基本原理。"四个全面"战略布局，坚持了马克思主义人民群众创造历史的基本原理。深化了我们对马克思主义群众观的认识。群众史观是马克思主义根本立场的集中体现。坚持人民群众是历史创造者的观点，既坚持把实现好、维护好、发展好最广大人民根本利益作为各项工作的出发点和落脚点，又坚持处理好尊重客观规律和发挥主观能动性的关系，紧紧依靠人民推进各项事业。习近平同志指出：群众路线是我们党的生命线，是我党永葆青春活力和战斗力的重要传家宝。"四个全面"战略布局坚持群众立场，生动体现了群众路线的根本要求：全面建成小康社会，实现中国梦，既顺应了人民呼声，又必须仅仅依靠人民来实现；全面深化改革，让人民群众更好地分享改革的红利，有更多获得感；全面依法治国，让公平正义的阳光普照人民；全面从严治党，根本目的是保持党的先进性、纯洁性和人民性，真正维护好最广大人民的根本利益。

（6）"四个全面"战略布局坚持辩证的历史决定论。"四个全面"战略布局，深化了我们对执政党自身建设规律的认识。马克思主义认为，历史发展是决定性和选择性的高度统一过程，强调社会实践主体的主观能动性。中国共产党担负着民族独立、人民解放的历史重任。经过革命、建设、改革开放的接续奋斗，为实现中华民族伟大复兴奠定了坚实基础。党的领导是"四个全面"之魂。协调推进"四个全面"，最根本是坚持党的领导不动摇，全面从严治党，确保党始终成为中国特色社会主义事业的坚强领导核心。

总体上看，"四个全面"中的"全面"，体现了实践论、方法论、辩证法的有机结合，体现了发展方向、发展方式、发展路径的有机结合，是高举远慕、慎思明辨的思想表达。中国能够在中国特色社会主义道路上全面建成小康社会，是社会主义伟大实践的标志性胜利，折射出科学社会主义的真理光芒，有着重要的理论价值、实践价值和历史价值，对于增强广大干部群众的道路自信、理论自信、制度自信具有重大意义。风正扬帆正当时，海晏河清在眼前。我们相信，在"四个全面"思想的引领下，中国社会必将迎来新的全面的发展和全面的提升。

（三）紧紧围绕"四个全面"战略布局谋划各项工作

"四个全面"战略布局是以习近平为总书记的党中央治国理政的全新布局，是从我国发展现实需要中得出来的，从人民群众的热切期待中得出来的，也是为推动解决我们面临的突出矛盾和问题提出来的。协调推进"四个全面"战略布局，是当前和今后一个时期全党的中心任务。我们要把思想和行动统一到"四个全面"战略布局上来，紧紧围绕"四个全面"战略布局谋划各项工作，推动"四个全面"战略布局的具体化，在贯彻落实上凝神聚焦发力。

（1）全面建成小康社会，必须牢固树立并切实贯彻创新、协调、绿色、开放、共享的发展理念。能否实现发展，确定正确的发展理念至关重要，从根本上决定着发展的成败。党的十八届五中全会通过的《中共中央关于制定国民经济和社会发展第十三个五年规划的建议》提出的创新、协调、绿色、开放、共享的发展理念，是我们在深刻总结国内外经验教训、深刻分析国内外发展大势的基础上形成的，集中反映了我们党对经济社会发展规律认识的深化。创新是引领发展的第一动力，协调是持续健康发展的内在要求，绿色是永续发展的必要条件，开放是国家繁荣发展的必由之路，共享是中国特色社会主义的本质要求，这五大理念相互贯通、相互促进，是具有内在联系的集合体，要统一贯彻，不能顾此失彼，也不能相互替代。当前，我国经济发展进入新常态，这是党中央审时度势作出的重大战略判断。习近平同志强调："认识新常态、适应新常态、引领新常态，是当前和今后一个时期我国经济发展的大逻辑。"这就为我们保持经济持续健康发展与社会和谐稳定提出了更高要求，进一步明确了全面建成小康社会的前进方向。我国经济发展进入新常态后，伴随着经济增速趋缓、发展方式的转变和经济结构的调整，经济发展所面临的新情况、新问题更为复杂和严峻，但经济发展不但不能弱化，而且更为重要和紧迫。对于我们这样一个发展中大国，倘若经济增长没有一定的速度，就不能确保到2020年实现全面建成小康社会宏伟目标。我们不仅要充分认识保持经济中高速增长的重要性，而且要对未来发展充满信心，切实抓好发展这个第一要务。我们只有秉持这样的发展理念，主动适应和引领新常态，坚持以提高经济发展质量和效益为中心，着眼于保持中高速增长和迈向中高端水平"双目标"，着力打造大众创业、万众创新和增加公共产品、公共服务"双引擎"，实现我国经济发展提质增效升级，确保转变经济发展方式和创新驱动发展取得新成效，才能促进经济社会平稳健康发展和社会和谐稳定。全面建成小康社会，既体现在涉及的领域是全面的，覆盖了经济建设、政治建设、文化建设、社会建设、生态文明建设和党的建设，又体现在覆盖的人群是全面的，是不分地域的全面小康，是不让一个人掉队的全面小康，全面建成惠及十几亿人口的小康社会。

（2）全面深化改革，重点在"全面"，关键在"深化"，根本在"改革"。经历30多年的改革，目前已经到了攻坚期和深水区，面临的问题复杂、矛盾凸显、任务艰巨，需要加强顶层设计、攻坚克难。要从改革大局出发看待利益关系调整，只要对全局改革有利、对党和国家事业发展有利、对本系统本领域形成完善的体制机制有利，都要自觉服从改革大局、服务改革大局，该改的就要坚定不移改。全面深化改革不是推进一个领域的改革，而是以经济体制改革为重点，全面推进经济体制、政治体制、文化体制、社会体制、生态文明体制和党的建设制度改革，其总目标是完善和发展中国特色社会主义制度，推进国家治理体系和治理能力现代化。为了人民的长远和根本利益，我们必须以壮士断腕的决心、刮骨疗伤的勇气、抓铁有痕的举措，既冲破因循守旧、求稳怕冒、畏难推责、等待观望等思想观念的束缚，又打破"国家利益部门化、部门利益个人化"等利益固化的束缚，不失时机深化重要领域改革，坚决破除一切妨碍科学发展的思想观念和体制机制弊端，构建系统完备、科学规范、运行有效的制度体系，使各方面制度更加成熟更加定型，破解发展中遇到的各种深层次的矛盾，激发和增强社会活力，让人民群众有更多获得感。

（3）全面推进依法治国，必须提升国家治理体系和治理能力现代化水平。全面推进依法治国，必须以建设中国特色社会主义法治体系、建设社会主义法治国家为目标，坚持依法治国、依法执政、依法行政共同推进，法治国家、法治政府、法治社会一体建设，实现科学立法、严格执法、公正司法、全民守法，促进国家治理体系和治理能力现代化。要推进各级政府机构、职能、权限、程序、责任法定化，建立政府权力清单、责任清单和市场准入负面清单，进一步精简和下放行政审批项目，加快建设职能科学、权责法定、执法严明、公开公正、廉洁高效、守法诚信的法治政府。要严明公正司法，努力让人民群众在每一个司法案件中感受到公平正义，筑牢公平正义的最后一道防线。要增强全社会厉行法治的积极性和主动性，使人民群众认识到法律既是保障自身权利的有力武器，也是必须遵守的行为规范，培育人们办事依法、遇事找法、解决问题靠法的良好环境，形成守法光荣、违法可耻的社会氛围，自觉抵制违法行为，自觉维护法治权威。要抓住领导干部这个"关键少数"。领导干部要自觉树立法治信仰、法治理念、法治思维，带头尊崇法治、敬畏法律、带头了解法律、掌握法律、带头遵纪守法、捍卫法治、带头厉行法治、依法办事，不断提高运用法治思维和法治方式深化改革、推动发展、化解矛盾、维护稳定能力，真正当好尊法学法守法用法的模范。全面依法治国必将提升国家治理体系和治理能力现代化水平，为中国特色社会主义事业提供制度框架，为中华民族伟大复兴提供法治保障。

（4）全面从严治党，就是要坚持党要管党、从严治党。治国必先治党，治党务必从严。坚持思想建党和制度治党紧密结合，严肃党内政治生活，从严管理干部，持续深入改进作风，严明党的纪律，发挥人民监督作用，实现党的自我净化、自我完善、自我革新、自我提高，切实解决党自身存在的突出问题，保持和发展党的先进性和纯洁性，使我们党始终成为中国特色社会主义事业坚强领导核心。全面从严治党首要的是守纪律讲规矩，把遵守党的政治纪律和政治规矩视为生命、放在首位，自觉做到在思想上政治上行动上同以习近平同志为总书记的党中央保持高度一致。要在县处级以上领导干部中认真扎实开展"三严三实"专题教育，把"三严三实"作为修身做人用权律己的基本遵循、干事创业的行为准则。要深入开展党风廉政建设和反腐败斗争，坚持腐败没有"特区"、反腐没有"禁区"，贯彻落实中央八项规定精神，驰而不息纠正"四风"，坚持"老虎""苍蝇"一起打，以零容忍的态度惩治腐败，拔"烂树"、治"病树"、正"歪树"，努力营造风清气正的政治生态。

（四）在实践中协调推进"四个全面"战略布局的关键

办好中国的事情，关键在党。"四个全面"战略布局是坚持和发展中国特色社会主义道路、理论和制度的战略抓手，是引领民族伟大复兴中国梦的战略指引。中国共产党是人民利益、国家利益和民族利益的忠实代表，是协调推进"四个全面"战略布局的领路人。协调推进"四个全面"战略布局要依靠党的领导、党的各级组织和领导干部这个"少数关键"来推进，来实现。

（1）协调推进"四个全面"战略布局必须坚持党的领导。中国共产党是中国特色社会主义事业的领导核心，是历史的选择和人民的选择，是经过长期艰苦卓绝的努力并付出巨大牺牲确立的。历史和现实充分证明，党的领导是中国特色社会主义事业取得胜利的根本保证，也是落实"四个全面"战略布局的最根本保证。协调推进"四个全面"战略布局最根本的是坚持党的领导不动摇。党的领导是"四个全面"战略布局之魂、战略中军帐之帅。只有坚持党的领导，全面从严治党，锻造领导核心，才能为协调推进"四个全面"战略布局提供方向指引和政治保证，才能为实现"两个一百年"目标凝聚共识、凝聚力量。协调推进"四个全面"战略布局，就必须加强和改进党的领导，把党的领导始终贯彻到协调推进"四个全面"战略布局的全过程。一是必须要坚持立党为公、执政为民。就是党的理论路线和方针政策以及全面工作,必须以广大人民群众利益为根本的出发点和归宿,做到权为民所用、情为民所系、利为民所谋。党带领人民协调推进"四个全面"战略布局归根到底就是要实现好、维护好和发展好最广大人民群众的根本利益。二是必须要加强和改善党的领导,就要紧紧围绕党的执政水平和完善党的执政方式深化党的建设,完善党的领导体制和机制,落实党的领导责任,强化党的领导意识,提高党的领导能力,改进党的领导方式,就是要坚持科学执政、民主执政和依法执政,坚持党统揽全局、协调各方的领导核心作用。三是必须坚持党的自身建设。党自身建设的好坏,决定了党是否能够坚持对协调推进"四个全面"战略布局的领导。面对新形势、新任务、新问题和人民群众的新期待,我们党必须以更大的政治勇气,全面加强思想建设、组织建设、作风建设、反腐倡廉建设和制度建设,解决党内存在突出矛盾和问题,不断提高党的执政能力和科学化水平,全面从严治党,确保党始终成为中国特色社会主义事业的坚强领导核心。

(2) 协调推进"四个全面"战略布局必须解决好群众最切实的利益问题。群众的利益是我们党的根本利益,实现好、维护好和发展好最广大人民群众的利益是群众工作的基本任务,是密切党群关系的基本遵循,也是我党的性质和宗旨的体现,更是协调推进"四个全面"战略布局的本质要求。习近平同志指出,保证和改善民生,必须紧紧围绕人民群众所思所盼来进行,尤其是关注各方面困难群众。群众生活遇到了什么困难,要千方百计加以解决,暂时不能解决的要创造条件加以解决。"知屋漏者在宇下。"为群众办好事、办实事,要从实际出发,尊重群众意愿,量力而行。不要搞那些脱离群众、劳民伤财、吃力不讨好的东西。当前,人民群众最关心的是收入分配问题、就业问题、教育问题、收入差距问题、社会保障问题、医疗问题以及腐败问题。如果这些问题得不到有效的解决,必将会影响"四个全面"战略布局的最终实现。协调推进"四个全面"战略布局要求密切党群关系,党员干部必须始终站稳立场,始终把人民群众的根本利益放在心中最高位置,从人民意愿出发,顺从民意,以人为本,真正做到尊重群众,代表群众,贴切群众。广大党员干部要真正把握人民利益、群众共同利益以及特殊利益的关系,办好顺民意、解民忧、惠民生的实事,做到集中民智谋发展、集中民意促发展、珍惜民力推发展,做到权为民所用、情为民所系、利为民所谋。只有这样,协调推进的战略布局才能得到最广大人民群众的支持。

(3) 协调推进"四个全面"战略布局需要各级党组织加强政治原则、政治方向和重大决策的领导。贯彻落实从严治党的要求,就各级党组织而言,就是在实践中不断加强政治原则、政治方向和重大决策的领导,确保党对协调推进"四个全面"战略布局的领导核心。一是协调推进"四个全面"战略布局要求各级党组织讲原则,善于原则领导。讲原则就是各级组织在处理党内外各种关系,解决党内各种矛盾、讨论与党的建设和工作有关的重要问题时,坚持党性原则,坚持真理,坚持实事求是。所谓原则领导,就是按照"四项基本原则",依据党的路线方针政策,结合具体实际,对事关全局的重大问题,进行具体研究调查、分析思考,提出切实可行的主张和办法。二是协调推进"四个全面"战略布局要求各级党组织讲政治，善于把关定向。讲政治就是要求每个党员必须用政治头脑看待党的组织生活，以高度的政治责任感参加党的组织生活。党的组织生活要紧紧围绕党的基本路线和中心工作，围绕党的自身建设，围绕党组织的作用发挥来进行。善于把关定向，就是各级党组织要立足本单位实际，牢牢把握政治方向，始终把对党忠诚作为灵魂；就是坚持正确的政治方向，用党的创新理论武装头脑，打牢理论功底，更新思想观念，增强创新能力；就是各级党组织应完善民主机制，拓宽信息渠道，进行调查研究和科学分析，实施民主决策；还要求各级党组织完善议事机制，规范研究程序。会议决策是党委决策的中心环节，用以规范党委议事决策的各个环节和方面，自觉做到科学规范议事内容不滥断，个别酝酿到位而不臆断，重要议题多案优选不盲断，充分发扬会议民主而不专断。三是协调推进"四个全面"战略布局要求各级党组织善于科学民主决策。科学民主决策是协调推进"四个全面"战略布局的重要一环。善于科学民主决策，就是各级党组织应该完善决策信息和智力支持系统，提高决策的科学性；就是增强决策透明度和公众参与度，坚持党的从群众中来到群众中去的工作方法，使决策更好地反映民意、集中民智、爱惜民力；就是坚持民主集中制，完善科学民主决策制度，这是协调推进"四个全面"战略布局的必然要求。只有善于科学民主决策，保障人民民主权利，调动人民的积极性，才能推动"四个全面"战略布局在各项工作落地生根，收到实效。

（4）协调推进"四个全面"战略布局需要各级领导干部敢于担当和善于担当。习近平同志大力倡导敢于担当的精神，体现了共产党人的强烈历史责任感，具有很强的现实针对性。协调推进"四个全面"的战略布局需要各级领导干部敢于担当和善于担当。一是推进"四个全面"战略布局赋予各级领导干部更大使命、更重责任。全面建成小康社会、实现中华民族伟大复兴的中国梦，无疑会遇到诸多困难、面临不少障碍，宏伟目标能否顺利实现，各级领导干部这个"关键少数"将起重要作用，重任在肩。敢于担当、善于担当是领导干部职责所在，只有敢于担当，迎难而上，才能开拓新局面，凝聚人心。二是推进"四个全面"战略布局需要各级领导干部敢闯敢试，敢为人先。敢于担当和善于担当，就是各级领导干部面对各种矛盾困难，敢抓敢管，敢于较真；就是在风险面前，敢作敢为，敢担责任。领导干部要深入一线、主动靠前，努力把矛盾化解在基层，把问题解决在萌芽状态；就是要兢兢业业，勤勤恳恳，务求实效。三是推进"四个全面"战略布局需要各级领导干部坚持党性原则，勇挑重担。领导干部面对体制机制顽症痼疾、利益化藩篱和既得利益相互交织的积弊，要求有自我革新的勇气和胸怀，克服部分利益的掣肘，始终坚持党和人民的利益放在第一位，敢于与歪风邪气作斗争，大是大非面前敢于亮剑，各级领导干部要勇挑重任，拿出无坚不摧的气概，克难奋进，朝着既定的目标，抓住重大问题和关键环节，着力解决推动"四个全面"战略布局面临的矛盾和问题，在攻克难关中推进工作，积聚发展实力。

"潮平两岸阔，风正一帆悬。"党的十八大以来，全面建成小康社会振奋人心，全面深化改革攻坚克难，全面依法治国砥砺前行，全面从严治党深入开展，极大地鼓舞了全党全国各族人民同心协力实现中国梦的信心和决心。我们要紧密团结在以习近平同志为总书记的党中央周围,深入学习贯彻党的十八大和十八届三中全会、十八届四中全会和十八届五中全会精神,自觉用"四个全面"战略布局引领各项工作,锐意进取,攻坚克难,努力开拓中国特色社会主义事业更为广阔的发展前景,谱写国家富强、民族振兴、人民幸福的时代新篇章。

第二章 "四个全面"战略布局是全面推进国防和军队建设的科学指南

习近平同志在十二届全国人大三次会议解放军代表团全体会议上强调指出:"按照全面建成小康社会、全面深化改革、全面依法治国、全面从严治党的战略布局,加快推进国防和军队建设,把军委各项决策部署落到实处,深入实施军民融合发展战略,努力开创强军兴军新局面。"① 这一重要指示,既揭示了"四个全面"战略布局对强军兴军的重大意义,同时也为新形势下推进强军事业、建设强大军队提供了理论引领和实践指南。

一、"四个全面"战略布局提供了强军兴军的根本遵循

国防和军队建设,既是"四个全面"战略布局的重要组成部分,又是实现"四个全面"战略布局的力量保证。只有坚持以"四个全面"为根本遵循,才能确保国防和军队建设的正确方向,也才能创造强军兴军的新局面。

(一)"四个全面"战略布局为强军兴军提供了思想遵循

强军首先要有科学的指导思想,这是一条被历史和实践反复证明的真理。2016年2月14日,正在陕西考察调研的习近平同志专程来到延安杨家岭,瞻仰中共七大会址。他站在中央大礼堂,动情地说,我们党之所以能够历经考验磨难无往而不胜,关键就在于不断进行实践创新和理论创新。在近代中国人民反对西方列强侵略、实现民族复兴的伟大斗争中,军力不强成为我们民族最大的"痛",强军曾是无数志士仁人热切的梦想。但是,无论是太平天国农民起义军,抑或是国民党领导的军队,由于没有科学理论的指引,他们的强军梦想最终都成为南柯一梦。只有中国共产党诞生以后,才在科学理论的指引下,创建了一支攻无不克、战无不胜的强大的新型人民军队,推翻了压在中国人民头上的"三座大山",建立了新中国。新中国成立以后,建设巩固的国防和强大的军队,始终是我们党坚定不移的执着追求,在短短几十年间,国防和军队现代化取得了令世界瞩目的巨大成就——原子弹、氢弹爆

---

① 习近平. 深入实施军民融合发展战略 努力开创强军兴军新局面. 人民日报,2015-3-13(1).

炸成功，人造卫星翱翔苍穹，人民军队由单纯步兵发展为机械化、半机械化，进而向信息化建设迈进。这些历史性成就的取得，根本原因是有毛泽东军事思想、邓小平新时期军队建设思想、江泽民国防和军队建设思想、胡锦涛国防和军队建设思想的指引。

党的十八大以来，以习近平同志为总书记的党中央，紧紧围绕坚持和发展中国特色社会主义这个主题，带领全党全国各族人民励精图治、攻坚克难，改革发展各项事业取得重大成就，开创崭新局面，得到广大干部群众衷心拥护和国际社会高度评价。在治国理政新的实践中，习近平同志发表一系列重要讲话，提出许多新的重要思想，特别是提出并形成了全面建成小康社会、全面深化改革、全面依法治国、全面从严治党的战略布局，确立了新形势下党和国家各项工作的战略目标和战略举措，实现了马克思主义与中国实践相结合的新飞跃，是推进中国特色社会主义事业不断取得进步的科学指南和强大思想武器。作为"四个全面"战略布局的重要组成部分，国防和军队建设同样也离不开这一强大思想武器的指导。

1. "四个全面"是实现中国梦的大战略，要求强军伟业必须致力于实现强军梦

强国梦蕴含着强军梦，强军梦支撑着强国梦。一个国家要自立于世界民族之林，既要有雄厚的经济实力，又要有强大国防力量作后盾。坚持富国和强军相统一，既是国家发展的大战略，也是军队建设的大战略。实践表明，国不富无以强兵，兵不强无以保国。经济建设是国防建设的重要依托，经济实力是国防实力的坚强后盾，只有国家经济实力增强了，国防建设才会有先进的科学技术和雄厚的物质基础，国防力量才可能强大起来，敌人才不敢轻易将战争强加于我。但经济实力并不等于军事实力。有了强大的经济实力，又有了打赢战争的强大的军事实力，才能有力地扼住战争的喉咙；在战争来临之时，才可能赢得战争，从而赢得新的和平局面。在中华民族的历史上，凡是繁荣昌盛的时期，都是国富兵强的盛世；反之则是衰败、落后和挨打的时期。汉唐盛世，国富兵强，人民安居乐业。宋朝经济富裕、文化繁荣，但重文轻武，在受到外族入侵时无力抗击，虽是英雄辈出，却一败再败。因此，站在世界新军事变革潮头，放眼国际风云际会，我们既要有"铸剑为犁"的政治智慧，又要有"铸犁为剑"的实际能力，更要有在"剑"与"犁"共同铸造的熔炉中实行"互熔和提纯"的强大国家意志，才能实现富国和强军的统一。"四个全面"的根本指向是实现中华民族伟大复兴的中国梦。全面建成小康社会，是实现中华民族伟大复兴的关键一步；全面深化改革、全面依法治国、全面从严治党，是实现中国梦的强大动力、可靠保障和有力支撑。习近平同志强调，国防和军队建设，必须放在实现中华民族伟大复兴这个大目标下来认识。中国梦是强国梦，对军队来讲也是强军梦。在"四个全面"中谋划推进强军伟业，首先要与"四个全面"的战略目标相适应，以实现强军梦、强军目标为推进强军伟业的战略指向。在国防和军队建设中贯彻落实"四个全面"，就要做好实现强军目标这篇大文章。

2. "四个全面"是我们党治国理政的总方略，要求强军伟业必须服务于党和国家工作

大局

  "四个全面"是我们党治国理政方略与时俱进的新创造，也是国防和军队建设的理论指导与行动指南。军队必须始终以党的旗帜为旗帜、以党的方向为方向，不论强军伟业推进到哪个阶段，都要在党和国家大局下行动。党的十八大以来，在国家层面，我们党提出社会主义现代化"三步走"战略。在军队层面，党也提出了国防和军队现代化建设"三步走"战略，力争到新中国成立100年时实现国防和军队现代化。强国战略引领强军战略，强军战略支撑强国战略。习近平同志以政略与战略相统一、目标与路径相统一、当前与长远相统一的辩证思维，统筹思考强国强军，作出整体谋划、顶层设计。坚持"大复兴"理念，把强国梦与强军梦统一起来，科学统筹经济建设和国防建设，推进军民融合深度发展。坚持"大安全"理念，设立中央国家安全委员会，提出总体国家安全观，把军事安全与其他安全统合起来，走中国特色国家安全道路。坚持"大改革"理念，习近平同志亲自担任中央全面深化改革领导小组组长、中央军委深化国防和军队改革领导小组组长，把国防和军队改革纳入国家全面改革总体规划，使之上升为党的意志和国家行为。"四个全面"明确了党和国家的发展方向、中心任务和战略部署，是当前和今后一个时期党和国家的工作大局。国防和军队建设必须服从服务于这个大局，紧密配合、自觉顺应、积极融入这个大局。实现强军目标，要着眼于全面建成小康社会的安全与发展需求，使强军进程与全面建成小康社会进程同步；深化国防和军队改革，要与国家全面深化改革的总布局、总进程相呼应，跟上改革的步伐；推进依法治军、从严治军，要与法治中国建设进程相协调；加强军队党的建设，要与全面从严治党的形势相适应，按照党中央的统一部署扎实开展。

（二）"四个全面"战略布局为强军兴军提供了目标遵循

  "四个全面"战略布局，是以习近平同志为总书记的党中央对新形势下治国理政新的战略思考、新的战略要求、新的战略部署，是实现中华民族伟大复兴的战略指引。我军作为党绝对领导下的人民军队，自然就必须以党的意志为意志，以党的目标为目标。诚如习近平同志所强调指出的，"国防和军队建设，必须放在实现中华民族伟大复兴这个大目标下来认识和推进，服从和服务于这个国家和民族最高利益"。[①]

  （1）强军兴军要与全面建成小康社会的战略目标相适应，坚持用强国方略引领强军征程。"小康梦"是实现"中国梦"的关键一步，"强军梦"支撑"小康梦"和"中国梦"。当前，全面建成小康社会进入攻坚期，也是矛盾多发期，各种挑战不断。人民奔小康，军队责任重。必须坚持战斗力这个唯一的根本的标准，不断提高部队应对多种安全威胁、完成多样化军事任务的能力，确保一旦有事能够上得去、打得赢，为全面建成小康社会提供可靠安全

[①] 习近平．扭住能打仗、打胜仗强军之要．人民日报，2014-10-14（1）．

保障和有力支撑，不辜负党和人民期待。全面建成小康社会的根本还是发展。这个"发展"追求的是社会各领域全面协同发展，注重的是发展的系统性、整体性、协同性。推进强军伟业必须立足党和国家的工作大局，深刻把握蕴含在强国方略中的科学思想和方法，善于运用战略思维、系统思维和辩证思维进行整体谋划，不断增强工作的协同性和主动性。尤其要牢固树立全面建设、全面发展、全面过硬的指导思想和抓建理念，正确处理宏观筹划与微观落实、当前发展与长远发展、局部利益与全局利益的关系。既在工作指导上确立战斗力标准的全局性地位和方向性作用，又在工作落实中把战斗力标准具体化、责任化；既全面推进部队各项建设和工作，又有力促进官兵全面发展成才；既从难从严全面摔打锤炼部队，又全面科学施策确保部队安全发展，有效克服思想和工作中的各种片面性、绝对化问题，切实把强军目标贯彻落实到部队建设各领域全过程。党委机关在推动部队全面建设中发挥着统筹协调、检查指导的主导作用，必须贯彻好"全面"的抓建要求，既抓好自身建设，又统筹抓好部队建设；既当好强军兴军的"领头雁"，又努力推动各项建设和工作向强军目标聚焦用力，使部队各项建设整体推进、协调发展，各项工作全部落实、全面进步。

（2）强军兴军要与全面深化改革的战略举措相衔接，不断为强军实践提供强大动力。中国道路是在改革中开启的，也是在改革中不断拓展的。30多年前，面对社会主义中国向何处去的历史拷问，我们党毅然作出实行改革开放的关键抉择，推动中国经济社会快速发展，中国道路、中国模式为世界瞩目。今天，历史的车轮把我们带到一个新的关口，如何引领中国爬坡过坎、走向复兴？我们党作出全面深化改革的战略决策，为中国特色社会主义航船再次鼓满强劲风帆。全面深化改革，是社会主义制度的自我完善和发展，我们的方向不会偏、根本制度不会变。全面深化改革，实质是为了革除前进道路中的深层次矛盾和问题，我们将蹚过深水区、啃下硬骨头。军队作为党绝对领导下的武装集团，既要坚定地支持和维护改革的大局，更要在改革中完善和强大自身。国防和军队改革是全面深化改革的重要组成部分，也是全面深化改革的重要标志。实现强军目标，改革是贯穿始终的强大动力，也是实现这一目标的具体实践。改革最大的障碍是人的思想。因为有的人口是心非，嘴上说"小算盘要服从大棋盘"，心里却打着自己的"小九九"。面对国防和军队改革即将实质性启动，每位革命军人必须用忠诚品格拥护支持全面深化改革。无论改革怎么改、方案怎么定，都坚决拥护党中央、中央军委的决策部署，决不被各种混淆视听、干扰改革的言论所迷惑，始终做到个人利益服从集体利益、局部利益服从全局利益，为深化改革创造有利条件。改革由问题倒逼产生，改革的关键在深化，主要是在不断解决问题中得以深化。面对改革中遇到的各种矛盾难题，既要按照强军要求增强敢打必胜的血性豪气，更要按照强国方略增强深化改革的胆气勇气，不瞻前顾后、畏首畏尾，敢于"蹚深水区""打攻坚战""啃硬骨头"，积极按照上级定的改革方案和要求，大力破解军队建设中的体制性障碍、结构性矛盾、政策性问题，有效解决影响部队全面发展的突出矛盾、瓶颈短板和沉疴积弊，在闯关夺隘、攻坚克难中推动改革全面深化。全面深化改革彰显着强烈创新意识。以改革精神推进强军伟业，就是要强化创新意识，加快领导指挥体制、相关政策制度等重要领域的改革创新步伐，加快推动战斗力建设提质增效、军民融合深度发展、政治工作固本开新、组织形态调整优化、治军方式根本性转变等，让改革航船劈波斩浪、扬帆远航，让强军征程春意盎然、生机勃发。

（3）强军兴军要与全面依法治国的战略部署相协调，在厉行法治中筑牢强军之路。建设法治国家，必须有法治军队作支撑。实现强军目标，必须以坚强法治作保证。紧紧围绕强军目标深入推进依法治军、从严治军，是在军事领域贯彻全面依法治国战略部署的具体举措。我国现行军事法规制度已经比较完善。当前最迫切的是要提高运用法治思维和法治方式推动工作的能力，切实把依法治军、从严治军贯彻到军队建设各领域，体现到强军实践各项工作中，形成党委依法决策、机关依法指导、部队依法行动、官兵依法履职的新常态。要自觉运用法治思维方式铸牢听党指挥这个强军之魂。听党指挥，既是最高的政治要求，也是根本的法治要求。深入推进依法治军、从严治军，是一个全面落实党对军队绝对领导的一系列法规制度的过程，以法治化保证革命化，确保军队始终坚决听从党中央、中央军委和习近平同志指挥。当前，意识形态领域斗争异常尖锐复杂，官兵的政治信念面临严峻考验，更需要认真落实党对军队绝对领导的一系列法规制度，尤其要对政治上的自由主义保持高度警惕，认真落实军委关于严格军队党员领导干部纪律约束"10个必须""46个决不允许"的刚性要求，从思想上政治上牢牢掌控部队。要自觉运用法治思维方式保证能打胜仗这个强军之要。坚持依据法规积极推进作战准备，坚持按纲施训依法治训，用法治的强制约束力促使各级把心思和精力向打胜仗聚焦、各项工作向打胜仗用劲，全面提高官兵的作战本领，全面打牢部队战斗力基础，确保部队招之即来、来之能战、战之必胜。要自觉运用法治思维方式夯实作风优良这个强军之基。作风建设永远在路上。要坚持落实好中央"八项规定"、军委"十项规定"，进一步做好制度机制的"废改立"工作，把制度的"笼子"扎紧密，为作风建设构建规范化常态化的长效机制。要在整风整改中加大作风纪律执行情况的监督检查力度，对"踩红线""闯雷区"者实行零容忍，真正使制度规定立起来、硬起来，以法规制度的刚性巩固作风建设的成效，用制度执行力彰显法治威力。

（4）强军兴军要与全面从严治党的战略要求相一致，始终保证强军步伐坚定扎实。全面从严治党，要求覆盖思想、组织、作风、反腐倡廉和制度建设五个方面。在强军实践中贯彻"五位一体"的从严治党要求，为实现强军目标提供坚强的思想、组织和作风保证。1）要牢牢抓住理想信念这个根本。思想上的滑坡是最严重的病变，理想信念一旦缺失或丧失，各种出轨越界、违纪违法就在所难免。从严治党，首要的是从严抓思想，坚持用中国特色社会主义理论体系武装每位党员的头脑，特别是要把习近平同志系列重要讲话精神作为强化精神支柱的教科书，帮助广大党员特别是领导干部补足精神之"钙"、筑牢信仰之堤，不断增强党的意识、党章意识、党员意识，自觉爱党忧党兴党护党。2）要紧紧抓住从严治官这个关键。实现强军目标，关键靠党的领导，关键靠广大党员干部带领群众真抓实干。各级党组织要把抓好党的建设作为最大的政绩，有效发挥好管班子、管干部的功能，教育引导广大党员干部特别是领导干部自觉践行"三严三实"要求,严格遵守党纪党规,严格按照党章办事,严守党内政治生活准则。对一切违反党纪国法军规的行为决不姑息、严惩不贷,让广大党员干部受警醒、明底线、知敬畏。要持续整治选人用人风气,认真落实军委关于加强干部选拔任用监督管理五项制度规定,严格按照好干部标准和干部能上能下要求选拔任用干部,打造托举强军事业的优秀人才方阵。3) 要坚持抓住作风建设这个重点。随着正风肃纪反腐深入推进,作风建设出现了新气象、新景观。但也要看到,许多问题解决得还不够彻底。作风改到深处是坚持,贵在坚持,难在坚持。要坚持从严从紧,执行规定不打折扣、不搞变通、不松口子;正风肃纪不避矛盾,勇于向潜规则叫板、向违纪违规行为开刀;正本清源持之以恒,不换频道、不减力度、不降标准,在深入推进整风整改中把我党我军的政治优势转化为强军兴军的无穷力量。

(三)"四个全面"战略布局为强军兴军提供了方法遵循

"四个全面"战略布局,处处闪耀着辩证唯物主义和历史唯物主义的理性之光,充分体现了马克思主义的根本立场和科学方法论,努力推进国防和军队建设,就必须深刻把握蕴含其中的科学思维,理清在新征程中强军兴军的发展思路,不断增强工作的原则性、系统性、预见性和创造性。

(1) 要深刻把握贯穿其中的全心全意为人民服务的价值取向,强化宗旨意识,深扎宗旨观念,永远做人民利益的忠实捍卫者。"四个全面"战略布局,代表了几代中华儿女的共同夙愿,集中体现了中华民族伟大复兴的中国梦,集中体现了我们党全心全意为人民服务的根本性质宗旨。近代以来,中华民族饱受欺凌,无数中华儿女不断实践,前赴后继,为的就是求得民族的独立与解放,实现中华民族的伟大复兴。从魏源发出"师夷长技以制夷"开始,中国社会掀起了"向西方学习、改造中国"的伟大社会实践运动。农民阶级发动的"太平天国"运动,统治阶级的"洋务运动",知识分子发起的"戊戌维新运动",资产阶级领导的"辛亥革命运动",所有这些先辈们的努力探索和实践都因没有把握住中国的"病根",自然也就无法开出医治中国社会积贫积弱的"药方",中华民族伟大复兴成了"水中月,镜中花"。中国共产党领导的新民主主义革命胜利,开启了中华民族伟大复兴的新境界、新通途,中华民族伟大复兴才有了现实可能。我军发展的历史已经证明,人民军队的性质是我军区别于其他任何阶级军队的显著标志和本质区别,人民性,是我军的根本特征,始终保持人民军队的人民性,是我军赢得胜利的力量源泉。这就要求我们,在全面推进国防和军队建设中,必须站稳人民的立场,发挥群众作用。

(2) 要深刻把握贯穿其中的战略思维、辩证思维、系统思维、创新思维、底线思维等科学思想方法。学习和运用恢宏的战略思维,从战略上运筹、在大局中谋势。战略思维是高瞻远瞩、统揽全局、把握趋势、运筹帷幄的思维方法。有没有战略思维、具有什么样的战略思维,一定程度上决定着部队强军实践能走多远、将抵达何处。在强军兴军中注重以战略思维谋划全局问题，落在实处，就是要站在实现"两个一百年"奋斗目标、实现中华民族伟大复兴中国梦的战略高度，善于从国际战略大格局、周边地缘大棋局、总体安全大战略上来思考和运筹国家安全，科学确定战略目标，准确判断战略形势，周密进行战略部署。学习和运用深刻的辩证思维，从全盘上分析、在重点中突破。辩证思维是承认矛盾、分析矛盾、解决矛盾，善于抓住关键、找准重点、洞察事物发展规律的思维方法。在强军兴军中注重以辩证思维处理复杂问题，落在实处，就是要把握富国与强军、战争与和平、政治与军事、政略与策略、机遇与挑战、备战与止战、威慑与实战的辩证法，客观地而不是主观地、发展地而不是静止地、全面地而不是片面地、联系地而不是孤立地认识、分析和解决军事领域中的问题，在辩证解决问题的过程中把握国防和军队建设的规律，克服极端化、片面化。学习和运用全面的系统思维，从系统上着眼，在体系中使劲。系统思维是坚持系统思考，既抓住重点也抓好面上，既抓好当前也抓好长远，处理好重大关系，统筹考虑战略、战役、战斗层面问题的思维方法。军事领域是一个复杂系统，各种因素相互作用，各种关系纵横交织，系统谋划尤为重要。在强军兴军中注重以系统思维统筹重大问题，落到实处，就是要综合考虑、统筹布局，把握整体性，加强顶层设计和整体规划；把握层次性，注意区分层次、分类指导；把握关联性，搞好各项政策措施的配套和衔接，防止畸重畸轻、单兵突进、顾此失彼。学习和运用敏锐的创新思维，从创新上用力、在开拓中作为。创新思维是破除迷信、超越陈规，善于因时制宜、知难而进、开拓创新的思维方法。军事领域是对抗和竞争最激烈、最忌保守、最需要创新的领域。在强军兴军中注重以创新思维攻克疑难问题，落到实处，就是要适应安全环境新变化、军事革命新趋势、战争形态新演变、强军目标新要求，围绕实战化训练、军队调整改革等方面，打破迷信经验、迷信本本、迷信权威的惯性思维，摒弃不合时宜的旧观念，来一场创新理念、拓宽视野、变革方法、提高标准的"头脑风暴"，以逢山开路、遇河架桥的精神来推进军事斗争准备和各项建设。学习和运用清醒的底线思维，从根本上坚守、在斗争中控局。底线思维是要客观地设定最低目标，立足最低点，争取最大期望值的一种积极的思维方法。习近平同志强调："要善于运用'底线思维'的方法，凡事从坏处准备，努力争取最好的结果，这样才能有备无患、遇事不慌，牢牢把握主动权。"在强军兴军中注重以底线思维划定原则问题，落到实处，就是要前瞻危机、管控风险、万全准备、掌握主动，宁可把形势想得更复杂一点，把挑战看得更严峻一些，做好应付最坏局面的思想准备，把工作预案准备得更充分、更周详，做到心中有数、处变不惊。

（3）要深刻把握贯穿其中的辩证发展观，学会正确认识和处理富国与强军的辩证关系。安全与发展是国家两大基本战略目标，在国家战略全局中，是共生共亡、枯荣与共的关系，相互支撑、相互促进的关系。根据我们党的认识和实践，统筹国家安全与发展，基本手段是协调经济建设与国防建设，战略目标则是实现富国和强军的统一。在当代中国，究竟选择一个什么样的富国强军模式，是一个决定我们民族命运的重大选择。经过长期的艰辛探索，我国终于选定了一条既顺应世界大势、又符合中国国情的富国强军道路，确立了一个战略意境深远、内容宏大丰富的富国强军"目标群"。我们所要实现的是国家安全战略与发展战略高度统一的富国强军。主要应达成三个层面的协调一致：一是战略目标的协调一致，即国家安全战略与国家发展战略能够比较客观、准确地反映国家安全与发展之间轻重缓急的关系；二是资源配置的协调一致，能够在国防安全与经济发展两大领域之间形成合理的资源分配比例；三是经济建设与国防建设在发展阶段和发展进程上的协调一致，两大建设能够同步发展。要言之，国防和军队作为维护国家核心利益和战略底线的终极力量，必须坚决维护国家主权、安全和发展利益，坚决维护国家政治安全、政权安全，坚决维护社会和谐稳定，切实为协调推进"四个全面"、实现"两个一百年"奋斗目标和中华民族伟大复兴的中国梦提供力量保证，营造有利环境，真正成为"中国号"巨轮破浪前进的"压舱石"。

二、"四个全面"战略布局明确了强军兴军的时代坐标

党的十八大以来，习近平同志反复强调，全党"必须准备进行具有许多新的历史特点的伟大斗争"。2015年2月11日，习近平同志在各民主党派中央、全国工商联负责人和无党派人士代表共迎新春时的讲话指出，"四个全面"战略布局是从我国发展现实需要中得出来的，从人民群众的热切期待中得出来的，也是为推动解决我们面临的突出矛盾和问题提出来的。"两个得出来、一个提出来"正是对"四个全面"提出的社会历史条件和时代背景的精辟阐述和高度概括，而这个阐述和概括契合了"新的历史特点的伟大斗争"。国防和军队建设，既是"四个全面"战略布局的重要组成部分，又是实现"四个全面"战略布局的力量保证，势必也体现了当前的时代坐标。

（一）立足民族复兴新阶段

军队是国家的重要组成部分，军事是政治的重要方面。从国家利益高度思考谋划国防和军队建设，从政治大局高度思考处理军事问题，是治党治国治军的一条基本规律。习近平同志强调，国防和军队建设，必须放在实现中华民族伟大复兴这个大目标下来认识，服从服务于这个国家和民族最高利益。当前，我国处于由大向强跃升的关键阶段，我们前所未有地靠近世界舞台中心、接近实现中华民族伟大复兴的目标、具有实现这个目标的能力和信心。但与此同时，问题与挑战更是前所未有，特别是改革发展稳定的任务异常艰巨繁重。"四个全面"战略布局正是适应了现实状况的这样一种需要应运而生的。作为无产阶级专政的武装集团、作为我国人民民主专政的坚强柱石，军队就必须深入贯彻"四个全面"要求，着力推动"四个全面"实现，在"四个全面"的战略布局中开启强军兴军的新征程。

1. 必须着眼中华民族伟大复兴的中国梦

实现中华民族伟大复兴，是中华民族近代以来最伟大的梦想。中国梦，凝聚着无数仁人

志士的不懈奋斗，承载着全体中华儿女的共同向往，体现了中华民族和中国人民的整体利益，昭示着国家富强、民族振兴、人民幸福的美好前景。强国梦蕴含强军梦，强军梦支撑强国梦。历史反复证明，一个国家要自立于世界民族之林，既要有雄厚的经济实力为基础，又要有强大的军事力量做后盾。我国北宋时期经济社会高度发展，但由于"刀枪入库，马放南山"，终致王朝覆亡。鸦片战争前，中国经济总量占世界的1/3，但军事落后，百万军队竟被数千英军击败，国家很快陷入半封建半殖民地的深渊。铁的事实一再警醒我们：能战方能止战。没有强大的军事力量作支撑，和平发展只能是一厢情愿。中国和平发展、实现强国梦的过程，必将是全球战略格局重塑的过程，也不可避免地会成为矛盾的集中点、聚焦点。这就要求我们，在新的历史条件下推进国防和军队建设，必须把国防和军队建设放在实现中国梦的时代大背景下来认识和推进，彻底捋顺军心民意，激起全党全军全国各族人民的强烈共鸣，进而凝聚起实现强国梦强军梦的磅礴力量。

2. 必须坚持富国与强军相统一

富国和强军，是实现中华民族伟大复兴的两大基石，如同车之两轮、鸟之双翼，两者相辅相融，互为支撑。坚持富国和强军相统一，是我们党深刻总结历史经验得出的科学结论，体现了党一贯坚持的重要原则和方针。改革开放30多年来我国能够快速发展、稳定发展、持续发展，离不开国防和军队建设提供的安全保障。当前，加强国防和军队建设已不单纯是中国军事领域自身的任务，而是中华民族实现整体腾飞的系统要求。随着国家建设的发展，国家安全的内涵和外延不断拓展，逐步从"国家主权安全"向"国家利益安全"变化，从"三维空间安全"向"多维空间安全"变化，从传统安全领域向政治安全、制度安全、经济安全、科技安全、社会安全、文化安全、信息安全、意识形态安全、军事安全等诸多领域拓展。在这种复杂的安全态势中，军事安全处于特殊而重要的地位。国防和军队建设水平和质量如何，直接关系中国在世界战略格局演变中的地位，直接关系中国和平发展的历史进程，直接关系小康社会的建设质量，直接关系社会主义制度的巩固，直接关系党、国家和人民的生死存亡。因此，就必须在"四个全面"战略布局中推进国防和军队建设，把军队建设发展与国家整体战略、民族复兴伟业有机统一起来，凸显了国防和军队建设在中国特色社会主义事业总体布局中的重要地位，架起了实现强国梦强军梦的现实桥梁。

3. 必须有效应对前进道路上各种风险挑战

中华民族伟大复兴绝不是轻轻松松、顺顺当当就能实现的。我们越发展壮大，遇到的阻力和压力就会越大，面临的风险就会越多。从世情看，当今世界正在发生深刻复杂变化，和平与发展仍然是时代主题。一方面，世界多极化、经济全球化深入发展，文化多样化、社会信息化继续推进，科技革命孕育新突破，各国相互依存达到前所未有的程度，全球合作向多层次全方位拓展。另一方面，世界格局进入深度调整期，国际金融危机影响深远，发达国家经济增长乏力,保护主义抬头,霸权主义、强权政治和新干涉主义有所上升,局部动荡频繁发生,传统安全威胁和非传统安全威胁相互交织,世界仍然很不安宁。从国情看,我国仍处于并将长期处于社会主义初级阶段的基本国情没有变,人民日益增长的物质文化需要同落后的社会生产之间的矛盾这一社会主要矛盾没有变,我国作为世界最大发展中国家的国际地位没有变,我们在工作中还存在这样那样的不足,与人民期待还有不小差距,前进道路上还有不少困难和问题,最突出的是发展中不平衡、不协调、不可持续问题依然突出,资源环境约束加剧,城乡区域发展差距和居民收入差距依然较大,民生领域一系列突出问题尚待解决,制约经济社会发展的体制机制难题亟须破解。从党情看,这些年来,我们党坚持不懈加强和改进自身建设,紧紧围绕提高党的执政能力、保持党的先进性和纯洁性,全面推进党的建设新的伟大工程,着力提高党依法执政、民主执政、科学执政水平,党的建设为党和国家事业发展提供了根本政治和组织保障。同时,与国内外形势发展变化相比,与党所承担的历史任务相比,与人民群众的殷切期待相比,党的领导水平和执政水平、党组织建设状况和党员干部素质、能力、作风都还有不小差距。特别是新形势下加强和改进党的建设面临许多新情况新问题新挑战,执政考验、改革开放考验、市场经济考验、外部环境考验是长期的、复杂的、严峻的。在"四个全面"战略布局中推进国防和军队建设,深刻反映了我国发展所处历史方位和阶段性特征对军队建设的新要求,反映了维护国家主权、安全和发展利益的迫切需要,是实现国家富强、民族振兴、人民幸福的坚强力量保证。军队必须以实际行动协调推进"四个全面"战略布局,真正把中国梦与强军梦有机统一起来,用中国梦引领强军梦、用强军梦支撑中国梦。

(二)直面国家安全新形势的统筹把握

党的十八大指出,我国发展仍处于可以大有作为的重要战略机遇期,同时重要战略机遇期内涵和条件也发生了新的变化,这是中央综合分析国内外形势发展作出的重大判断。加快推进国防和军队现代化,必须对国际战略形势和国家安全环境作出清醒认识和准确判断。当今世界,求和平、谋发展、促合作已成为不可阻挡的时代潮流,国际形势保持总体和平、缓和、稳定的基本态势。我国综合国力、核心竞争力、抵御风险能力、国际影响力显著提高,战略回旋空间不断扩大,我们可以继续为我国发展营造良好的外部环境。同时,我们要充分估计到前进道路上可能遇到的困难和风险,要清醒地看到国家安全面临的机遇和挑战。

1. 国际体系进入加速演变和深度调整时期

国际金融危机发生以来,对世界经济格局以及政治、安全形势产生了深刻影响。美国、欧盟等陷入重重危机,新兴市场国家和发展中大国群体性崛起对西方在国际格局中的地位产生重大冲击,西亚北非局势动荡引发苏东剧变以来最大范围的地缘政治变局,非国家行为体大量涌现并日益成为国际舞台上的重要力量。在这个大变局下,各种国际力量加快分化组合，大国关系进入全方位角力新阶段，围绕权力和利益再分配的斗争十分激烈，霸权主义、强权政治和新干涉主义有所上升，局部动荡频繁发生，世界依然面临着现实和潜在的战争威胁。随着我国国家利益快速向海外扩展和延伸，我国安全和发展同外部世界更加紧密地联系在一起，国际和地区局势动荡、恐怖主义、海盗活动、重大自然灾害等都可能对我国安全构成威胁，国际市场、海外能源资源和战略通道安全以及海外机构、人员和资产安全等海外利益安全问题凸显。世界急剧变化增大了我国安全的不稳定性不确定性，我国安全和发展的国际环境更加复杂。

2. 我国周边安全面临的现实威胁呈上升趋势

一段时间以来，我国周边很不平静。亚太地区正成为国际战略竞争和博弈的一个焦点。美国为强化对亚太地区的战略控制、争夺世界霸主地位，高调宣示重返亚太地区，推行亚太"再平衡"战略，加紧在亚太地区投棋布子，强化以美国为主导的联盟体系，插手介入地区热点问题，加快推进导弹防御系统建设，加紧验证实施"空海一体战"构想（全球公域介入与机动联合），加大对我国进行战略遏制和围堵。美国这种战略调整对亚太地缘战略格局和我国周边安全环境产生了深刻影响，增大了我国巩固周边战略依托的难度。朝鲜再次"射星"，引起美国、日本、韩国等强烈反应，加之朝核问题悬而未决，朝鲜半岛和东北亚地区局势充满变数。日本视我国为主要战略对手，右倾化情绪上升，加强"西南"方向"区域控制"，提高所谓"动态威慑"能力。印度强化对与我国争议地区的实际控制和军备建设，企图在军事上染指南海，其战略新动向值得关注。中亚地区恐怖主义、分裂主义、极端主义活动猖獗，给我国西北边境地区安全稳定带来不利影响。日本、越南、菲律宾等国受自身利益驱使和美国明里暗里的怂恿支持，纷纷制定和实施具有扩张性的海洋战略，不断在钓鱼岛、南海等岛屿归属和海域划界问题上挑起事端。这些国家还会不停地采取挑衅行动，攫夺我国国家利益，围绕海上争端的斗争将是长期的。

3. 维护国家政治安全和社会稳定的任务更加艰巨

我国国际地位和影响力快速提高，使西方国家感到不安。我们在社会制度、意识形态等方面都与西方国家完全不同，这就决定了我们同西方国家的斗争和较量是不可调和的，因而必然是长期的、复杂的，有时甚至是十分尖锐的。我们越是发展壮大，他们就会越焦虑，就越要加大对我国实施"西化""分化"战略的力度，他们的目的就是要搞垮我们党的领导，颠覆我国社会主义制度。对于这些政治图谋，我们必须高度警觉，保持战略清醒和战略定力，决不能天真，决不抱任何幻想。同时，反分裂斗争形势依然严峻复杂。当前两岸关系继续向缓和方向发展，但影响台海局势稳定的根源并未消除，"台独"分裂势力还在，分裂祖国的危险始终存在，必须严阵以待，"疆独""藏独"等势力也是甚嚣尘上。此外，当前现实世界安全和虚拟世界安全相互影响，敌对势力还把互联网、手机等新兴媒体作为寻衅滋事和扩散升级社会矛盾的重要渠道。在境内外一些别有用心的势力策划和推动下，一些传言、谣言、谎言在网络上快速传导、扰乱人心。这些都给我们维护国家政治安全和社会稳定增加了新的难度。

（三）站在军队建设新方位

1. 新军事变革

当前，世界军事发展的新趋势主要体现在新军事变革的迅猛发展上。在人类战争史上，先后出现过冷兵器战争、热兵器战争、机械化战争等几次重大军事变革。目前正发生的新军事变革，是指20世纪80年代末90年代初以来在军事领域发生的根本性变革。这场新军事变革的本质和核心是信息化，目标是把工业时代的机械化军队改造成信息时代的信息化军队。近些年先后爆发的海湾战争、科索沃战争、阿富汗战争和伊拉克战争等较大规模的局部战争，技术含量越来越高，信息化特征越来越明显，反映出新军事变革发展的概貌。

（1）新军事变革的特征。与以往的军事变革相比，这场新军事变革有几个明显特征：一是广泛性。这是一场全球性的军事变革，许多发达国家率先加快了军事变革的步伐，一些发展中国家也积极创造条件启动和实施军事变革。军事变革涉及军事理论、作战思想、武器装备、组织体制、军事训练、后勤保障等军事领域的各个方面。二是深刻性。它不同于一般的军事改革，也不同于军事领域某个阶段的发展进步，而是对工业时代的军事形态进行脱胎换骨的改造，使之成为以信息化军队为核心的信息时代的军事形态，是军事领域发生的根本性重大变革。三是长期性。这场新军事变革从孕育到发展虽然已有二三十年时间，但目前仍处在初级阶段，走向成熟和完成还需要一个相当长的过程。据推测，基本完成这场新军事变革，发达国家需要再用30年左右的时间，其他国家则需要50～70年甚至更长的时间。四是不平衡性。由于各国在财力、技术和军队任务等方面的差异，新军事变革并不是在所有的国家或地区同步发生和发展，不同国家的军事变革处在不同的发展阶段，由此造成的各国间军事实力的差距将长期存在，有的还可能扩大。

（2）新军事变革的趋势。进入新世纪以来，新军事变革在广度和深度上又有新发展，一是信息化武器装备将大量出现，随着隐形技术、纳米技术等的不断突破，一批更加高效的新型武器特别是新概念武器将陆续问世。二是军队转型全面展开，军队信息化建设将取得重大进展，处于领先地位的国家正在制定加速推进军队转型的战略规划和实施计划。三是军事理论特别是作战理论将得到不断创新。军事上的新观点、新概念、新理论将大量涌现。四是军事组织体制改革可能取得实质性突破。军队规模变小，部队编成模块化、小型化、多能化、一体化已成为各军事强国较为普遍的做法。

2. 军队建设的问题

与世界主要军事强国相比，我军打赢现代化战争的能力明显不足。我军素以能征善战著称于世，创造过许多辉煌的战绩。但是必须看到，能打胜仗的能力标准是随着战争实践发展而不断变化的，以前能打胜仗不等于现在能打胜仗。在传统战争上我们有丰富的作战经验，随着世界军事现代化的发展，原有的经验已远远不能适应今天的现代化战争。特别是我军许多年没打仗了，缺乏信息化条件下作战的经验，各项建设成果缺乏实战检验，这些是我军建设中的明显短板和不足。

（1）战斗精神不足。我军长期处于和平环境下，部队已多年没打仗了，一些官兵慢慢滋生了当"和平官""和平兵"的思想，其主要表现为战备意识淡漠、打仗思想弱化。"和平官""和平兵"思想是战斗力最致命的腐蚀剂，是当前军事斗争准备的头号大敌，必须坚决予以清除。

（2）军事技术差距明显。由于基础不同、投入力度不同，各国从新军事变革中获得的战略效益是不一样的。目前，我军与发达国家在军事技术形态上存在一定差距，而且这种差距还有进一步扩大的可能。

（3）质量建军原则没有得到很好贯彻。我军质量建设和未来作战面临的矛盾更加突出。世界新军事变革的不断发展，使发达国家军队质量和作战能力迅速提升，使我军质量建设面临的压力更大、矛盾更加突出。很多新的作战样式，如信息战、空间战、精确作战和一体化联合作战等，迫切要求我军改进和创新作战样式、作战方法及作战保障等。

面对这些问题，军队要完成服从服务于"四个全面"战略布局的历史使命，就必须要有更高的标准、更严的要求。我们要更加善于从国内国际诸多因素的关联互动中谋划国防和军队建设，更加善于依据国家安全和发展战略全局确定国防和军队建设的发展战略和总体布局，更加善于正确处理国防和军队建设中的一系列重大关系，更加善于通过体制机制创新为国防和军队建设不断注入新的生机和活力。

三、"四个全面"战略布局厘清了强军兴军的实践路径

"四个全面"战略布局，是新形势下我们党治国理政的科学指南，也是加快推进国防和军队建设的行动纲领和根本遵循。习近平同志强调，要按照全面建成小康社会、全面深化改革、全面依法治国、全面从严治党的战略布局，加快推进国防和军队建设，努力开创强军兴军新局面。按照"四个全面"战略布局推进国防和军队建设，一方面，"四个全面"每一个都有重大战略意义，都有与之对应的国防和军队建设的重大战略部署。另一方面，"四个全面"是一个有机整体，要求以强军目标为牵引，以深化国防和军队改革为动力，以依法治军从严治军为保障，以加强军队党的建设为支撑，实现四大战略任务协调发展、全面推进、相

得益彰。

(一) 必须始终坚持战斗力标准不动摇

全面建成小康社会，是"四个全面"战略布局的战略目标，是实现中华民族伟大复兴中国梦的关键一步，内在包括国防和军队现代化，内在要求国防和军队建设，必须始终坚持战斗力标准不动摇。

1. 坚持战斗力标准，必须立足军队根本职能

习近平同志指出："强调战斗力标准，是有效履行我军根本职能的要求""虽然我军在不同时期担负的具体任务不同，但作为战斗队的根本职能始终没有改变"。[①] 我军自建军以来，担负的职能任务经历了四个不断发展的历史时期。第一个时期始于我军建军之初。1929年毛泽东起草的《古田会议决议》把我军的职能任务定为"战斗队、工作队、生产队"。第二个时期始于20世纪80年代初，党中央、中央军委把我军职能任务定位为"我军是人民民主专政的坚强柱石，肩负着保卫社会主义祖国、保卫四化建设的光荣使命"。第三个时期始于20世纪90年代初，党中央、中央军委把我军职能任务定位为"军队要更好地担负起保卫国家领土、领空、领海主权和海洋权益，维护祖国统一和安全的神圣使命"。第四个时期始于2004年，党中央、中央军委把我军职能任务定位为"为党巩固执政地位提供重要的力量保证，为维护国家发展的重要战略机遇期提供坚强的安全保障，为国家利益的拓展提供有力的战略支撑，为维护世界和平与促进共同发展发挥重要作用"。

回顾我军职能任务的发展历程可以清楚地看出，尽管经历了由战争年代向和平时期的转变，尽管国家安全威胁的形态不断变化，但有一条始终没有改变，这就是我军始终强调以过硬的军事能力为党、国家和人民提供坚强有力的安全保障，始终以提高战斗力为根本出发点和落脚点。习近平同志关于战斗力标准的重要论述，正是基于历史与时代的高度提出来的，深刻揭示了军队根本属性，是对军队职能任务本质规律的深刻把握。

2. 坚持战斗力标准，必须紧跟世界军事发展步伐

战斗力标准具有动态性和对抗性特征。动态性决定了不同战争形态战斗力标准完全不同；对抗性决定了战斗力标准的比较系必须是横向的，即必须以世界军事发展为基本参照。党的十八大把"世界新军事变革"改为"世界新军事革命"，虽一字之改，但意义重大。这是我们党对世界军事发展大势作出的全新战略判断，明确而郑重地警示全军：世界军事发展步伐加快、形势紧迫而逼人。世界各主要国家都在拼抢新的战略制高点，以新一轮科技创新和理论创新为先导，以武器装备高度信息化为基础，以信息化人才建设为核心，以体制结构

[①] 习近平. 习近平关于党在新形势下的强军目标重要论述选编. 北京：解放军出版社，2014：43.

革命性改造为支撑,加快构建新型军事体系。现代战争随之呈现出"信息主导、全维作战、体系对抗、网天决胜"的鲜明特征。目前,我军处于机械化任务尚未完成又需要努力实现信息化的特殊阶段,与世界军事强国相比还有很大差距。对此,习近平同志深刻指出:"在这场世界新军事革命大潮中,军事上的落后一旦形成,对国家安全的影响将是致命的。"① 人们不会忘记,当年清王朝错过了军事变革的大好机遇,当洋人打进国门时,我们的祖先上演了一场大刀长矛对洋枪洋炮的历史悲剧。今天,世界新军事革命大潮再次扑面而来,只有紧紧抓住战斗力标准这个基线,才能紧紧跟上世界军事发展步伐,才能真正牢牢掌握未来战争的主动权。

3. 坚持战斗力标准,必须以军事斗争准备为龙头

和平时期坚持战斗力标准,必须有明确的军事斗争准备作为指向。对此,习近平同志强调:"必须坚持军事斗争准备的龙头地位不动摇、扭住核心军事能力建设不放松,加大工作力度,努力把军事斗争准备提高到一个新水平。"② 在当前国家安全形势日益复杂的情况下,必须坚持军事斗争这个保底手段。中华民族历史上多次收复失地或实现统一,没有一次是和平谈判谈出来的,都是以武力或以武力为后盾解决的。因此,必须按照习近平同志的要求,使全军始终保持常备不懈、招之即来、来之能战、战之必胜的战备状态。做好付出代价赢得军事斗争胜利的准备。习近平同志强调:"要立足最困难、最复杂情况做好军事斗争准备。"③ 对于中国军队来说,想不付出代价就赢得未来可能发生的硬碰硬的战争,就想解决重大的战略性难题,只能说是理论上和战略上的幼稚。我们必须立足最复杂、最困难、最严峻的情况,做好付出重大牺牲和代价去赢得胜利的准备。越不想打仗越要准备打仗。习近平同志强调:"我们不希望打仗,但只有我们有准备、有强大军事力量、有打赢能力,才能从战略上实现不战而屈人之兵。"④ 加强军事斗争准备,必须按照习近平同志的要求,推动信息化建设加速发展,扎实抓好新型作战力量建设,大力发展高新技术武器装备,加快全面建设现代后勤步伐,加强高素质新型军事人才培养,深化国防和军队改革,把军事斗争准备落到实处,努力提高训练实战化水平。习近平同志强调:"从实战需要出发,从难从严训练部队,是提高部队实战化水平的根本途径。我们看足球比赛,最不能容忍的就是假球。如果事先商量好了,谁赢谁输都安排好了,糊弄观众是可以的,但到时候同外国队真刀真枪就不堪一击了。军事训练场上就更不能来假把式,否则总有一天是要付出血的代价的!"⑤

---

① 习近平. 习近平关于党在新形势下的强军目标重要论述选编. 北京:解放军出版社,2014:4.
② 习近平. 习近平关于党在新形势下的强军目标重要论述选编. 北京:解放军出版社,2014:43.
③ 习近平. 习近平关于党在新形势下的强军目标重要论述选编. 北京:解放军出版社,2014:38.
④ 习近平. 习近平关于党在新形势下的强军目标重要论述选编. 北京:解放军出版社,2014:41.
⑤ 习近平. 习近平关于党在新形势下的强军目标重要论述选编. 北京:解放军出版社,2014:56.

4. 积极推进中国特色军民融合式发展

党的十八届三中全会将"推动军民融合深度发展"作为深化国防和军队改革的重要内容，反映了我们党在全面深化改革新形势下，对进一步推进国防建设和经济建设协调发展规律的深刻认识。我们要积极适应全面深化改革形势，把军民融合放在改革发展的大背景下来考量，把军民融合作为国家发展和国防建设的大战略来谋划，把握机遇，主动作为，在新的历史起点上推进军民融合深度发展。一是要丰富融合形式。坚持问题牵引，解放思想、创新思路，千方百计丰富融合形式。只有不断丰富融合形式，才能使军民融合的路子越走越宽。二是要拓展融合范围。要把国防和军队建设与改革规划纳入国家经济社会改革和发展总体规划，把国防科技和武器装备发展纳入国家科技创新体系，把重大国防设施和战场建设纳入国家基本建设体系，把军队人才基础知识素质培养纳入国民教育体系，把军队生活服务保障纳入社会服务保障体系，把国防动员纳入国家应急管理体系。这样才能使国防建设与经济社会建设同步设计、同步运筹、同步落实、同步推进，努力形成二者互为一体、相得益彰的融合格局。三是要提升融合层次。各级必须把军民融合发展纳入党委议事日程、纳入政府工作职责、纳入经济社会发展规划，通盘考虑、科学规划、高标准抓好落实。军地双方要互为所思、互为所动、互为所惠，充分发挥地方经济社会发展优势和部队政治、人力、科技等优势，努力深化融合方式、拓展融合范围，真正形成各具特色的军民融合发展模式。要坚持从经济社会发展和国防动员建设全局出发，制定完善军民融合发展法规政策，科学统筹，整体推进。

（二）坚决完成深化国防和军队改革

全面深化改革，是"四个全面"战略布局的强大动力，内在要求。推进国防和军队改革，自觉服从服务于全面建成小康社会的战略目标，为推进国防和军队现代化、实现强军目标提供强大动力。习近平同志指出，国防和军队改革是全面深化改革的重要组成部分，也是全面深化改革的重要标志。我军历来有走在前列的意识和传统，更应该积极拥护改革、服务改革、参与改革，特别是在国防和军队改革中，必须立场坚定、行动果决。

1. 要自觉把国防和军队改革纳入全面深化改革的总盘子

改革开放是当代中国最鲜明的特色。30多年来，中国特色社会主义之所以展现强大生命力，就在于坚持不懈推进改革开放；人民军队之所以始终充满蓬勃朝气，同与时俱进不断推进自身改革是紧密联系在一起的。新的历史起点上，习近平同志立足我国进入由大向强发展关键阶段，始终把国防和军队建设放在实现中华民族伟大复兴中国梦这个大目标下来认识和推进，强调深化国防和军队改革是实现中国梦强军梦的时代要求，是强军兴军的必由之路，也是决定军队未来的关键一招；强调按照"四个全面"战略布局加快推进国防和军队建设,把军队改革纳入全面深化改革总盘子,全面部署,一体推进;强调要抓住党在新形势下的强军目标这个"牛鼻子",坚持用强军目标审视、引领、推进改革;强调全面实施改革强军战略,坚定不移走中国特色强军之路。习近平同志关于深化国防和军队改革重要论述,充分体现了习近平同志以深化改革助推中国梦强军梦实现的深谋远虑,必将指引我军在强军兴军征程上阔步前进。

2. 要按照"四个全面"战略布局的整体要求推进国防和军队改革

在国防和军队改革中,既要突出重点领域改革,又要把握改革的系统性、整体性、协同性,实现各项改革的联动、集成和综合效能。

一是必须坚持用强军目标审视改革、以强军目标引领改革、围绕强军目标推进改革,牢牢把握能打仗、打胜仗这个聚焦点,紧紧抓住军队领导管理体制和联合作战指挥体制这个"中枢神经",在优化结构、完善功能、构建中国特色现代军事力量体系上下功夫,在健全完善与军队职能任务需求和国家政策制度创新相适应的政策制度上下功夫,在形成全要素、多领域、高效益的军民融合深度发展格局上下功夫。

二是必须把国防和军队改革与依法治军、从严治军统一起来,做到重大改革于法有据,在改革中完善军队各项法规制度。

三是必须与加强军队党的建设统一起来,在党的领导下推进改革,以改革创新精神推进军队党的建设。

通过改革,为实现强军目标提供强大动力和体制机制保证。要充分认清改革的必要性和紧迫性。深刻认识深化国防和军队改革是实现中国梦强军梦的必然要求,是强国兴军的内在要求,是应对风险挑战的现实需要,是适应国家全面深化改革的客观需要。深刻认识深化国防和军队改革是夺取军事竞争主动权的迫切需要,战争形态演变催生改革,大国军事博弈要求改革,发挥特有优势呼唤改革。深刻认识深化国防和军队改革是确保能打仗打胜仗的战略举措,提高我军打赢现代战争能力要求深化改革,破解制约战斗力提升的矛盾问题要求深化改革,提高军事斗争准备质量效益要求深化改革。

3. 以积极主动精神投身和支持改革

深化改革,对各级的领导力、组织力、执行力都是一个新的考验。各级党委要把抓改革举措落地作为重要政治责任,提高领导改革能力,发挥核心领导作用。党委主要领导要当好第一责任人,一级抓一级,层层传导压力。要强化政治意识、大局意识、号令意识,进一步转变理念、更新观念,正确对待利益关系调整,积极拥护改革、支持改革、参与改革。要始终保持思想稳定,不为干扰所困、不为利益所惑,安心本职、恪尽职守,切实把心思和精力放在干工作、尽职责上,做到斗志不减、作风不散、标准不降。要严格遵守改革中各项纪律规矩,严守政治纪律、组织纪律、人事纪律、财经纪律、群众纪律、保密纪律,切实做到令行禁止。要坚决贯彻军委深化国防和军队改革意见和相关工作指示，按照职责分工抓好落实，确保各项改革部署落到实处。要发挥领率机关和领导干部的带头作用。改革能不能顺利推进，关键在上面带好头、做好样子。要带头讲政治、顾大局、守纪律、促改革、尽职责，争做改革的促进派和实干家。要坚决维护党中央、中央军委改革决策部署的权威性和严肃性，坚决反对政治上组织上行动上的自由主义，绝不允许说三道四、乱发议论，绝不允许自作主张、自行其是，绝不允许阳奉阴违、软顶硬抗，绝不允许打折扣、搞变通。要担负起改革的组织领导责任，密切关注官兵思想动态，有针对性地做好思想政治工作，对一些倾向性问题、重要敏感问题有效加以解决，对改革任务重的单位靠上去做工作。要妥善处理改革期间军地矛盾纠纷，绝不允许损害群众利益。要组织搞好舆论引导特别是网上舆论工作，打好主动仗，为推进改革营造良好舆论氛围。

（三）坚持依法治军从严治军

全面依法治国，是"四个全面"战略布局的可靠保障，内在要求依法治军、从严治军，实现治军方式的根本性转变，为国防和军队建设提供可靠保障。习近平同志指出，一个现代化国家必然是法治国家，一支现代化军队必然是法治军队。深入推进依法治军、从严治军，是全面推进依法治国总体布局的重要组成部分，是实现强军目标的必然要求，是我们党建军治军的基本方略。

1. 明确依法治军从严治军的战略意义

第一，一手抓改革一手抓法治，是我们党治国治军方略的重大创新和强国强军的必由之路。强国强军呼唤强法。法治是一个国家文明进步的重要标志，也是一支现代军队的鲜明特征；实现国家治理体系和治理能力现代化，必然要求建设法治国家，必然要求建设法治军队。

第二，崇尚法治厉行法治，是建军治军铁律和打造现代化军队的必然要求。新形势下，我军正以强军目标为引领，加快战略转型，打造世界一流的现代化人民军队。转型不仅是装备和技术升级，更重要更深层的是人的理念、素质转型，是军队组织形态、管理模式的重塑。只有强化法治精神法治思维，注重制度建设、制度创新、制度引领、制度规范，才能以法的权威性强制力保障转型发展，以更高水平的正规化推动现代化升级，胜利实现军队组织形态现代化、构建中国特色现代军事力量体系的战略目标。

第三，依法治军从严治军，是增强军队凝聚力战斗力和有效履行使命任务的坚强保证。当前，我军法治化水平总体不高，官本位、家长制、人情观念影响根深蒂固，以言代法、以权压法甚至徇私枉法现象依然存在，影响公平公正的不良风气在一些单位还比较突出，一些领域特别是新型安全领域还有法律空白。必须适应新的形势推进依法治军从严治军，密织法律之网，强化法治之力，建设人人遵章守法、处处依法办事的法治军营，锻造律令如铁、威武文明的钢铁之师。

2. 要按照"四个全面"战略布局的整体性要求，把依法治军、从严治军与实现强军目标、推进国防和军队改革、加强军队党的建设内在统一起来

依法治军、从严治军，是我们党建军治军的基本方略，必须用强军目标审视和引领军事立法，坚持党对军队绝对领导，坚持战斗力标准，坚持官兵主体地位，坚持依法和从严相统一，坚持法治建设和思想政治建设相结合，创新发展依法治军理论和实践，构建完善的中国特色军事法治体系，为确保党对军队领导提供坚强法治保障，为全面加强革命化现代化正规化建设提供坚强法治保障，为国防和军队改革发展提供坚强法治保障，确保重大改革于法有据、改革新成果新经验能够及时立法加以确定和巩固，提高国防和军队建设法治化水平，实现治军方式的根本性转变，在全军形成党委依法决策、机关依法指导、部队依法办事、官兵依法履职的良好局面。

3. 切实提高部队建设法治化水平

第一，深化思想认识，筑牢法治至上理念。依法治军、从严治军能否深入人心、融入部队全面建设，很大程度上取决于法治思维的形成和提高。要把学法作为基本要求，持续开展"学法规、用法规、促正规"活动，切实掌握常用的、牢记本职的、了解相关的，让法规制度进脑入心、进言入行、进岗入责；要把守法作为行为准则，经常自省自警、防微杜渐，从我做起依法治官、依法治权；要把护法作为自觉行动，自觉与违法言行做斗争，敢于较真碰硬，敢于唱黑脸，在标准问题上不能模棱两可、在政策原则上不能钻空子、在是非曲直上不能和稀泥。

第二，强化知行合一，推进依法开展工作。党委要依法决策，避免个人说了算，坚决落实党委统一的集体领导下的首长分工负责制，严格党委议事规则和决策程序，确保议题合法、权限合法、程序合法、决议合法；部队依法行动，依据大纲抓教育训练、按照条令抓日常管理、落实纲要抓基层建设、坚持制度抓后装保障，使各项工作从筹划部署、组织实施到总结验收的全过程，都始终处在依法运转、照章办事的正常轨道；官兵要依法履职。各级在加强教育引导的基础上，要注重从小事抓规范、从点滴严养成，及时查处违法违规违纪行为，不断强化法纪观念和号令意识。

第三，要实化刚性落实，提高贯彻力执行力。要坚持以上率下，带头执行法纪、带头规范言行、带头管权用权，特别是要解决好"教育者主动接受教育""立规矩的人自觉守规矩""管人的首先管好自己"等问题；要坚持严字当头，任何人都不能置于法规纪律和制度规定之外，尤其是对违法违纪行为要敢抓敢管、决不手软；坚持久久为功，要持之以恒抓，艰苦细致抓，坚持形势常议、要求常提、问题常纠，形成抓法治促工作、抓工作强法治的良性循环。

（四）必须始终加强军队党的建设

全面从严治党，是"四个全面"战略布局的根本支撑和领导核心，内在要求全面加强军队党的建设。习近平同志指出，当前，我们正在进行具有许多新的历史特点的伟大斗争，这对全面推进党的建设新的伟大工程提出了更高要求，必须把军队党的建设摆在更加突出的位置，坚持党要管党、从严治党，为实现党在新形势下的强军目标提供坚强思想和组织保证。

1. 明确加强军队党的建设的重大现实意义

全面从严治党，是我们党在新形势下进行具有许多新的历史特点的伟大斗争的根本保证。协调推进"四个全面"战略布局，最根本的是坚持党的领导不动摇，最重要的是加强和改善党的领导。军队党的建设是党的建设全局中一个十分重要的组成部分，是我军全部工作的关键。推进强军事业、建设强大军队，要靠党的坚强领导来引领；永葆人民军队性质、宗旨和本色，要靠大抓党的建设来保证。只有全面加强军队党的建设，做到标准更高、要求更严，努力走在前列，才能保方向、保打赢、保本色，更加自觉地在中国特色社会主义事业全局下思考和行动，为协调推进"四个全面"战略布局提供力量保证、营造有利环境。当前，我军处于强军兴军的加速推进期、履行使命的严峻考验期、作风建设的破立并举期、深化改革的攻坚克难期，安全和发展环境更加复杂，各种风险和挑战累积叠加。一方面，既面临军事上的遏制和围堵，又面临意识形态领域的渗透和破坏；另一方面，既要加紧推进军事斗争准备，又要全面深化改革和持续正风肃纪。形势越是复杂，任务越是艰巨，越要咬定青山不放松，越要把全面从严治党要求落到实处，在革弊鼎新中开新图强，在解决老问题中应对新挑战，以崭新姿态重整行装再出发。

2. 深刻把握军队全面从严治党的内涵

习近平同志指出，搞好军队党的建设，是军队建设发展的核心问题，是军队全部工作的关键，关系到党的执政地位，关系到我军性质宗旨，关系到部队战斗力。在加快推进国防和军队建设中，最重要的是加强军队党的建设，充分发挥坚强领导核心作用。全面从严治党，根本在全面，关键在从严。要铸牢党对军队绝对领导的军魂，坚决维护和贯彻军委主席负责制，一切行动听从党中央、中央军委和习近平同志指挥，确保部队绝对忠诚、绝对纯洁、绝对可靠；加强理想信念教育，坚持不懈用中国特色社会主义理论体系武装官兵，大力弘扬和践行社会主义核心价值观，持续培育当代革命军人核心价值观；严肃党内政治生活，严守政治纪律和政治规矩，增强各级党组织的创造力凝聚力战斗力，把党的政治优势和组织优势转化为强军兴军的力量优势；紧紧抓住领导干部这个"关键少数"，切实加强对领导干部的监督，特别是对"一把手"的监督；做好贯彻落实古田全军政治工作会议精神的"下篇文章"，自觉践行"三严三实"要求，持续深入改进作风。

3. 要按照"四个全面"战略布局的整体要求,把全面加强军队党的建设切实落到实处

习近平同志在接见空军第十二次党代会代表时明确指出:"要坚持党要管党、从严治党,重点在筑牢党对军队的绝对领导的军魂上下功夫,在坚定理想信念上下功夫,在培养战斗精神、提高战斗力上下功夫,在强化党的组织上下功夫,在改进作风、弘扬正气上下功夫,为实现强军目标提供可靠保证。"① "五个下功夫"的重要指示是军队党的建设总体要求,为在新的起点上推进军队党的建设指明了方向,提供了强大的思想武器和根本遵循。党对军队绝对领导是我军建军的根本原则,是永远不变的军魂和命根子,是我国基本军事制度和中国特色社会主义政治制度的重要组成部分,是党和国家的重要优势。始终坚持党对军队的绝对领导,关系人民军队的性质和宗旨,关系党执政地位的巩固和执政能力的提高,关系国家的长治久安,也是实现强国强军伟大梦想的必然要求。军队党的建设各项工作和全部实践,最根本的就是确保党对军队的绝对领导。理想信念是先进政党、先进军队的精神支柱和力量源泉。我军从小到大、从弱到强,敢打必胜、一往无前,坚定理想信念是强大法宝。当前,社会思潮复杂多变,价值观念多元多样,利益诱惑无时不在,对坚定崇高理想、坚守高尚道德带来严峻挑战。我军是先进军事文化的载体,在坚定马克思主义、共产主义信仰上,在坚持中国特色社会主义共同理想上,在培育践行社会主义核心价值观和当代革命军人核心价值观上,必须走在全社会前列。我军作为执行政治任务的武装集团,能打仗打胜仗是军事斗争的根本出发点和落脚点,也是党和人民对军队的根本要求。军队建设必须把提高战斗力作为出发点和落脚点,向能打仗、打胜仗的要求聚焦,强化官兵当兵打仗、带兵打仗、练兵打仗的思想,使部队始终保持召之即来、来之能战、战之能胜的战备状态。军队党的组织是坚强战斗堡垒,是在军队保证党的领导、贯彻党的意志、完成党的任务的组织基础,我们应在强化党的组织上下功夫。军队各级党组织的战斗力,直接影响军队的战斗力。加强党的组织建设,打造坚强有力的党组织,是搞好军队党的建设的基础工程。军队要有军队的样子,就是要坚决听党指挥,要能打仗、打胜仗,要保持光荣传统和优良作风。这就像一个人一样,要有灵魂、有本事、有品德,这样才能行得正、走得远。军队党的建设要把培养树立优良作风作为重点内容,紧抓不放、抓出成效,自上而下、以上率下,充分展现人民军队的好样子。

总之,"国家大柄,莫重于兵"。"四个全面"战略布局,既是新形势下国防和军队建设的强大思想武器,又是加快推进国防和军队建设的行动纲领;国防和军队建设,既是"四个全面"战略布局的重要组成部分,又是实现"四个全面"战略布局的力量保证。每一个"全面"都具有重大战略意义,每一个"全面"都对应着国防和军队建设重大战略部署。推进和落实"四个全面",对于军队来说,就是要实现强军目标、深化国防和军队改革、推进依法治军从严治军、加强军队党的建设。"四个全面"战略布局,对国防和军队建设提出了更高

---

① 习近平. 习近平接见空军第十二次党代会代表. 人民日报, 2014-6-18(1).

的标准、更严的要求。我们要更加善于从国内国际诸多因素的关联互动中谋划国防和军队建设，更加善于依据国家安全和发展战略全局确定国防和军队建设的发展战略和总体布局，更加善于正确处理国防和军队建设中的一系列重大关系，更加善于通过体制机制创新为国防和军队建设不断注入新的生机和活力。

第三章 "四个全面"战略布局对国防和军队建设的目标要求

"四个全面"战略布局确立了新形势下党和国家各项工作的战略方向、重点领域、主攻目标,开辟了我们党治国理政的新境界。"国家大柄,莫重于兵"。"四个全面"战略布局,既是新形势下国防和军队建设的强大思想武器,又是加快推进国防和军队建设的行动纲领;国防和军队建设,既是"四个全面"战略布局的重要组成部分,又是实现"四个全面"战略布局的力量保证。每一个"全面"都具有重大战略意义,每一个"全面"都对应着国防和军队建设重大战略部署。"四个全面"战略布局,对国防和军队建设提出了更高的标准、更严的要求,指明了前进方向。"四个全面"战略布局思想深刻、意蕴深远,相辅相成、相得益彰。每一个"全面"都有丰富科学内涵和重大战略意义,都对国防和军队建设提出更高标准和全新要求。推进和落实"四个全面"战略布局,对于军队来说,就是要实现强军目标、深化国防和军队改革、推进依法治军从严治军、加强军队党的建设。我们要更加善于从国内国际诸多因素的关联互动中谋划国防和军队建设,更加善于依据国家安全和发展战略全局确定国防和军队建设的发展战略和总体布局,更加善于正确处理国防和军队建设中的一系列重大关系,更加善于通过体制机制创新为国防和军队建设不断注入新的生机和活力。

一、以能打胜仗为目标推进国防和军队建设

党在新形势下的强军目标明确了加强军队建设的聚集点和着力点,抓住了建设强大人民军队最根本最紧要最现实的问题,回答了国防和军队建设带根本性方向性全局性的重大问题,抓住了新形势下军队建设的关键和要害。习近平同志深刻指出,要扭住能打仗、打胜仗这个强军之要,坚持一切建设和工作向能打胜仗聚焦。这一重要指示,深刻揭示了军队建设的客观规律,阐明了能打胜仗在强军兴军中的核心牵引作用,对新形势下我军履行使命提出了更高要求。习近平同志关于军队能打仗、打胜仗的重要思想,从根本上确立了军队建设的目标,高瞻远瞩、蕴意深刻,要求军队建设必须坚持围绕国家核心安全需求,加快推进国防和军队现代化,确保有效维护国家主权、安全和发展利益,这是党和人民对我军的殷切期望。习近平同志关于军队能打仗、打胜仗的重要思想,为国防和军队现代化赋予了新的时代

内涵，确立了新的建设标准，明确了新的实践要求，是我们推进军事工作全面发展的根本依据和遵循原则。

（一）能打胜仗是推进国防和军队建设的根本目标

实现强军目标，要求我们切实按照能打胜仗的要求推进军队建设发展，努力把军事斗争准备和军队现代化建设提高到一个新水平。

1. 能打仗、打胜仗是有效履行我军职能使命的根本目标

军队是为打仗而存在的，军队建设必须向能打仗、打胜仗聚焦，确保招之即来、来之能战、战之必胜。我们必须时刻牢记根本职能，把带兵打胜仗作为责任和追求，进一步强化战斗队思想，提升战斗力水平，使部队尽快具备招之即来的素质、来之能战的底气、战之必胜的实力。我军是在战火中诞生、从战争中走来的英雄军队，虽然不同历史时期担负的具体任务不同，但作为战斗队的根本职能始终没有改变。我们要深刻认识习近平同志在新的历史起点上明确的军队能打仗、打胜仗根本目标的重大政治意义，强化战斗队思想，把英勇善战、敢打必胜的优良传统发扬光大，确保党中央、中央军委和习近平同志一声令下，能够决战决胜、不辱使命。

2. 能打仗、打胜仗是实现强国梦和强军梦的必然要求

习近平同志指出，实现中华民族伟大复兴是我们的强国梦，对军队来说也是强军梦；没有一支强大的军队，没有一个巩固的国防，强国梦就难以真正实现。这一重要思想，深刻揭示了军队强大与国家发展、民族振兴的内在联系，进一步阐明了国防和军队建设的战略地位。我们必须深刻认识强国强军辩证统一的必然联系，自觉在国家建设大局下筹划推进国防和军队建设，切实把梦想转化为广大官兵的内在动力和各级党委的责任担当。历史与现实告诉我们，决定世界政治经济格局的，归根到底是大国力量对比，最终靠的还是实力。一个国家要自立于世界民族之林，既要以雄厚的经济实力为基础，又要有强大的军事力量作后盾。当前我国发展仍处于可以大有作为的重要战略机遇期，同时重要战略机遇期内涵和条件也发生了新的变化，需要我们靠智慧去谋求、靠斗争去获取、靠力量去维护。我国面临的生存安全问题和发展安全问题、传统安全威胁和非传统安全威胁相互交织，要求国防和军队现代化有一个大的发展。我国始终不渝走和平发展道路，维护世界和平，实现和平发展，也必须立足于自身强大，具备相应的国防和军事实力。只有努力建设与我国国际地位相称、与国家安全和发展利益相适应的巩固国防和强大军队，真正做到能打仗、打胜仗，才能从战略上达成不战而屈人之兵的目的，为实现科学发展、和谐发展、和平发展提供可靠的安全保障。

3. 能打仗、打胜仗是推进中国特色军事变革的核心牵引

当前,世界新军事革命加速发展,信息主导成为制胜关键,体系对抗成为基本形态,网络空间成为崭新战场,精确作战、立体作战、全域作战、多能作战、持续作战成为新质战斗力的重要体现。世界主要国家都在加紧推进军事转型。军事技术和战争形态的革命性变化,对国际政治军事格局产生重大影响,我军建设面临的历史机遇前所未有、严峻挑战前所未有,形势逼人,不进则退。我们要围绕能打仗、打胜仗根本目标,紧跟世界军事发展潮流,加快推进中国特色军事变革,缩小同世界强国在军事实力上的差距,努力掌握军事竞争战略主动权。

(二)能打胜仗对推进国防和军队建设的标准要求

标准就是规则,标准就是导向,标准就是共识。扭住能打仗、打胜仗这个强军之要,就是各项建设和工作都要向能打仗、打胜仗聚焦。

1. 牢固树立战斗力这个唯一的根本的标准

战斗力标准是检验部队各项工作成效的唯一的根本的标准。战斗力水平反映着军队建设的质量和效益,是衡量和判断是否能打胜仗的客观依据。习近平同志指出,军队建设各项工作,如果离开战斗力标准,就失去其根本意义和根本价值。只有坚持战斗力标准,衡量检验部队建设才有一个统一的、客观的根本尺度,才能在全军上下形成练精兵、谋打赢的正确导向,才能激发广大官兵建设部队、献身使命的热情动力,才能有效带动部队各项建设朝着强军打赢去推动和落实。牢固树立战斗力标准,就是要把提高战斗力作为出发点和落脚点,就是要使各种标准统一于服务于战斗力标准。必须坚持把提高战斗力作为全军各项建设的出发点和落脚点,坚持用是否有利于提高战斗力来衡量和检验各项工作,按照战斗力标准确立发展思路、实施决策指导、配置力量资源、选拔任用干部、评定工作成效、培树先进典型,切实把战斗力标准在军事、政治、后勤、装备等各领域全面立起来、落下去,努力使各项建设都经得起实战的检验。要真正把战斗力标准立起来落下去,使一切有利于战斗力提高的思想理念得到积极倡导,一切有利于激发官兵练兵热情的活动得到深入开展,一切有利于部队练兵打赢的好经验得到大力宣扬。战斗力标准立起来是首要,落下去是关键。解决"立起来"的问题,要坚持正本清源,对长期和平环境下形成的思想观念、政绩标准、工作作风进行大清理、大扫除,重点是聚焦军队根本职能、顺应战争演变规律、始终瞄准强敌、坚持破除和平积习。战斗力标准说到底是实践标准。解决"落下去"的问题,重点是落到凝聚共识上、落到练兵备战上、落到保障中心上、落到深化改革上、落到改进作风上。这样,才能真正使战斗力标准落地生根、开花结果。

2. 坚持不懈拓展和深化军事斗争准备

军事斗争准备是军队的基本实践活动，是维护和平、遏制危机、打赢战争的重要保证。我军作为执行党的政治任务的武装集团，能打仗、打胜仗是党和人民对军队的根本要求，也是军事斗争准备的根本出发点和落脚点。军事斗争准备是我军最重要、最现实、最紧迫的战略任务，是加快推进国防和军队现代化的重要战略抓手。坚持从战略高度抓好日常战备工作，搞好针对性战备演练，提高处置突发情况能力；坚持把重大演训活动作为实践平台，深化作战重点问题研究攻关，提高部队实战水平；坚持人力物力财力向战斗力聚焦，突出抓好新型军事人才培养储备，深化完善综合保障，为打得赢提供有力支撑；坚持系统建设、整体准备，统筹推进主要战略方向与重要战略方向军事斗争准备，统筹推进核心军事能力建设与非战争军事行动准备，不断提高应对多种安全威胁、完成多样化军事任务能力。要与时俱进加强军事战略指导，坚持军事斗争准备龙头地位不动摇，扭住核心军事能力建设不放松，立足应对复杂困难局面，统筹推进各方向各领域军事斗争准备，保持战略全局平衡与稳定，切实把军事斗争准备往前赶、往实里抓。要紧盯世界军事革命发展趋势、紧盯战争形态和作战样式演变，把未来打什么仗、怎么打胜仗的问题研究透，建立能打胜仗的能力标准和力量体系。要统筹安排并抓好非战争军事能力建设，注重在完成多样化军事任务中摔打部队，促进军事斗争准备水平和履行使命能力全面提高。要加紧推进军事斗争人才准备，造就大批适应强军打赢要求的高素质新型军事人才。

3. 推动部队信息化建设加速发展

打赢信息化战争是能打胜仗的时代内涵。信息化是军队战斗力的"倍增器"，要加速推进信息系统建设，加速推进建设成果应用转化，加速推进新型作战力量建设，加速推进信息化人才群体建设，不断提高部队基于信息系统的体系作战能力。军队一切建设和工作向能打胜仗聚焦，必须向实现建设信息化军队、打赢信息化战争的战略目标聚焦，向实施信息化条件下联合作战的要求聚焦，向形成基于信息系统的体系作战能力聚焦。要立足我军实际，正确处理信息化和机械化的关系，坚持以信息化为主导，以机械化为基础，推动机械化信息化复合发展和有机融合。要加速推进中国特色军事变革，努力构建中国特色现代军事力量体系。要贯彻体系建设思想，加快发展高新技术武器装备，努力建设保障打赢现代化战争、服务部队现代化建设和向信息化转型的后勤，坚持把新型作战力量建设作为战略重点，把培养高素质新型军事人才作为有力支撑，把加强指挥信息系统统管作为重要抓手，推动信息化建设向形成新质战斗力深化，向自主创新发展跃升，向推动建设成果运用转化拓展，努力实现高标准高层次建设与战备、训练、工作中广泛应用的有机结合，发挥信息在战斗力生成中的主导作用。

4. 着力提高军事训练实战化水平

能打胜仗是强军目标的核心,深刻阐明了强军的要义是强战斗力,是强实战能力,军队必须不断提高打赢能力。军事训练是未来战争的预演,是提高部队实战化水平的根本途径,是打胜仗能力生成的基本途径。军事训练水平上不去,军事斗争准备就很难落到实处,部队战斗力也很难提高,战时必然吃大亏。习近平同志指出,要贯彻战训一致原则,从实战需要出发从难从严训练部队。要始终坚持把军事训练摆在战略位置,在全军形成大抓军事训练的鲜明导向。必须以对官兵生命、对未来战争高度负责的态度,切实把军事训练作为部队建设的主业、军事斗争准备的支点、战斗力提升的途径,按照"真难严实"要求,大力加强实战化训练。坚决贯彻战训一致原则,切实端正训风、演风、考风。要通过紧贴实战的课题设置、从难从严的临机导调、求真务实的演风训风,坚决破除形式主义,全过程锻炼提高部队遂行任务的实战能力。不怕出错,不怕搞砸,不怕推倒重来。坚持从实战需要出发从难从严训练部队,坚持仗怎么打兵就怎么练,打仗需要什么就苦练什么,坚持以一体化联合作战为背景设计各层次训练,加强检验性、对抗性训练,在近似实战的环境下摔打锻炼部队。打仗硬碰硬,训练必须实打实。要端正训练指导思想,按纲施训、科学组训、从严治训,把练技术练战术与练思想练作风结合起来,切实提高军事训练的实战化水平和质量效益,使部队真正练就过硬的打赢本领。部队实战化水平,决定着部队能不能打仗,能不能打胜仗。提高实战化水平,不仅是对军事工作的要求,也是对部队全面建设的要求;不仅要体现到军事训练领域,也要落实到政治、后勤、装备等各项工作之中。训风、演风、考风不端正,是制约部队实战化水平提升的最大障碍。在训练战备领域搞虚的假的东西,最后付出的是血的代价。要贯穿战训一致原则,加强实战化训练环境构设,完善训练基地的组训和保障功能,搞好模拟训练、对抗训练、检验性训练。狠抓使命课题研练,紧贴担负任务、紧贴作战对手、紧贴实战环境,开展针对性训练演练,提高部队实战能力。

(三)能打胜仗对全军官兵的实践要求

我军素以能征善战著称于世,创造过许多辉煌战绩。同时,能打胜仗的能力标准是随着战争实践发展而不断变化的。习近平同志强调我军要能打仗、打胜仗,具有鲜明而丰富的时代内涵,进一步提升了我军军事能力建设的标准和遂行军事任务的要求。

1. 不断强化当兵打仗、带兵打仗、练兵打仗思想

能打胜仗首先要有打仗意识和思想准备。相对和平的环境,容易滋生松懈麻痹思想,销蚀尚武精神。部分官兵存在"仗打不起来、打起来也不一定轮上我"的心理,战斗精神弱化,缺乏军人应有的血性。强调能打胜仗,要求我们必须适应国家安全形势变化和军队使命任务拓展,牢固树立战斗队思想;必须紧跟战争形态和作战样式变化,着眼打赢信息化战争,不断砥砺英勇无畏、敢打必胜的战斗精神和意志品格;必须针对长期相对和平的环境,坚决防止和克服精神懈怠危险,努力清除"和平积习",始终保持军人血性;必须联系部队生活条件改善和官兵成分结构变化的实际,引导官兵更加注重外练"筋骨皮"、内强"精气神"。要深入开展我军根本职能教育,引导官兵充分认识打仗和准备打仗是军人的天职,使战斗队意识在官兵头脑中深深扎根。深化战斗精神培育,在艰苦环境中磨砺官兵一不怕苦、二不怕死的血性,培养虎气、豪气、锐气。天下虽安,忘战必危。我们要切实增强忧患意识、危机意识、使命意识,脑子里永远有任务、眼睛里永远有敌人、肩膀上永远有责任、胸膛里永远有激情,时刻准备为祖国和人民去战斗。

2. 始终保持箭在弦上引而待发的战备状态

良好的战备状态是部队能打胜仗的重要前提,发挥着慑敌止战的重要作用。战争与和平的辩证法启示我们,能战方能止战,准备打才可能不必打,越不能打越可能挨打。现在,国家安全形势的综合性、复杂性、多变性进一步增强,只有时刻准备、随时能战,才能从战略上达到"以武止戈"的目的,切实维护国家安全和发展利益。我们要把日常战备工作提到战略高度,牢固树立时刻准备打仗的观念,始终保持枕戈待旦、厉兵秣马的战备状态。要加强战备建设,坚持平战一体,抓住平战转换这个枢纽,着力提高快速反应和处置突发事件能力。要加强战备法制建设,搞好战备演训演练,保持部队正规的战备秩序,确保一旦有事能够迅即行动、决战决胜。

3. 切实提高信息化条件下威慑和实战能力

随着世界新军事革命加速发展,战争形态正加速向信息化战争演变,世界主要国家都在加紧推进军事转型,信息主导成为制胜关键,体系对抗成为基本形态,网络空间成为崭新战场,精确作战、立体作战、全域作战、多能作战、持续作战成为新质战斗力的重要体现。军事技术和战争形态的革命性变化,为加快军队现代化建设提供了前所未有的机遇,同时也对提高军事能力提出了新的挑战。我军历来攻必克、守必固,战无不胜,但必须看到,能打胜仗的能力标准是随着战争实践发展而不断变化的,提高打赢能力是一个动态的、发展的过程,以前能打胜仗不等于现在能打胜仗。能打仗是军人的能力基础,敢打仗是军人的战斗精神,打胜仗是军人的职责使命。实现强军目标,要求我们必须紧贴国家安全需求、瞄准世界先进军事水平,针对我军能力建设上存在的差距,坚决破除能力短板,坚定不移把信息化作为军队现代化建设发展方向,不断拓展和深化军事斗争准备,着力增强基于信息系统的体系作战能力,确保我军能够有效维护和平、遏制危机、打赢战争。紧紧围绕提高官兵的信息化素质和打赢信息化条件下局部战争这一核心军事能力,持续兴起学习信息化知识、掌握信息化技能、驾驭信息化装备、提高信息化本领的学习训练热潮。着力把官兵培养成新型军事人才,根据核心军事能力建设需要,突出抓好高层政治军事人才、军事谋略人才、驾驭信息化装备和信息化作战人才、处置复杂情况和应对危机的人才,以及在各个领域各个岗位发挥骨干作用的人才的建设工作,切实以新型军事人才的培养促进核心军事能力的提高。

二、以攻坚克难的精神深化国防和军队改革

军事领域是竞争和对抗最为激烈的领域,也是最具创新活力、最需创新精神的领域。全面深化改革,必须更加注重改革的系统性、整体性与协同性。否则,不仅单项改革无法取得突破,而且整个改革也无法整体推进。国防和军队改革作为国家改革大系统中的一个子系统,也是全面深化改革的重要标志。"四个全面"战略布局,把全面深化改革提到了一个全新的高度。这一战略布局,要求国防和军队改革必须有一个大的突破、大的进展。要充分认清深化国防和军队改革的重要性和紧迫性,准确把握改革的目标和任务,牢固树立进取意识、机遇意识、责任意识,着力解决制约国防和军队建设发展的突出矛盾和问题,为实现强军目标提供强大动力和体制机制保证。习近平同志强调,实现强军目标是一项具有很强开拓性的事业,面临大量新情况新问题,必须勇于探索、大胆创新、锐意改革。我们必须敢于打破传统桎梏、冲破观念束缚、突破利益藩篱,开阔视野,勇于担当,切实在重要领域和关键环节实现改革新突破。只有全面深化国防和军队改革,消除军队长期积累的体制性障碍、结构性矛盾、政策性问题,才能为实现强军目标提供强大动力和体制机制保证。在习近平同志系列重要讲话的"军事篇"中,强军目标是核心思想,深化改革是重要典章。要从战略和全局高度深刻认识改革、积极推进改革,以深化改革助推强军目标实现。

(一)攻坚克难是深化国防和军队改革应有的精神状态

攻坚克难,就是要万众一心、奋勇拼搏,不为任何风险所惧,不被任何干扰所惑,奋力攻克各种难关,坚决战胜各种风险挑战。李大钊曾经说过,历史的道路,不全是平坦的,有时走到艰难险阻的境界,全靠雄健的精神才能够冲过去。回顾改革开放30多年历程,无论是在"开除球籍"的深重忧患下毅然打开国门,还是鼓起闯的精神、冒的精神"杀出一条血路",抑或是在非典疫情、汶川地震、金融危机等惊涛骇浪中推动中国巨轮奋然前行,不惧风险、攻坚克难,成为社会主义中国发展进步的独特路径,化为中国共产党人执政的精神基因。今天的中国,正处在改革发展的关键阶段我们面临前所未有的机遇,也面对前所未有的挑战,我国发展仍处于可以大有作为的重要战略机遇期。把握得好,我们就能破解前进道路上的各种困难和问题,顺利实现全面小康;把握得不好,我们就有可能遭遇更多更大的麻烦,使现代化事业遭遇挫折。在这样的历史关头,能否保持奋发有为的精神状态,能否唤起改革攻坚的巨大勇气,关系重大。正因为如此,中央一再强调,能否把握机遇、应对挑战,关键取决于我们的思想认识,取决于我们的工作力度;取决于我们推进改革发展的步伐;一再警醒全党,"精神懈怠"是第一位的危险,改革必须深化,必须稳步向前推进。逆水行舟

不进则退。长期执政条件下,一旦躺在过去的功劳簿上,安于现状、止步不前,就会暮气丛生、积弊日深,最终积重难返。面对既得利益部门和单位羁绊,如何摆脱"不愿改"的思维?面对舆论压力和风险挑战,如何消除"不敢改"顾虑?面对群众期盼和现实要求,如何突破"改不动"困境?推进改革开放事业,既需要智慧和审慎,更要有勇气与担当。"中国已经走出改革初期的浅滩阶段,正站在大河中央,选择彼岸的到岸位置。"诺贝尔经济学奖得主斯蒂格利茨如此描述当今中国。中流击水,有了更开阔的行进空间,也面临着更难测的风浪暗礁。只有永葆不惧风险的勇气,力求攻坚克难的成效,才能在浩荡的世界潮流中,乘长风破万里浪,引领中国特色社会主义航船驶向光明的未来。

当前我国国防和军队改革正处于关键阶段,深化国防和军队改革,是回避不了的一场大考。既面临难得的历史机遇,又面临前所未有的严峻挑战;既有思想观念的障碍,也有利益固化的藩篱;既有难啃的硬骨头,也有牵一发而动全身的敏感问题。只有保持奋发有为的精神状态,唤起改革攻坚的巨大勇气,不瞻前顾后,不左顾右盼,不急功近利,不妄自菲薄,克服"改革疲劳症",防止"精神懈怠",奋力攻克重点领域和关键环节的难关险隘,努力开创军队建设事业的新局面,坚决完成改革任务,努力实现强军目标。

1. 以攻坚克难的精神深化国防和军队改革

要只争朝夕。从我国社会来讲,不改革,既得利益集团不会主动让出利益;不改革,许多积累的问题和矛盾会不断激发,累积的戾气和怨气在突破临界点后会有爆发社会危机的危险;不改革,各种潜伏在中国社会中的似是而非甚至错误的思想舆论、社会意识也会兴风作浪,导致我国社会倒退。从军队建设来讲,不改革,日新月异的世界军事变革不会停下脚步等待中国军队赶上;不改革,国防和军队建设长期积累的矛盾和问题不会自行消散;不改革,时代的进步、世界的发展及其错综复杂的变化带给国防和军队建设的新矛盾、新问题不会自发停止出现。过去一个时期,军队建设求稳定,甚至以稳定为压倒一切的任务,这没有错,但只是一个方面,还应看到并警醒的是,稳定是人心所向,但稳定不是"维持现状",而应该是在改革中追求动态的稳定。所以改革是毋庸置疑的,改革还须抓住时机。

2. 以攻坚克难的精神深化国防和军队改革,要坚定信心

要坚信,现阶段问题仅且定能通过深化改革解决。我国正处于发展关键期、改革攻坚期,同时处于社会矛盾凸显期。与此相关联,一些人出现了一种矛盾心态,一方面对国家快速发展和生活不断改善感到振奋和满意,另一方面对社会上的许多现象和问题感到困惑与纠结。众多个体的矛盾心态汇聚在一起,构成了整个社会的矛盾期心态。国防和军队建设同国家经济社会发展一样,也处于发展关键期、改革攻坚期,国防和军队建设经历多次改革,也处于诸多矛盾凸显期,也会带来官兵的矛盾心态。官兵矛盾心态体现在对军队现实状况的评价及未来趋势的判断上,也体现在对因军队改革而可能引起的自身利益得失的感受、预期及行为进退的选择上。官兵矛盾心态必须通过教育启发引导其中的正能量迸发，以对深化国防和军队改革的坚定信心推动军队建设事业发展。

3. 以攻坚克难的精神深化国防和军队改革，要凝心聚力

当前，我国的改革已如舟至中流，有了更开阔的行进空间，也面临着"中流击水、浪遏飞舟"的挑战。冲破思想藩篱、触动现实利益，改革从一开始就挑战着既定格局，也无可避免地伴随着"不同声音"，改革总是在争议乃至非议中前行。改革越是向前推进，所触及的矛盾就越深，涉及的利益就越复杂，碰到的阻力也就越大。用一句通俗的话来讲，容易的都改得差不多了，剩下的全是难啃的"硬骨头"，不能回避也无法回避。改革就会招惹是非，改革就是"自找麻烦"，改革也很难十全十美。现实中，或是囿于既得利益的阻力，或是担心不可掌控的风险，或是陷入"不稳定幻象"，在一些人那里，改革的"渐进"逐渐退化为"不进"，"积极稳妥"往往变成了"稳妥"有余而"积极"不足。

4. 以攻坚克难的精神深化国防和军队改革，要勇于担当

习近平同志指出："担当大小，体现着干部的胸怀、勇气、格调，有多大担当才能干多大事业。"历史的人干历史的事，也必须担负历史的责任。中国今天的"这个样子"，是历史发展的结果，也是我们选择的结果。解决当代中国面临的各种问题，要靠每一个人努力。在改革发展的进程中，谁都没有理由当看客，只分取"红利"，而不承担相应的代价或阵痛。我们决不能怨天尤人、患得患失，在离心离德中消耗力量、影响大局。唯有坚持从我做起，同心协力改变现实的不足，才能使我们的社会更美好。国防和军队改革也一样，面对"躲不开、绕不过"的体制机制障碍，如果怕这怕那，趑趄不前，以消极态度应对，甚至将问题矛盾"击鼓传花"，只会把问题拖延成历史问题，最终引发更多矛盾、酿成更大危机，甚至落入所谓"转型期陷阱"。攻坚克难，必须明白"坚"在哪里？"难"在何处？必须针对问题深入研判对症下药，必须以务实过硬的工作作风和实干精神勇敢闯关夺隘。面对新情况、新问题，要把困难估计得更充分一些，把措施考虑得更周全一些，把工作做得更扎实一些。面对存在的主要困难和问题，要迎头赶上，就必须进一步增强紧迫感和责任感，以"天变不足畏，祖宗不足法，人言不足恤"的改革精神，敢于抓住主要矛盾、勇于直面风险考验，坚定信心，树立打硬仗、打难仗的准备，敢于挺身而出，敢于勇挑重担，敢于迎难而上，把全部精力凝聚到目标任务上来，以必胜的信心打好攻坚战。

（二）深刻把握深化国防和军队改革的思想武器

"兵者，国之大事也。"纵观人类历史，强国的重要支撑在军队，军队的发展在改革。习近平同志强调，国防和军队改革千头万绪，必须抓住主要矛盾和矛盾的主要方面，在落一子而全盘活的改革上用力，以重点突破带动整体推进，不要眉毛胡子一把抓，防止避重就轻、避难就易、避实就虚。这次军队改革，自上而下，从总部、大单位领导机关改起，在重要领域和关键环节上下功夫、求突破。在当代中国，必须紧紧围绕强军目标深化国防和军队改革，使之辩证统一于实现中国梦、强军梦的伟大实践。国防和军队改革是一个十分复杂、高度敏感的系统工程。统一认识，确保方向，定准基调，把握力度，是改革成功的关键。在中央军委深化国防和军队改革领导小组第一次全体会议上，习近平同志强调，要着眼实现强军目标，正确把握深化国防和军队改革的指导原则，做到"四个牢牢把握"。这集中体现了习近平同志对推进改革的战略思考，为打赢深化国防和军队改革这场攻坚战提供了强大思想武器和根本遵循。

1. 牢牢把握坚持改革正确方向这个根本，筑牢改革的生命线

习近平同志指出，我们的改革是有方向、有立场、有原则的，决不能在根本性问题上出现颠覆性错误。这要求我们，在改革方向问题上，要始终保持清醒头脑，不能有丝毫偏移和闪失。

（1）必须从事关事业成败的高度看待改革方向。从本质上讲，改革是制度体制的自我完善。我们党在领导中国改革的伟大历史进程中，始终强调，改革不是改向，变革不是变色，必须牢牢把握住改革的正确方向。改革开放37年来，我们历经艰难探索，克服重重阻力，取得了举世瞩目的伟大成就，成功走出了中国特色社会主义发展道路；而苏联的改革，由于方向偏了，最终葬送了共产党政权，导致国家演变和解体，教训极为深刻。同样，国防和军队改革能否保持正确方向，直接决定着军队听谁指挥这一根本问题。如果改革的方向发生偏移，必将产生灾难性后果。深化国防和军队改革，是为了进一步解放和发展战斗力，进一步增强军队活力，进一步发挥中国特色社会主义军事制度的优势，明确了这一点，改革就有了"定盘星""导航仪"和"指南针"，就一定能够沿着正确方向前进。

（2）必须以有利于巩固和加强党对军队绝对领导把握改革方向。强化而不是削弱党对军队的绝对领导，是国防和军队改革的根本原则。坚持党对军队的绝对领导是我军的命根子，也是国防和军队改革必须坚守的制高点。对此，我们必须始终清醒，毫不动摇。国防和军队改革无论怎么改，我军是党的军队、人民军队性质宗旨不能丢，军队的最高领导权、指挥权集中于党中央、中央军委的根本原则不能变，确保党对军队绝对领导的一系列根本制度不能改。这是改革的"魂"，也是改革顺利推进和各项任务圆满完成的根本保证。

（3）必须用习近平同志重要论述统领和确保改革方向。习近平同志关于国防和军队改革方向的一系列重要指示，态度特别鲜明，要求特别明确，体现了坚强的战略定力。我们思考研究改革，必须用习近平同志的重要论述统一思想和行动，把意志和力量凝聚到习近平同志所指出的改革方向上来。在推进改革实践的各个领域、各个层面、各个环节，必须严格落实党中央、中央军委和习近平同志决策部署，确保改革走正道、大道，不走歪道、邪道。

2. 牢牢把握能打仗、打胜仗这个聚焦点，坚持改革的基准线

能打仗、打胜仗是习近平同志最关注的问题。习近平同志强调，全部心思向打仗聚焦，一切工作向打仗用劲；国防和军队改革要坚持贯彻能打仗、打胜仗要求，坚持问题导向，坚持战斗力标准，深入研究现代战争特点规律和制胜机理，抓住制约战斗力建设的重难点问题，以重点突破带动整体推进。这些重要论述，为国防和军队改革找准了聚焦点和基准线。

（1）必须确立能打仗、打胜仗这一价值取向。能打仗、打胜仗是军队存在的全部价值。习近平同志提出推进国防和军队改革，就是要增强军队能打仗、打胜仗的能力。这一要求，是我们推进国防和军队改革的基本价值取向。长期的和平环境容易使官兵淡化战争意识，淡漠军队是要打仗的这个根本职责。改革就是首先要改掉那些与能打仗、打胜仗关系不大，甚至妨碍能打仗、打胜仗的思想观念、思维模式和行为习惯，使提高部队打赢能力真正成为筹划改革的出发点、推动改革的"指挥棒"、检验改革的"试金石"。

（2）必须强化战斗力标准这一实践导向。标准决定改革方向和行动。军队的第一属性是战斗队，军队改革必须坚持战斗力这个根本的唯一的标准。在信息化条件下，战斗力基本形态发生了深刻变化，战斗力标准也有了新的时代内涵。要把战斗力标准确立为改革鲜明导向，确保一切改革措施都向提高战斗力聚焦，都有利于提高我军基于信息系统的体系作战能力。要强化战斗力标准的刚性和权威性，坚决摒弃一切背离战斗力标准的陈规陋习，坚决突破一切束缚战斗力提高的利益藩篱，坚决革除一切影响战斗力建设的体制机制障碍，使深化国防和军队改革的过程成为生成、巩固和提高我军新质战斗力的过程。改革的筹划设计、组织实施、落实推动、评估检验，都要紧紧围绕进一步解放和发展战斗力来展开，使战斗力标准真正成为其他标准的本源和基准，成为评定改革成效的决定性依据；部队一切物质的和精神的、科技的和人文的、传统的和现实的、有形的和无形的重要资源，都要运用到战斗力建设上，真正使资源配置以作战效益判优劣，确保改革向战斗力聚焦，真正使深化国防和军队改革的过程成为提高我军新质战斗力的过程。

（3）必须瞄准打赢信息化战争这一时代课题。科学技术每一次进步，都会推动战争形态的发展。当前，信息化条件下战斗力要素内涵和战斗力基本形态正在发生深刻变化，获得制信息权已成为提升战斗力的关键。谋划国防和军队改革，必须着力提高军队信息化水平和官兵信息化素质，着力探索形成信息化条件下战斗力生成模式，着力发挥信息力在战斗力中的主导作用，着力提高我军基于信息系统的体系作战能力，使改革成为顺应时代要求、适应信息化战争挑战的全新变革。

3. 牢牢把握军队组织形态现代化这个指向，突出改革的主干线

新形势下，国防和军队改革必须积极适应世界新军事革命潮流，适应国家全面深化改革新形势和部队建设发展新要求，统筹谋划，协同推进，不断在重要领域和关键环节实现改革新突破,为实现强军目标提供强大动力和体制机制保障。可以说,没有军队组织形态现代化,就没有国防和军队现代化。

(1)要下大力气推进领导指挥体制和领导管理体制改革。领导指挥体制和领导管理体制在军队组织形态中处于主导地位,是军队管理和指挥作战的"中枢神经"。领导指挥体制改革,说到底,就是要让党中央、中央军委和习近平同志能够更加高效、更加灵便地指挥和运用国家武装力量,就是要使我们这支军队更加迅捷、更加坚决地听从党的指挥,完成多样化任务。我们必须按照习近平同志的要求,以领导指挥体制改革为突破口,带动国防和军队改革整体推进。领导管理体制决定着军队的组织功能,对其他一系列改革起着引领和制约作用。抓住了这项改革,就能起到"落一子而全盘活"的效果。但客观上讲,领导管理体制改革牵涉面广、触及利益多,统一思想、推动落实的难度尤其大,需要果断决策,按照调整职能、理顺关系、改善结构、提高效能的思路,优化军委总部领导机关职能配置及机构设置,完善各军兵种领导管理体制,健全新型作战力量领导体制,加强信息化建设集中统管,使部队更加精干,编成更加科学,更好地发挥整体作战效能。

(2)要把构建联合作战指挥体制作为重中之重。信息化战争是体系与体系的对抗,诸军兵种的联合作战已经成为现代战争基本的作战样式。联合作战,联合指挥是关键,建立一体化的联合作战指挥体制已经成为大势所趋。我军在联合作战指挥体制方面作了不少探索,但联不起来的问题还没有从根本上解决。习近平同志指出,联合作战指挥体制搞不好,联合训练、联合保障体制改革也搞不通。建立健全军委联合作战指挥机构和战区联合作战指挥体制已经成为深化改革的重中之重。对此,我们一定要有紧迫感,不能久拖不决。在建立联合作战指挥机构的基础上,特别要积极构建支撑联合作战指挥的信息网络。信息网络是联合训练与作战的重要支撑,联合作战从技术角度看是建立在网络支撑的基础上的。目前,我军绝大部分部队都初步建立了自己的信息网络,但仍然存在着明显的薄弱之处。一是野战信息网络仍不完善,二是信息源较为单一,三是信息网络的互通程度仍然不够,四是信息网络的可靠性仍需大幅度提高。一定要进一步充分利用科技发展最新成果,大力培养信息化建设专门人才,全面加强软硬件建设,尽快构建真正适应联合作战要求的、足以支撑联合训练与作战的信息网络。优化结构、完善功能,为新型作战力量腾笼换鸟。体系对抗的基础是力量体系。用体系对抗的视野看待力量建设,一个重要的着眼点是力量体系的结构和功能。习近平同志指出,结构决定功能,功能反作用于结构,这是辩证统一的。结构要有利于部队整体作战效能发挥,功能也要推动结构调整。当前,我军总的数量规模还有些偏大,军兵种比例、官兵比例、部队和机关比例、部队和院校比例不够合理,非战斗机构和人员偏多、作战部队不充实,特别是老旧装备数量多、新型作战力量少等问题仍然比较突出。必须在优化规模结构的基础上,把军队搞得更加精干、编成更加科学。为此,一定要重点加强新型作战力量建设,要限期把老旧装备数量压下来,为新型作战力量腾笼换鸟。新型作战力量是指编配高新技术武器装备,具有超强实战和威慑能力,对未来战争或军事斗争进程和结局具有全局性、决定性、长远性影响的新型精锐军事力量,代表军事技术和作战方式的发展趋势,是提升军队整体作战能力、引领军事发展的重要力量,在国际军事竞争和现代战争中具有举足轻重的作用。因此,必须把新型作战力量建设作为战略重心不断推进。当前,我军新型作战力量建设必须以战略预警力量、军事航天力量、防空反导力量、信息攻防力量、战略投送力量和远海防卫力量等方面为重点,通过科学筹划,搞好顶层设计,加强综合保障,强化新型作战力量发展的全面支撑,有重点地提速,缩短新型作战力量形成能力的进程,不断为我军战斗力生成和提升注入新的活力。

(3) 要深化军队政策制度改革。军事人力资源政策制度,是军队政策制度改革的重头戏,关系广大官兵切身利益。习近平同志指出,由于多方面原因,干部考评、选拔、任用、培训制度还不够健全,征兵难、军人退役安置难、伤病残人员移交地方难等问题依然存在。要适应军队职能任务需求和国家政策制度创新,加大政策制度改革力度,盘活军事人力资源,吸引和集聚更多优秀人才。就军队而言,一定要把改革政策制度向选拔、培养、使用德才兼备的人才聚焦。对此,习近平同志明确指出,治军之道,要在得人。选人用人公不公、好不好、准不准,具有十分重要的导向作用。军队人才很多,选人用人首先要树立正确导向,营造风清气正的环境,不要因为选人用人上的问题挫伤广大官兵的积极性。习近平同志强调,要通过改革,着力解决四个问题。一是要坚持五湖四海、任人唯贤,坚持德才兼备、以德为先,完善干部选拔任用机制,建立健全干部考核评价体系,加强和改进干部考核工作,增强选人用人的科学性、准确性、公信度。二是要树立注重基层的导向,坚持把基层一线作为培养锻炼干部的基础阵地,科学设置干部的成长路径,让基层一线干部能够看到希望、有奔头,让那些真正有抱负、有才干、努力工作的人能够脱颖而出,特别是要给基层一线成长起来的干部一个施展才干的空间。三是要树立注重实干的导向,注重选拔求真务实、默默奉献、不事张扬的干部,不让老实人吃亏,不让投机钻营者得利。四是要树立注重官兵公认的导向,全面准确识别干部,客观公正评价干部,使选拔出来的干部真正能够让组织放心、官兵满意。

(4) 要统筹协调好其他领域改革。深化国防和军队改革,涉及国防和军队建设全局,涉及军事斗争准备各领域各环节,必须搞好总体筹划,全面协调推进。既要区分轻重缓急,突出领导指挥体制这个重点,特别是联合作战指挥体制这个重中之重;又要防止畸重畸轻,切实把军事、政治、后勤、装备各领域改革作为有机整体,扎实推进军队力量结构、政策制度等方面改革,推动军民融合深度发展,形成改革的合力;还要深入研究各领域改革的关联性和各项改革措施的配套性,使各项改革举措在政策取向上相互配合,在实施过程中相互促进,在改革成效上相得益彰。

4. 牢牢把握积极稳妥推进改革这个总要求,坚守改革的保底线

习近平同志强调,对条件成熟、形成共识的改革,下决心大胆试、大胆闯,争取早日取得成效。同时，重大改革举措牵一发而动全身，必须稳妥审慎。这一重要思想，为我们思考、谋划、推进国防和军队改革提供了方法论指导。全面深化国防和军队改革，应根据我国改革进程和我军实际情况，看准一项推出一项，成熟一项实施一项，有计划有步骤地深化改革。要充分考虑国家、军队和官兵的承受能力，掌控国防和军队改革的实际进展，尽可能降低改革的风险和代价，使改革积极稳妥、持续不断地推向前进。在具体实施上，区分不同阶段稳步推进，对看准了的、条件成熟的改革项目，"该出手时就出手"，做出具体安排，不能贻误战机；对一时拿不准的先放一放，继续加强研究论证。同时，改革是一个渐进的过程，不能急于求成，盲目冒进，不能仅凭主观愿望，要求改革立竿见影、一劳永逸。要充分认识改革的长期性、艰巨性和复杂性，可采取上下错开、先上后下、先机关后部队的办法，科学安排和掌控改革进程，掌握好各项改革目标任务的节奏，有先有后、有快有慢，积极稳妥地加以推进；要形成常态化机制，把改革的长期性规划、整体性目标与阶段性任务有机统一起来，根据不同阶段要求提出具体任务目标，着眼每个阶段解决一两个主要问题，通过阶段性突破积累而又持续性深入推进；要正确处理需要与可能、当前与长远、局部与全局的关系，既要大胆坚决地推进改革，又要稳妥解决改革进程中发生的各种矛盾和问题，增强改革的系统性、整体性、协同性和操作性。

(1) 要以敢于担当的政治责任全力推进改革。国防和军队改革，是决定国防和军队建设前途命运的关键抉择，是强军兴军的必由之路。今天，中华民族正处在由大向强的历史重要关口，军队能不能为实现"两个一百年"的奋斗目标、为实现中华民族伟大复兴的中国梦提供更可靠的安全保证，关键在改革。因此，国防和军队改革是一场回避不了的政治大考。我们必须站在这样的政治高度，担负起这一代革命军人的历史使命和历史责任。在这方面，各级领导干部是关键。领导干部必须发挥带头表率作用，具有自我革新的勇气和胸怀，敢于突破利益固化藩篱，坚决克服部门利益掣肘。特别是当改革触及自身利益时，不能叶公好龙，矫情嗟叹，要经得起政治觉悟和党性原则的检验，要经得起各种各样的冲击和考验，把个人利益和单位利益、部门利益放在国防和军队改革大局下来考量，放在实现中国梦强军梦的伟大历史进程中来考量，做好充分的思想准备，承受改革压力和改革代价，真心拥护改革，自觉服从改革，积极投身改革。

(2) 要以时不我待的机遇意识加快推进改革。改革需要机遇。推进改革，不仅要认识到改革的必要性和紧迫性，而且要有历史环境和条件提供的现实可能性。国家改革如此，军队改革也如此。当前，深化国防和军队改革正面临重要战略契机和时间窗口，时代呼唤改革，形势有利改革，问题倒逼改革，官兵心向改革。"天予不取，反受其咎"。如果优柔寡断，就可能失去难得的历史机遇。在稍纵即逝的机遇面前，"一个行动胜过一打纲领"。必须因势而谋、顺势而为、乘势而上，勇于突破一切旧观念的束缚，敢于"吃螃蟹"，敢于涉险滩，敢于破藩篱，敢于啃硬骨头，努力走出一条中国特色国防和军队改革路子。

(3) 要以稳妥审慎的科学态度务实推进改革。妥善处理改革、发展与稳定的关系，是我们党推进改革的一条成功经验。当前,推进军事斗争准备的任务艰巨繁重。在国防和军队改革进程中,必须确保军心不散、秩序不乱、备战不松。还要看到,军队改革期与社会转型期相互叠加,在筹划和推进军队改革时,要考虑社会承受能力,要有利于国家政治稳定,一步一个脚印、稳扎稳打向前走,积小胜为大胜。为此,必须努力做到全局和局部相配套、当前和长远相结合、渐进和突破相衔接,既不因急于求成而莽撞蛮干,又不因害怕风险而裹足不前,确保各项改革稳健发展、富有成效。

(三)坚定不移推进国防和军队改革

顺利实施国防和军队改革是事关全局的大事。必须以毛泽东军事思想、邓小平新时期军队建设思想、江泽民国防和军队建设思想、胡锦涛国防和军队建设思想为指导,坚决贯彻习近平同志一系列决策指示,着眼实现强军目标,坚持有利于加强党对军队绝对领导,有利于提高能打仗、打胜仗能力,有利于保持和弘扬我军优良作风,着力解决制约国防和军队建设发展的突出矛盾和问题,创新发展军事理论,加强军事战略指导,完善新时期军事战略方针,贯彻积极防御军事战略,始终不渝奉行防御性国防政策,完善新时期军事战略方针,构建中国特色现代军事力量体系,为实现中华民族伟大复兴中国梦提供坚强安全保证,为维护地区稳定安宁和世界和平发挥积极作用。

1. 坚持用党中央、习近平同志决策指示统一思想和行动

要认真学习宣传贯彻党的十八届三中全会精神和习近平同志一系列重要指示,深刻认识国防和军队改革的重大意义和部署要求,凝聚全军官兵拥护支持改革的共识和力量。充分发挥党委领导核心作用,把强有力的思想政治工作贯穿始终,强化各级的政治意识、大局意识、责任意识,自觉做改革的促进者推动者。严格政治纪律、组织纪律,确保政令军令畅通,行动步调一致,坚决维护党中央、中央军委和习近平同志权威,坚决实现党中央、中央军委和习近平同志的战略意图和决策部署。

2. 坚持攻坚克难务求突破

国防和军队改革已进入深水区和攻坚期,必须发扬啃硬骨头的精神,抓住时机,迎难而上。近年来,我军改革迈出了新步伐,取得了明显成效,但面临的一些深层次矛盾和问题还没有解决。百舸争流、千帆竞渡,必须到中流击水,不改不行,改慢了也不行,畏首畏尾,犹豫彷徨只会错失良机。要"坚持用强军目标审视改革、以强军目标引领改革、围绕强军目标推进改革",这是深化国防和军队改革的聚焦点和着力点。党在新形势下的强军目标,是习近平同志国防和军队建设重要论述的核心思想,拎起了国防和军队建设的总纲,为深化国防和军队改革提供了根本遵循。习近平同志指出,党在新形势下的强军目标是党中央从全局上对国防和军队建设作出的战略筹划和顶层设计,指明了军事创新的方向、任务、重点,明确了军事创新的实现路径和检验标准。关于军队建设和改革,至关重要的是,在党和人民需要的时候,我们这支军队能不能始终坚持住党的绝对领导,能不能拉得上去、打胜仗,各级指挥员能不能带兵打仗、指挥打仗。要着眼实现强军目标,准确把握深化国防和军队改革的指导原则。要牢牢把握能打仗、打胜仗这个聚焦点。必须紧紧围绕能打仗、打胜仗的要求,把主攻方向放在解决军事斗争准备中的重点难点问题上、战斗力建设的突出薄弱环节上,着力破解牵一发而动全身的矛盾症结。要坚决冲破传统观念的束缚,突破利益固化的藩篱,以逢山开路、遇河架桥的勇气,不断在重要领域和关键环节取得改革新进展。

3. 坚持改革的系统性、整体性、协同性

习近平同志指出,国防和军队改革是系统工程,必须加强统筹谋划,协调推进,注重改革的系统性、整体性、协同性,以重点突破带动整体推进。要牢牢把握坚持改革正确方向这个根本,处理好借鉴地方和外军改革经验与保持我军特色优势的关系,始终坚持党对军队绝对领导这个根本制度和全心全意为人民服务这个根本宗旨,推动中国特色社会主义军事制度自我完善和发展。要把改革主攻方向放在军事斗争准备的重点难点问题上,放在战斗力建设的薄弱环节上。必须"坚持正确政治方向","以重点突破带动整体推进"。坚持把军事、政治、后勤、装备各领域改革作为有机整体,把握各项改革任务内在关联性,区分轻重缓急,通盘考虑,统筹实施。对重大改革任务要深入研究论证,广泛听取意见,集中各方智慧,力求决策科学可行,积极稳妥推进。坚持服从服务国家改革大局,使国防和军队改革与国家改革进程相一致,与国家有关政策制度改革相衔接。深化国防和军队改革离不开地方党委政府和人民群众大力支持,要在全社会营造关心国防、热爱国防、建设国防浓厚氛围,为军队改革创造良好环境。同时,还要抓住深化国防和军队改革的重点。习近平同志指出,国防和军队改革千头万绪,必须牵住牛鼻子。要加快重要领域和关键环节改革步伐,进一步解放和发展战斗力,进一步解放和增强军队活力,为实现强军目标提供体制机制和政策制度保障。要下决心在重难点问题上求突破。要把领导指挥体制作为重点,联合作战指挥体制是重中之重。要优化结构、完善功能,把军队搞得更加精干、编成更加科学。要重点加强新型作战力量建设,限期把老旧装备数量压下来,为新型作战力量腾笼换鸟。要深化军队政策制度改革,军事人力资源政策制度是重头戏,还要把钱和物管好用好,提高军事经济效益。要推动军民融合深度发展,在国家层面加强统筹协调,发挥军事需求主导作用,更好地把国防和军队建设融入国家经济社会发展体系。这样,才能抓住深化国防和军队改革的主要矛盾和矛盾的主要方面,在解决改革重点难点问题上下功夫求突破。

4. 坚持改革创新和弘扬优良传统相统一

我军在 80 多年实践中培育形成的一整套光荣传统,集中体现了人民军队的特色和优势,必须在新的形势下不断发扬光大。特别是党对军队绝对领导的根本原则和制度,全心全意为

人民服务的根本宗旨,任何时候都必须毫不动摇地坚持,不能有丝毫削弱。要解放思想、开阔视野,注意学习借鉴外军和地方有益经验,但不能简单照抄照搬,必须立足国情军情,走中国特色的军队改革发展路子。要正确处理推进改革与保持稳定的关系,在深化改革中增强部队战斗力,保持部队高度集中统一和稳定,确保部队招之即来、来之能战、战之必胜,随时能够完成党和人民赋予的各项任务。

改革蓝图绘就,强军号角劲吹。"深化国防和军队改革正面临一个难得的机会窗口","要牢固树立进取意识、机遇意识、责任意识"。习近平同志指出,现在,改革到了一个新的重要关头,推进改革的复杂程度、敏感程度、艰巨程度,一点都不亚于30多年前。强军的责任历史地落在我们肩上,我们要挑起这副担子,必须敢于担当,以逢山开路、遇河架桥的精神,坚决推进军队各项改革。改革面临的矛盾越多、难度越大,越要坚定与时俱进、攻坚克难的信心,越要有进取意识,越要有"明知山有虎,偏向虎山行"的勇气。要敢于啃骨头,敢于涉险滩,勇于冲破思想观念的障碍、突破利益固化的藩篱,坚决拥护改革,积极支持改革,自觉投身改革。习近平同志指出,现在的关键,是要狠抓落实,把改革的蓝图变为现实。要注重做到5个到位:①实施方案要抓到位,抓住突出问题和关键环节,找出体制机制症结,拿出解决办法,重大改革方案制定要确保质量;②实施行动要抓到位,掌握节奏和步骤,搞好统筹协调,使相关改革协同配套、整体推进;③督促检查要抓到位,强化督促考核机制,实行项目责任制,分兵把守,守土有责,主动出击,贴身紧逼;④改革成果要抓到位,建立健全改革举措实施效果评价体系;⑤宣传引导要抓到位,继续加大对党的十八届三中全会精神的宣传引导,积极宣传改革新进展新成效。

三、以厉行法治的决心建设法治军队

"一个现代化国家必然是法治国家,一支现代化军队必然是法治军队。"行进在现代化道路上的中国,已经拉开了全面依法治国的大幕;致力于现代化建设的人民军队,亟须厉行法治、加快依法治军的进程。刑起于兵,师出以律。法制源于军队,法治是强军的基础和保障。习近平同志指出,要牢记,依法治军、从严治军是强军之基;要把依法治军、从严治军抓得更加扎实有效。厉行法治、严肃军纪,是治军带兵的铁律,也是建设强大军队的基本规律。以厉行法治的高标准建设法治军队,必须坚持政治要求严、管理教育严、军事训练严、执行纪律严、落实制度严,坚决杜绝有法不依、执法不严、违法不究的现象,提高部队正规化建设水平。要强化纪律观念和号令意识,坚持按条令条例和规章制度办事,严格培育过硬战斗作风,培养一不怕苦、二不怕死的战斗精神,把部队建设成为听党指挥、能打胜仗、作风优良的战斗队。只有深入推进依法治军、从严治军,强化官兵法治信仰和法治思维,抓住领导干部这个"关键少数",推动治军方式的根本性转变,才能为实现强军目标提供健全的法制体系和良好的法治环境。

(一) 厉行法治是建设法治军队的必然要求

党的十八届四中全会把依法治军从严治军纳入依法治国总体布局，中央军委专门印发了《关于新形势下深入推进依法治军从严治军的决定》，这是中国共产党依法治军的宣言，是建设法治军队的号角。它表明党厉行法治、建设法治军队的坚强决心。法治是治国理政不可或缺的重要手段，也是治理军队的重要手段。法治军队是指军队的法治化状态，表现为军队权力和各种关系按照明确的法律秩序运行，并且按照严格规范的法定程序协调军队指挥、管理及官兵等关系、解决军队建设中的矛盾，依法处理军事、政治、后勤、装备等方面的事务。全面推进依法治国是关系党执政兴国的根本性问题，依法治军建设法治军队也是关系人民军队发展方向和性质宗旨不变的根本性问题；依法治国是我国行进至实现现代化关键一跃的历史节点上的关键举措，也是在此关键历史节点上实现强军目标、建设强大人民军队的必然要求。

厉行法治是建设强大军队的基本规律。习近平同志指出，厉行法治、严肃军纪，是治军带兵的铁律，也是建设强大军队的基本规律。他要求全军要把依法治军、从严治军抓得更加扎实有效。要加大政策解读力度，把党的十八届四中全会精神讲全讲透，引导广大官兵深刻理解依法治军、从严治军的重大意义和丰富内涵，切实把思想和行动统一到中央精神上来。要强化法治观念，严格部队管理，狠抓条令条例贯彻落实，提高部队正规化水平。各级领导和机关要依法筹划和指导基层建设，严格按照《军队基层建设纲要》开展工作，推动基层建设全面进步、全面过硬。厉行法治，就是军队建设和治理要坚定不移地依靠国家法律和军事法规，就是要始终不渝地信仰、科学民主地制定、严格公正地执行、无一例外地遵守、齐心协力地实施国家法律和军事法规。厉行法治要求全体官兵严守法律法规，实现军队治理法治化，建设法治军队。厉行法治在法治军队建设中具有重要地位和作用，对于全面贯彻落实党的十八届四中全会和中央军委《关于新形势下深入推进依法治军从严治军的决定》精神，扎实推进法治军队建设，实现全面推进依法治军从严治军的总目标，具有十分重要的意义。

建设法治军队要把握军队厉行法治的核心要义：一是加强宪法实施，维护宪法尊严。宪法是国家的根本法，在国家所有法律中居于最高地位、具有最高效力，也是军队法治的根本依据。二是有法必依、执法必严、违法必究。军事法规制度体系基本形成之后，有法可依问题基本解决，但有法不依、执法不严、违法不究现象却时而呈现。对"不"说不、变"不"为"必"，将是厉行法治的重点所在。三是注重和善于运用法治思维和法治方式。如果说依法治国是党领导人民治理国家的基本方略，法治是党治国理政的基本方式，那么，依法治军就是党领导军队建设的基本方略，法治就是党治理军队的基本方式。四是自觉守法、遇事找法、解决问题靠法，官兵是依法治军的主体和力量源泉；法治军队是建设强大人民军队的重要内容；官兵权益要靠国家法律、军事法规保障，其权威要靠广大官兵共同自觉维护。要在军营形成守法光荣、违法可耻的氛围，引导官兵自觉守法、遇事找法、解决问题靠法；牢固树立有权力就有责任、有权利就有义务的观念。五是坚持党的领导与依法治国有机统一。我军是中国共产党绝对领导下的人民军队,这是我国宪法、我军法律法规明确规定的。党的领导是根本的,毋庸置疑、不能动摇。党的领导是我们人民军队最本质的特征,是依法治军从严治军最根本的保证;党的领导和建设法治军队是一致的,法治军队建设必须坚持党的领导,党对军队的领导必须依靠法治。我们必须坚持党的领导与依法治军有机统一,把党的领导贯彻到依法治军全过程和各方面。

（二）推进法治军队建设的目标任务

党的十八届四中全会对依法治军从严治军作出战略部署,明确了深入推进依法治军从严治军的根本原则、总体目标、主要任务和重大举措,是新形势下深入推进依法治军从严治军的行动纲领。中央军委《关于新形势下深入推进依法治军从严治军的决定》,明确了依法治军从严治军的总体思路、核心原则和目标任务。总的要求是,以邓小平理论、"三个代表"重要思想、科学发展观为指导,深入贯彻习近平同志系列重要讲话精神,紧紧围绕党在新形势下的强军目标,着眼全面加强军队革命化现代化正规化建设,创新发展依法治军理论和实践,构建完善的中国特色军事法治体系,提高国防和军队建设法治化水平,为建设巩固国防和强大军队提供有力保障。目标是,力争2020年前构建起中国特色军事法治体系,主要包括一个覆盖全面、有机统一、科学实效的军事法规制度体系,一个党委依法决策、机关依法指导、部队依法行动、官兵依法履职的军事法治实施体系,一个党内监督、层级监督、专门监督、群众监督等互联互动、有力有效的军事法治监督体系,一个理论科学、队伍过硬、文化先进的军事法治保障体系。据此部署了五方面的任务,我们要全面领会把握,坚决贯彻落实。

1. 坚持在法治轨道上积极稳妥推进国防和军队改革

这是当前依法治军最现实最紧迫的任务。改革是革故鼎新,变革必然伴随"变法"。习近平同志强调,凡属重大改革都要于法有据,在整个改革过程中要高度重视运用法治思维和法治方式,发挥法治引领和推动作用。当前,国防和军队改革进入攻坚期深水区,涉及深层次利益关系和体制结构,深刻性、复杂性前所未有,难度之大也前所未有,必须将依法治军方针和深化改革战略有机结合,把深化改革和厉行法治作为一个整体来思考和布局,注重改革与立法相衔接协调,用法治引领保障改革,以改革推进完善法治,确保国防和军队改革有步骤有重点地扎实推进。破解体制性障碍、结构性矛盾,更加需要法治保障。一方面,要充分发挥法治在军事制度建构中的作用,围绕国防和军队改革重点,建立与领导指挥体制改革、优化军队力量编成相配套的法规制度,完善军事人力资源政策制度、军费管理制度和军民融合深度发展相关政策制度,推动中国特色社会主义军事制度自我完善和发展。另一方面,坚持改革与立法并行,对影响制约改革的重要法规制度,及时修订、废止和完善,加强法律法规前瞻设计，以规范引领和推动改革持续健康深入发展。要把改革成果及时用法固化下来，做到改革进行到哪一步，法治建设就跟进到哪一步。坚持以法治强制力保障改革任务圆满完成，改革决策一旦做出，必须坚决贯彻执行，严肃改革纪律，决不允许讲价钱、搞变通、打折扣，对落实改革任务不力、干扰改革、阻碍改革以及在改革中违法违纪的，依法依纪作出严肃处理。

2. 健全适应现代军队建设和作战要求的军事法规制度体系

这是依法治军的重要前提。军事法规制度是军队建设的基本依据，是官兵行为的基本准则，是依法治军从严治军的重要前提和基础。目前，已制定18件军事法律、340多件军事法规、3 700多件军事规章，中国特色军事法规制度体系基本形成，各领域各类军事活动基本有法可依，但还存在不完备、不协调和操作性不够强等问题，特别是一些法规制度滞后于现代战争发展，反映规律不够、结合实际不紧、实用性操作性不强，与国防和军队现代化建设以及现代战争发展还不相适应，立法部门化、部门利益法制化问题还比较突出。必须适应强军目标新要求，准确把握世界军事发展新趋势，适应信息化战争和履行使命要求，以新的视野和理念审视立法，从全局和顶层上搞好设计，规划完善法规制度体系，增强系统化精细化和实用性。突出立法重点，从解决军事斗争准备突出矛盾、官兵反映强烈问题、腐败易发多发领域入手，加快相关立法，特别是制定完善新型安全领域以及信息化建设、非战争军事行动等方面法律法规。改进军事法规制定机制，科学界定立法权限，优化立法程序，拓宽官兵和专家学者参与立法渠道。将所有军事规范性文件纳入审查范围，完善审查制度，维护军事法规制度体系协调统一。

3. 加大军事法规执行力度

习近平同志指出，法律的生命力在于实施，权威性也在于实施。不严格执法，法律法规就会成"纸老虎""稻草人"。中央军委《关于新形势下深入推进依法治军从严治军的决定》强调，坚持从严治军铁律，加大军事法规执行力度，明确执法责任，完善执法制度，健全执法监督机制，严格责任追究，推动依法治军落到实处。律令如铁、执法如山，才能锻造钢铁威武之师。我军历来高度重视从严治军，素以纪律严明著称，为保证和提升部队战斗力、维护人民军队良好形象发挥了重要作用。新形势下，必须坚持和发扬我军优良传统，把握军队建设新特点新要求，坚持在军队各项工作和建设中贯彻从严要求，狠抓条令条例和规章制度贯彻落实，坚决克服有法不依、执法不严、违法不究的问题。同时，从严治军要贯彻法治原则，严在法内、严之有据、严之有度，不能层层加码、搞土政策。明确执法责任，就是科学界定各级党委、机关职能，厘清各级各部门权力边界和执法要求，把"板子"打到具体人。完善执法制度，就是细化执法程序、标准、方法、时限，增强法的刚性和约束力，防止粗放型、变通式、选择性执法。健全执法监督机制，就是综合运用各类监督形式，构建严密高效的监督体系,加大责任追究力度,坚决纠正有法不依、执法不严、违法不究的现象。

4. 建立完善军队法治工作体制

这是依法治军从严治军的重要依托和组织保障。我军军事法制工作机构尚不健全,专门人才队伍薄弱,司法职权配置和权力运行不够科学,影响军事立法和法规制度贯彻执行。中央军委《关于新形势下深入推进依法治军从严治军的决定》明确,健全军事法制工作体制、改革军事司法体制机制、建立军事法律顾问制度。要在领导机关建立完善军事法制工作机构,负责统筹管理军事法规制度制定与执行、咨询保障、备案审查等任务。适应军队反腐倡廉建设新形势新任务,改革纪检监察体制。贯彻中央深化司法体制改革的要求,完善统一领导的军事审判、检察制度,科学配置司法职权,规范司法活动,坚决防止有案不立、大案化小、小案化了等现象。这次明确提出建立军事法律顾问制度,在各级领导机关设立军事法律顾问,是适应军队法治建设新需求的创举,有利于提高党委依法决策水平、辅助机关部门依法指导和开展工作,有利于为部队遂行重大军事行动提供及时有力的法律服务。

5. 强化官兵法治理念和法治素养

法律的根基伟力,来自人们真诚信仰和内心拥护。必须让法律法规融入官兵血脉,植根军队建设肌体每个细胞,成为一种思维方式、生活方式、工作方式和治理方式,最终变成一种文化形态。要从兵之初官之初抓起,把法律知识学习纳入院校教育体系、干部理论学习和部队教育训练体系,列为军队院校学员必修课和部队官兵必学必训内容,加强普法宣传,营造学法尊法守法用法浓厚氛围。党委、领导和机关要培塑法治精神,改进工作指导方式,从仅靠会议、文件、讲话推动工作向依法推动工作转变。同时,完善军事法律人才培养机制,健全军事法律教育和研究机构,走开依托国民教育培育军事法律人才路子,努力建设规模适度、结构合理、素质优良、充满活力的新型军事法律人才队伍。加强军事法治基础理论、应用理论以及国际军事法理论等研究,力争在破解依法治军突出矛盾问题上取得新成果,在依法治军重大理论研究上实现新发展。加强军事法治理论国际交流,积极参与国际军事规则制定,增强我国我军在国际军事法律事务中的话语权和影响力。

(三)走中国特色法治军队建设之路

深入推进依法治军从严治军,必须在党的绝对领导下,坚持和弘扬我军优良传统,借鉴外军有益经验,走出一条符合我国国情军情的法治道路。

1. 坚持把党对军队绝对领导作为依法治军的核心和根本要求

党对军队绝对领导是我军建军的根本原则和制度,体现了我军作为党的军队、人民的军队、社会主义国家的军队的本质要求。党对军队绝对领导,也是宪法、国防法确定的我国基本军事制度和社会主义政治制度重要组成部分,是我军立军之本、强军之魂,规定和确保我军法治建设的正确方向。毛主席在我军创建之初就确立了党指挥枪的根本原则和制度,邓主席、江主席、胡主席和习近平同志不断丰富发展,我军历史就是一部在党的领导下的成长发展史。《中华人民共和国宪法》《中华人民共和国国防法》明确规定了中国共产党对国家武装力量的领导地位。这一制度,是实践证明了的符合我国国情军情的中国特色社会主义基本军事制度,必须始终不渝坚持下去,决不容动摇怀疑。当前,意识形态领域斗争尖锐复杂,敌对势力妄图把我军从党的旗帜下拉出去。我们要从思想政治上铸牢军魂,从法规制度上捍卫军魂。深入推进依法治军从严治军,必须以党对军队绝对领导为核心和根本要求,从法理上坚决捍卫党对军队绝对领导的根本原则,旗帜鲜明批驳"军队非党化、非政治化"和"军队国家化",与时俱进健全完善党对军队绝对领导的制度规定,以法治强制力确保党对军队绝对领导根本原则和制度落地生根。中央军委实行主席负责制,是党对军队绝对领导的最高实现形式,必须健全完善和坚决落实相关制度规定,确保全国武装力量由中央军委主席统一领导和指挥、国防和军队建设一切重大问题由中央军委主席决策和决定、中央军委全面工作由中央军委主席主持和负责。深入推进依法治军从严治军,必须有利于坚持和维护党对军队绝对领导,决不能照搬西方建军治军模式。要把党关于建军治军的新理念新成果用法固定下来,善于从法理高度旗帜鲜明批驳"军队非党化、非政治化"和"军队国家化"。要创新军队党的建设制度机制,规范完善党委决策程序方法,提高贯彻民主集中制的质量,加强对官兵特别是领导干部政治上的考核监察,确保党指挥枪的原则制度落底见效。军委主席负责制,是宪法明确规定的我国军事制度的重要内容,是党对军队绝对领导根本制度的最高实现形式。要围绕贯彻军委主席负责制,完善和落实相关制度机制,确保全军一切行动听从党中央、中央军委和习近平同志指挥。

2. 坚持把服务战斗力、保障能打胜仗作为依法治军的要义和根本目的

这是全部军事法规制度的价值所在。坚持依法治军从严治军,很重要的是落到作战训练上,不能仅仅盯着行政管理、安全工作。要规范作战训练各领域各环节各要素,构建覆盖战斗力生成和释放全链条的标准体系、评估体系,使之科学化标准化具体化、可操作可监控可问责。尤其要抓紧制定完善联合作战、联合训练、联合保障的一整套条令法规。立起鲜明导向,强化法治约束,激励督导各级党委把统兵打仗作为第一要务,领导干部把带兵打仗作为第一职责,广大官兵把练兵打仗作为第一追求,推动信息化条件下战斗力标准立起来落下去。发挥作战、训练、法制、纪检、监察、巡视、审计等职能部门作用,加大检查监督力度,纠治训风演风考风不实的问题,加强战备工程建设、武器装备研发、大宗物资采购等领域法治监管。完善人才培养、战斗精神培育等法规制度,形成体系化设计、工程化推进、法治化落实的工作格局。

3. 坚持把永葆人民军队本色作风作为依法治军从严治军的指向和重要内容

人民军队来自人民，全心全意为人民服务是我军赢得群众支持、巩固提高战斗力的重要法宝。现在社会环境深刻变化，一些病菌不断侵蚀部队肌体，"四风"和腐败现象也不同程度存在，特别是徐才厚、谷俊山等违纪违法案件，严重损害党和军队形象。必须坚持思想教育与严格执纪相结合，整肃军纪，猛药去疴，从里到外立起军队"好样子"。要巩固和深化党的群众路线教育实践活动成果，把成功经验制度化系统化，建立作风建设常态化机制。要扭住纪律建设这个核心，构建惩治和预防腐败制度体系，使纪律和法治有机衔接，有案必查，有腐必惩，决不让腐败分子有藏身之地，营造风清气正良好环境。

4. 坚持依法治军与从严治军相统一

这是军队作为武装集团的属性决定的，是建军治军规律的内在要求。必须把握军队、军人、军事活动的特殊要求，坚持在立法、执法、司法、守法各个环节体现从严，标准高于社会组织、严于普通公民。从严要以依法为前提，严在法内、严之有据、严之有度，不能层层加码、搞"土政策"。狠抓条令条例和规章制度贯彻落实，严格教育、严格管理、严格要求，保持部队正规秩序，防范重大事故案件，确保部队高度集中统一和安全稳定。

5. 坚持法治建设与思想政治建设相结合

中央军委《关于新形势下深入推进依法治军从严治军的决定》强调坚持依法治国和以德治国相结合。对军队来说，就是要发挥政治工作的生命线作用，把依法治军从严治军建立在高度政治自觉的基础上。要抓好基本理论、基本传统、基本规范、基本道德教育，大力培育社会主义核心价值观和当代革命军人核心价值观，引导官兵坚定理想信念，坚守精神家园，眼睛向内立德修德践德，做有灵魂有本事有血性有品德、文明守法的新一代革命军人。强化官兵军法军规意识，让军法军规成为广大官兵的信仰。强化党组织的领导力组织力，严格落实党内生活制度，锻造军队建设的"钢筋铁骨"。运用法律手段帮助官兵解决个人和家庭实际困难，完善军人权益保障、退役军人安置、伤病残军人移交等法律法规，激励官兵投身强军实践，创先争优、建功立业。

四、以走在前列的标准加强军队党的建设

习近平同志强调指出，我军是执行党的政治任务的武装集团，军队党的建设必须高标准、严要求，努力走在全党前列。习近平同志在接见全军党的建设工作会议代表时强调，当前，我们正在进行具有许多新的历史特点的伟大斗争，这对全面推进党的建设新的伟大工程提出了更高要求，必须把军队党的建设摆在更加突出的位置，始终坚持党对军队的绝对领

导,始终坚持以能打仗、打胜仗为根本着眼点,始终坚持党要管党、从严治党方针,始终坚持以改革创新精神加强军队党的建设,不断提高军队党的建设科学化水平,为实现党在新形势下的强军目标提供坚强思想和组织保证。他指出,搞好军队党的建设,是军队建设发展的核心问题,是军队全部工作的关键,关系到党的执政地位,关系到我军性质宗旨,关系到部队战斗力。

(一)走在前列是军队党的建设的标准追求

党和人民对军队政治上高度信任、寄予厚望,军队党建要标准更高、走在前列。

1. 要强化走在前列的政治自觉

在具有许多新的历史特点的伟大斗争中,军队党建始终走在全党前列,不仅是我军固有政治属性的本质要求,也是我军地位作用和职能任务所决定的。第一,军队党建走在全党前列是永葆我军性质宗旨本色的内在要求。我军是党缔造和绝对领导下的人民军队,历来以党的旗帜为旗帜、以党的方向为方向、以党的意志为意志。党的先进性决定军队的先进性,军队的形象始终同党的形象、国家的形象紧密联系在一起。军队党建理应标准更高,要求更严,为全党作出表率。第二,军队党建走在全党前列是弘扬我军优良传统作风的时代要求。无论时代如何变化,我军都始终与党同心同德、同向同行,执行的都是党交给的任务。军队党建走在前列,持续产生了广泛而深刻的示范效应。这种表率作用,从根本上说,就是正确把握时代要求,自觉顺应时代潮流,坚定引领时代前进,就是一种责任担当。当前,经济社会深刻转型,利益关系深刻调整,官兵成分深刻变化,军队能否弘扬优良传统,始终走在时代前列、走在社会前列,是一场新的"大考"。只有军队党建走在前,才能把握时代脉搏,保持军队好传统好作风,不断增强模范行为的影响力感召力。第三,军队党建走在全党前列是不负党和人民期盼重托的现实要求。实现中国梦强军梦,是我军当前最大的实践主题,最基本的实践活动,也是我军勇敢而出色担负起使命任务、不负党和人民厚望重托的根本。军队党建走在前,才能确保实现党在新形势下的强军目标,切实为我国经济社会发展提供良好安全环境,才能向党和人民交出合格答卷。

2. 要把握走在前列的内涵标准

走在前列,就是次序排在前,时间赶在前,工作做在前。走在前列对军队党建的要求是全面的,内涵丰富,标准明确。一是政治方向更坚定。确保军队坚定正确的政治方向,是我们党巩固执政地位治国安邦的治本之策,也是建军治军的一条成功经验。军队党建走在前列就是要高举党的旗帜、坚决听党指挥,这是对全军的最高政治要求,也是全体官兵的最高行为准则;就是要解决军队"听谁的话""跟谁走"的根本问题,使人民军队切实肩负起党的事业"排头兵""生力军"的责任。归根结底,军队党建走在前列就是要毫不动摇地坚持党对军队绝对领导的根本原则和制度,坚决维护党中央、中央军委和习近平同志权威,确保绝对忠诚、绝对纯洁、绝对可靠。二是思想认识更敏锐。政治敏锐性和政治鉴别力,是衡量一个政党、一支军队、一名军人政治素质的重要标准。军队党建走在前列就是要在事关政治立场、政治原则的问题上头脑更加清醒,更加坚定自觉;善于从政治上观察问题,注重站在战略和全局的高度把握大势,认清事物本质,把握发展主流,保证军队确实成为执行党的政治任务的武装集团。三是行动举措更坚实。军队党建走在前列,就是要闻党中央的指示和号令而动,第一时间领会贯彻,毫不含糊,做全党行动的先锋;就是要坚持求真务实,不搞半点虚假,一切从实际、实战、实效出发,真抓实干、紧抓快干、埋头苦干,在落实党中央的战略决策和部署要求上,做全党的榜样;就是要勇于攻坚克难,敢打恶仗硬仗,做到知难而进、一往无前,敢于啃硬骨头,在完成党赋予的任务上,做全党的模范。四是标准要求更严格。走在前列,就是在党的建设上起点更高、要求更严,工作力度更大、执行力更强,工作标准更严,始终对党的事业负责,对人民根本利益负责,对打胜仗负责,经得起历史的检验、人民的检验、实践的检验。五是作风形象更优良。我军的作风形象首先得之军队党的作风形象。军队党建走在前列,就是军队党员和各级党组织都恪守宗旨,永葆本色,严守纪律、严守规矩、顽强奋斗、率先垂范。

(二)毫不动摇坚持党对军队绝对领导

习近平同志强调,我军之所以能够战胜各种艰难困苦、不断从胜利走向胜利,最根本的就是坚定不移听党话、跟党走。这是我军的军魂和命根子,永远不能变,永远不能丢。军队党的建设的首要任务是确保党对军队的绝对领导,这也是对军队党的建设的根本要求。要坚持不懈用党的创新理论武装官兵,毫不动摇坚持党对军队绝对领导的根本原则和制度,确保全军在任何时候任何情况下都坚决听从党中央、中央军委指挥。

1. 增强坚持党对军队绝对领导的政治自信

世界军队建设的实践告诉我们,军事不过硬一打就垮,政治不过硬不打自垮。当前,我们面临的是两场战争:一场是可能发生的信息化条件下的局部战争,另一场是我们无时无刻不在进行的意识形态领域斗争。特别是现在,敌对势力对军队的渗透、拉拢、策反活动不断加剧,部队能不能抵制住各种错误思潮影响、经受住各种利益诱惑,是各级必须严肃对待的一个重大现实问题。坚持党对军队绝对领导具有历史必然性、体制合法性和制度科学性。坚持党对军队绝对领导是我军建设的根本原则和传统法宝,坚持党对军队绝对领导是我国的基本军事制度和重要政治优势。事实充分证明,我军始终置于党的绝对领导之下,是国家之福、人民之福。党对军队绝对领导的根本原则和制度是科学严密的制度体系,保证军权始终牢牢掌握在党的手中。坚持党对军队绝对领导是实现强军目标的核心要求和根本保证,任何时候都不能丢掉。必须把对党忠诚作为官兵的首要品德和第一要求,坚持在理论武装上主动跟进、在教育引导上主动出击、在严格管控上主动作为。

2. 清醒认识党对军队绝对领导面临的新挑战

世情、党情、国情、军情变化对坚持党对军队绝对领导带来了新情况新考验。一是意识形态领域斗争尖锐复杂，抵制敌对势力对我军渗透破坏形势更加严峻。二是社会环境发生深刻变化，教育引导官兵坚定不移听党话、跟党走，有许多新的难题需要解决。三是军队组织形态进行调整改革，健全完善党领导军队制度体系的任务更加繁重，需要深入研究拿出切实可行的办法。四是官兵成分结构发生很大变化，着力提高坚持党对军队绝对领导的政治自觉和实际能力显得更加紧迫。要夯实政治根基，筑牢拒腐防变的"防护网"。要注重用党的创新理论正本清源、固本培元，强化官兵听党指挥的政治自信和政治自觉；深入持久培育当代革命军人核心价值观，旗帜鲜明地弘扬主旋律，传播正能量，在事关大是大非和政治原则问题上，必须增强主动性、掌握主动权、打好主动仗，确保部队绝对忠诚、绝对纯洁、绝对可靠。要强化政治敏锐，构建把关定向的"防火墙"。听党指挥不是空洞的口号，必须渗透贯穿到军队建设的方方面面和全过程，始终保持清醒政治头脑，坚持军事服从政治、战略服从政略。平时做到，筹划建设着眼政治要求，指导工作注重政治效益，培养人才突出政治素质，处理问题考虑政治影响；战时做到，胸怀全局、把握大势，打还是不打、什么时候打、怎么打、打到什么程度，都要服从服务于政治大局。要严守政治纪律，打造听令守规的"防波堤"。对党中央、中央军委决策指示不讲条件、不打折扣，坚决贯彻落实，历届党委班子都把这一条作为核心要求紧抓不放。无论是遂行战争行动，还是遂行抢险救灾、社会维稳、国际维和、支援地方建设等非战争行动，都能够闻令而动、雷厉风行，圆满完成各项急难险重任务。大家在实践中体会到，严守政治纪律，既要严格落实政治纪律"十不准"和"七个决不允许"规定，坚决与违反政治纪律的言行做斗争；更要坚决贯彻落实党中央、中央军委决策指示，严格执行党对军队绝对领导的根本原则和制度，确保任何时候任何情况下都坚决听从党中央、中央军委和习近平同志指挥。

3. 有效落实党对军队绝对领导的根本原则和制度

无论形势如何发展变化，党的领导只能加强不能削弱。要加强理论武装，强化军魂意识。持续抓好中国特色社会主义理论体系特别是习近平同志系列重要讲话精神的学习理解，以理论清醒确保军魂永固。坚持基本制度，增强组织功能。突出抓好民主集中制落实，提高党内生活质量，加强对高级领率机关、党委班子和领导干部用权的监督制约。深入开展党的群众路线教育实践活动，解决作风方面存在的突出问题。抓好队伍建设，提高实际能力。严格按制度选人用人，大抓基本知识学习和技能培训，培养大批军政双优政治干部。优化组织编成，完善组织体系。把算好"精兵简政"效益账与加强党的领导政治账统一起来，在减中做好加法，确保在深化国防和军队改革过程中进一步加强部队党组织建设和思想政治工作。

（三）紧紧围绕强军目标展开军队党的建设

军队党建走在前列是发展的、具体的、实践的。当前，落实走在前列的标准要求，最根本的是要紧紧围绕强军目标，落实在坚定强军信念、献身强军实践上。习近平同志指出，党的建设是军队全部工作的基础和关键，实现强军目标要靠党的坚强领导来引领，靠大抓党的建设来保证。能不能铸牢强军之魂、聚力强军之要、夯实强军之基，军队党的建设始终是决定性因素。只有把党从思想上政治上建设和掌握部队的工作抓得更加坚强有力，才能确保绝对忠诚、绝对纯洁、绝对可靠；只有不断提高各级党委领导信息化建设、打赢信息化战争能力，才能带出召之即来、来之能战、战之必胜的过硬部队；只有持续推动正风肃纪，切实做到"打铁还须自身硬"，才能永葆人民军队的政治本色。抓住了党要管党、从严治党，就抓住了军队党的建设的核心，也就抓住了实现强军目标的关键。

1. 要强化军魂意识，坚守精神高地

军队党建的核心，就是在高举旗帜、听党指挥上更加忠诚坚定，使党成为锻造忠诚之师的坚强核心，做到任何时候任何情况下，我军都能够铸牢强军之魂，不断坚定信仰、信念、信赖、信心。持续深化中国特色社会主义理论体系武装，系统学习习近平同志系列讲话精神特别是关于国防和军队建设重要论述，以理论上的清醒保证政治上的坚定。以坚定信仰铸牢军魂，以原则制度保证军魂，以思想纯洁固守军魂，切实锻造听党指挥的忠诚之师。大力发展先进军事文化，持续深化传统文化、战斗文化、安全文化、网络文化建设，牢固树立当代革命军人核心价值观，确保部队高度集中统一和纯洁巩固。

2. 要聚焦能打胜仗，托举强军之梦

能打战、打胜仗是强军之要。习近平同志指出，军队党的建设必须紧紧围绕能打仗、打胜仗来展开，使之成为部队战斗力的增强剂和功放器。当前，我军建设仍然存在"两个不相适应"的矛盾，亟须解决好发展转型和加快战斗力生成模式转变的时代课题。军队党建必须紧紧扭住能打战、打胜仗这个强军之要，牢固确立战斗力这个唯一的根本的标准，做到全部心思向打仗聚焦、各项工作向打仗用劲。军队党建必须瞄准军事斗争准备，坚持从难从严从实战需要出发，紧贴作战任务、紧贴战场环境、紧贴作战对手拓展深化军事斗争准备，实现备战与作战无缝对接。军队党建必须服务新型作战力量建设，以新质作战能力的突破带动核心军事能力的提升，确保部队召之即来、来之能战、战之必胜。要强化战斗队思想，把战斗力标准贯彻到军队党的建设各个方面，加强各级党组织能力建设，造就高素质干部队伍，发挥党委领导核心作用、党支部战斗堡垒作用、党员先锋模范作用，团结带领广大官兵坚决完成党和人民赋予的光荣使命。要坚持贯彻民主集中制，用好批评和自我批评这个有力武器，严格落实党内生活制度，着力巩固和加强党的团结。要严肃党的纪律，从严教育管理党员特别是党员领导干部,锲而不舍抓好作风建设,坚决反对"四风",旗帜鲜明反对腐败,严肃查处违纪违法问题。

3. 要弘扬优良作风,引领全军风尚

党的十八大以来,全军部队特别是全军领导机关和党员领导干部在党的群众路线教育实践活动和"三严三实"教育整顿中,认真落实中央政治局改进作风八项规定和军委十项规定要求,认真按照"三严三实"要求,扎实开展大抓自身作风建设,取得新的成效。作风建设只有进行时,没有完成时;只有更好,没有最好。军队党的作风建设必须有踏石留印、抓铁有痕的狠劲,抓住依法治军、从严治军的时代机遇,把作风建设作为一项基础性长期性工作抓紧抓实。要对全体党员加强传统教育,培育军人党员特有革命精神,使每一名党员都成为人民军队红色基因优秀传承人。要形成转改作风的常态和长效机制,要严格纪律约束,下气力整肃党风党纪,着力解决党员管理松懈、作风松散、纪律松弛问题,以党员特别是领导干部良好的行为习惯感召官兵、影响全军。

4. 要勇于自我革新,推动改革发展

改革是我军建设发展的根本动力。军队党建也要勇于在改革创新中发展进步。党的十八届三中全会《决定》,把国防和军队改革纳入国家改革战略全局,无论力度、深度和广度,都是空前的。这也对军队党建提出了改革要求,为军队党建创新发展提供了历史机遇。军队党建要探索在军队改革中特别是军队体制机制调整改革中的自身改革,更要探索创新军队政治工作,把"党领导和掌握军队的工作"更好地推向前进。这是真正检验军队党建的重要方面。

(四) 始终不渝推动军队党的建设

军队党建走在前列是一个动态的实践过程,必须以昂扬的精神状态,针对实践中的问题、面对实践的挑战。当今时代,世情、国情、军情发生了深刻变化,军队党建既面临着新起点新机遇新发展,也面对着新情况新问题新挑战,必须直面新课题新挑战推动军队党建。

习近平同志指出,现在,党的建设面临的社会条件、党员队伍成分结构都发生了深刻变化,要继承我军党建工作优良传统,也要推进新形势下军队党的建设创新发展。要认真学习贯彻落实即将召开的党的十八届三中全会精神,深入研究新形势下军队党的建设特点和规律,推进制度创新,改进方式方法,不断增强军队党建工作的时代感和科学性,不断增强各级党组织的创造力、凝聚力、战斗力。要坚持贯彻民主集中制,用好批评和自我批评这个有力武器,严格落实党内生活制度,着力巩固和加强党的团结。要严肃党的纪律,从严教育管理党员特别是党员领导干部,锲而不舍抓好作风建设,坚决反对"四风",旗帜鲜明反对腐败,严肃查处违纪违法问题。

随着我军建设内外环境的深刻变化,党的建设面临许多新课题新挑战。比如,思想文化领域斗争更加深刻复杂,各种思想文化交流交融交锋更加频繁,敌对势力加紧实施西化分化图谋,对我军渗透破坏活动变本加厉,如何坚定官兵理想信念;战争形态、作战样式深刻演变,如何提高党委领导信息化建设和作战的能力素质;市场经济深入发展,利益关系深刻调整,如何保持党员干部队伍先进纯洁、确保部队风清气正;信息网络加速发展,军队深化改革,官兵成分结构变化,如何推进党建工作理念、机制和手段创新,等等。形势的发展、任务的需要、问题的倒逼,要求我们必须强化忧患意识,把从严治党要求贯彻到军队党的建设各方面和全过程。

现在,国防和军队改革进入"深水区",还有不少攻坚战要打;深入推进正风肃纪反腐,从根本上解决沉疴积弊,复杂敏感程度明显加大;抓整顿、抓备战、抓改革、抓规划,项项工作都是硬仗,必须交出合格答卷。形势越是复杂,任务越是艰巨,越要坚持党要管党、从严治党,越要增强自我净化、自我完善、自我革新、自我提高的能力。我们要高举军队党的建设这个固本制胜的传家之宝,把党的建设牢牢抓在手上,保证党对军队绝对领导,保证能打胜仗履行使命任务,保证人民军队永不变色,把党的政治优势和组织优势转化为推动部队建设的强大力量。

第四章 在全面建成小康社会进程中有效履行军队使命任务

"四个全面"战略布局是着眼于全面建成小康社会、实现中华民族伟大复兴的中国梦，破解我国发展难题，回应人民群众热切期待所做出的战略抉择。在"四个全面"战略布局中，全面建成小康社会是处于引领地位的战略目标，是实现中华民族伟大复兴中国梦的关键一步。国防和军队建设，是中国特色社会主义事业总体布局的重要组成部分，是全面建成小康社会的坚强安全保障。我党坚定不移推动经济建设和国防建设融合发展，把发展和安全兼顾、富国和强军统一的国家战略落到规划之中，变成路线图，部署全面推进国防和军队建设各项任务。军队作为全面建成小康社会的捍卫者、保卫者，也是参与者、建设者，更加需要紧密结合自身实际，大力推进军民融合，倾情支援地方建设，积极投入扶贫帮困，援边兴边，在全面建成小康社会进程中有效履行军队使命任务，为全面建成小康社会做出不懈努力。

一、全面建成小康社会是实现中国梦的关键阶段

从梦想到现实，从思想到规划，从"全面建设小康社会"到"全面建成小康社会"，中国一步一步走向小康社会的实践推进进程清晰可见。全面建成小康社会这一与时俱进的战略目标，为当代中国的发展进步增添了巨大能量，成为实现中国梦的关键阶段。

（一）小康社会的提出及其实现过程

"小康"一语最早见于《诗经·大雅·民劳》中的"民亦劳止，汔可小康"。面对长期战乱和民众困苦，春秋战国时代的诸子百家对未来理想社会有着深刻的思考。其中，儒家的大同、小康理想社会观最具影响力。《礼记·礼运》中提出了"天下为公"的"大同"和"天下为家"的"小康"两种社会模式。"小康"比"大同"低一个层次。这里的小康是指建立在小生产、小农经济和私有制基础上的封建世袭社会，虽然有别于大同社会，但社会生活稳定，丰衣足食，国泰民安。小康是中华民族自古以来追求的理想社会状态，这一充满传统文化色彩的美妙字眼，千百年来激荡起老百姓的家国情怀。我们党始终把这一美好愿景融入伟

大实践之中，几十年来一直为实现这一宏伟目标而努力奋斗。

以毛泽东同志为核心的党的第一代中央领导集体领导中国人民经过艰苦卓绝的斗争，取得了新民主主义革命的胜利，建立了新中国，确立了社会主义制度，为当代中国发展进步奠定了根本政治和制度基础。对如何进行社会主义建设进行了艰辛的探索，初步提出了工业、农业、国防和科学技术四个现代化建设的宏伟蓝图，为新的历史时期进行小康社会建设提供了宝贵经验、理论准备和物质基础。1979年12月6日，邓小平同志提出20世纪中国现代化建设的目标，首次提出了中国式现代化的"小康社会"的概念，并在1982年党的十二大上正式确立了实现小康社会的战略目标，即到20世纪末实现人均国民生产总值比1980年翻两番、人民生活达到小康水平的战略目标。1987年，党的十三大根据邓小平的理念提出了"三步走"发展战略：第一步目标，实现国民生产总值比1980年翻一番，解决全国人民的温饱问题，这在20世纪80年代末已基本实现；第二步目标，到20世纪末国民生产总值比1980年翻两番，这也已在1995年提前完成；第三步目标，到21世纪中叶基本实现现代化，人均国民生产总值达到中等发达国家水平，人民过上比较富裕的生活。"三步走"战略完整地描绘出了从新中国成立到21世纪中叶中华民族百年图强的宏伟目标。1990年12月，中共十三届七中全会通过的《中共中央关于国民经济和社会发展十年规划和"八五"计划的建议》指出："人民生活逐步达到小康水平，是90年代经济发展的重要目标。"[①] 1995年，我国提前实现国内生产总值翻两番的战略目标，完成了人民生活由温饱到小康的历史性跨越。2002年，党的十六大从我国总体上实现的还是低水平、不全面、发展很不平衡的小康的实际出发，提出大体用20年的时间，全面建设一个惠及十几亿人口的更高水平的小康社会。2007年，党的十七大从实际出发，适应国内外形势发展的新变化，顺应人民过上美好生活的新期待，在党的十六大确立的全面建设小康社会目标的基础上，又从经济、政治、文化、社会等方面提出了新要求。[②]

党的十八在实现了十七大全面建设小康社会新要求的基础上，从经济持续健康发展，人民民主不断扩大，文化实力显著增强，人民生活水平全面提高，资源节约型环境友好型社会建设取得重大进展五方面，提出了"全面建成小康社会"的奋斗目标，并明确提出，确保到2020年实现全面建成小康社会宏伟目标。以习近平同志为总书记的党中央，吹响了新的进军号角，要求"全党全国要同心同德、埋头苦干，锐意创新、开拓进取，共同为实现党的十八大提出的全面建成小康社会和全面深化改革开放的目标而奋斗"。

从小康社会的历史演进过程可以看出，"小康社会"一词具有深厚历史文化渊源，满载着全国人民对平安幸福生活热切企盼与向往的美好愿景，而小康社会本身也是一个不断发展的过程，从最初的基本实现温饱到总体小康，从总体小康发展到全面建设小康社会，现如今

---

① 中共中央文献研究室. 十三大以来重要文献选编（上）. 北京：人民出版社，1991：1401.
② 王军旗. 全面建成小康社会的历史逻辑和现实指向. 西安政治学院学报，2015（6）：5.

我国小康社会建设已经步入了决定性阶段。

（二）全面建成小康社会的目标要求

小康社会的目标并非一成不变，而是随着形势变化、国家经济社会发展和人民群众新期待不断调整和变化的，而且每次调整都比之前要求更高。在党的十五大报告中，将"三步走"战略具体化为"新三步走"，其中第一步就是全面建设小康社会的内容，提出"第一个10年中要实现国民生产总值比2000年翻一番，使人民群众的小康生活更加宽裕，形成比较完善的社会主义市场经济体制。"2002年召开的十六大继承了十五大提出的有关建设小康社会的构想，明确提出"全面建设小康社会"，并把它作为我党一段时期内的主要奋斗目标。经过5年的建设，党的十七大从经济、政治、文化、社会和可持续发展等方面提出了"全面建设小康社会的新要求"，又经过5年建设，大部分目标已经实现，但还有一部分目标有待于实现。因此党的十八大从经济、政治、文化、社会和生态文明建设等方面提出了新的目标要求，提出"全面建成小康社会"的奋斗目标，全面建成小康社会成为我国实现现代化的决定性阶段。

2015年10月，党的十八届五中全会通过了《中共中央关于制定国民经济和社会发展第十三个五年规划的建议》，从5个方面提出了全面建成小康社会新的目标要求。

（1）经济保持中高速增长。实现到2020年国内生产总值和城乡居民人均收入比2010年翻一番，必须保持一定的经济增长速度。初步测算，"十三五"时期，国内生产总值每年平均增长速度需保持在6.5%以上，主要经济指标平衡协调，才能实现翻一番目标。即使实现全面建成小康社会目标之后，相当长时间仍需保持一定的增长速度，才能实现第二个百年奋斗目标。因此，保持经济中高速增长是我们长期的任务。在我国经济发展进入新常态的背景下，要长期保持经济中高速增长，必须加快转变经济发展方式，促进经济转型升级、迈向中高端水平。世界上不少发展中国家在进入中等收入阶段后，就是因为没有实现转型升级，经济长期停滞，结果陷入"中等收入陷阱"。我们提出"双中高"，是要推动实现更高质量、更有效率、更加公平、更可持续的发展。"双中高"是两位一体、互促共进的。只有保持中高速增长，才能为转方式、调结构留下空间，为迈向中高端水平创造好的条件；只有迈向中高端水平，才能既扩大需求、又创造供给，培育发展新动能，实现可持续的中高速增长。

（2）人民生活水平和质量普遍提高。发展的目的是为了让人民过上好日子，全面建成小康社会也主要以人民生活水平和质量是否普遍提高为衡量标准。要坚持共享发展，在经济平稳增长基础上，促进居民收入持续提高，健全公共服务体系，着力解决群众最关心最直接最现实的利益问题，不断增进人民福祉。抓好保障和改善民生的重点任务。就业是民生之本、社会稳定之基。这几年，在经济下行压力很大的情况下，就业一直保持稳定，已很不容易。"十三五"时期，就业压力依然不小，结构性矛盾更加突出。要继续实施更加积极的就业政策，更好发挥市场在促进就业中的作用，鼓励以创业带动就业，加强职业培训，着力解决好高校毕业生、农村转移劳动力和其他重点人群的就业问题,努力实现比较充分的就业。教育是经济发展和社会进步的根本,要大力促进教育公平发展和质量提升,使劳动年龄人口受教育年限得到明显提高,教育现代化取得重要进展。继续发展医疗卫生事业,努力保障人民群众健康。

(3) 国民素质和社会文明程度显著提高。实现全面建成小康社会,既要努力满足人民物质需求,也要努力满足人民精神文化需求。我们要在抓好物质文明建设的同时,大力加强精神文明建设,使人民思想道德素质、科学文化素质、健康素质明显提高。一个国家国民素质和社会文明程度,与文化密不可分。要使中国梦和社会主义核心价值观更加深入人心,必须大力推动社会主义文化大发展大繁荣,提高国家文化软实力,更好发挥文化引领风尚、教育人民、服务社会、推动发展的作用。创新是社会进步的动力,是中华优秀传统文化的精髓。我国过去30多年取得的巨大成就,也可以说是规模宏大的社会创业创新行动的结果。实现全面建成小康社会目标,必须更好发挥创新这个引领发展的第一动力作用。要积极倡导创业创新文化、理念和社会氛围,推动大众创业、万众创新,使人们在创造物质财富的同时,实现人生价值,凝聚起推动发展的强大新动能。

(4) 生态环境质量总体改善。良好的生态环境,是提升人民生活质量的重要内容,也是全面建成小康社会的应有之义。目前我国发展面临资源约束趋紧、环境污染严重以及生态系统退化的严峻形势。作为仍处在工业化进程中的发展中国家,如何在经济发展与生态环境保护之间找到平衡,从而实现双赢,是亟须破解的难题。要牢固树立绿色发展理念,把经济建设与生态文明建设有机融合起来,让良好生态环境成为全面小康社会普惠的公共产品和民生福祉。经过这些年的努力,"十二五"规划确定的资源环境约束性指标预计可以如期实现。但我国目前能源资源消耗强度仍然偏高,节能减排潜力很大。"十三五"期间,我们要多措并举,促进能源资源使用效率大幅提高,能源和水资源消耗、建设用地、碳排放总量得到有效控制,主要污染物排放总量大幅减少。同时要大力发展节能环保产业,这不仅是促进环境保护的有效途径,也是新的经济增长点。

(5) 各方面制度更加成熟更加定型。经过长期的探索实践,中国特色社会主义根本政治制度、基本政治制度、基本经济制度、法律体系等以及建立在这些制度之上的经济体制、政治体制、文化体制、社会体制等各项具体制度基本形成,为促进经济社会发展提供了强大动力和制度保障。但一些领域的具体制度仍不完善,存在着不少体制机制弊端。改革开放既是推动发展的根本保障,也是推动制度建设的重要动力。我们要全面深化改革、进一步扩大开放,革除体制机制弊端,到2020年使国家治理体系和治理能力现代化取得重大进展,各领域基础性制度体系基本形成,各方面制度更加成熟更加定型。

总之,全面建成的小康社会,是发展改革成果真正惠及十几亿人口的小康社会,是经济、政治、文化、社会、生态文明全面发展的小康社会,是为实现社会主义现代化建设宏伟目标和中华民族伟大复兴奠定坚实基础的小康社会。我们建成的全面小康社会,应当是经济发展、政治清明、文化昌盛、社会公正、生态良好的小康社会,是"每个人的自由发展是一切人自由发展的条件"的小康社会。党的十八大以来,党中央在实践中,十分注重各个领域的相互协调、整体考虑、协同推进。全面小康必须是13亿人的小康,必须是56个民族的小康,必须是每一寸土地上的小康。我们不仅要在经济领域实现小康,而且要在政治方面更文明进步,在文化方面更丰富繁荣,在社会方面更和谐友善,在生态方面更绿色环保。东南沿海有很多地方已经小康了,但我们还有一些地方,比如说我们部队驻扎的雪域高原,离小康还有差距,那么我们就要想方设法让这些地方加快发展步伐,在2020年之前,能跟大家同时踏入小康社会。

(三) 全面建成小康社会是实现中国梦的"关键一步"

党的十八大以来,以习近平同志为总书记的党中央,不负历史重托,接过历史的接力棒,放眼未来,立足于解决现实矛盾和问题,着力打造全面建成小康社会升级版,带领全党全国各族人民继续向既定的战略目标发起进军。十八大刚刚闭幕,习近平同志就提出了实现中华民族伟大复兴中国梦的重要论断,并把全面建成小康社会包含在中国梦这一重大命题之中。[①] 习近平同志指出:"中国已经进入全面建成小康社会的决定性阶段。实现这个目标是实现中华民族伟大复兴梦的关键一步"。显然,习近平同志把全面建成小康社会放在了实现中华民族伟大复兴中国梦的大格局中来定位,把它看作实现中国梦承上启下的关键一环、联结当前与未来的关键一步,使全面建成小康社会既在历史发展目标上"高大上",又在联系每个人的梦想上"接地气"。党的十八大以来,习近平同志以求真务实的精神,到全国各地实地考察,足迹遍及甘肃、湖北、湖南、内蒙古、新疆、福建、江苏、云南等20多个省区市,深入调研求解全面小康大计,回答解决实践中出现的重大问题,使全面建成小康社会的图景更加清晰。

(1) 必须从中国特色社会主义的总依据、总布局、总任务的政治高度,深刻理解和把握全面建成小康社会与中国梦。所谓总依据,就是社会主义初级阶段。因为社会主义初级阶段是当代中国的最大国情、最大实际。所谓总布局,就是"全面落实经济建设、政治建设、文化建设、社会建设、生态文明建设五位一体总体布局,促进现代化建设各方面相协调,促进生产关系与生产力、上层建筑与经济基础相协调,不断开拓生产发展、生活富裕、生态良好的文明发展道路"。所谓总任务,就是实现社会主义现代化和中华民族伟大复兴。习近平曾强调,"两个一百年"的奋斗目标,"都聚焦于实现社会主义现代化和中华民族伟大复兴这个总任务,归结于这个总任务"。

(2) 从全面建成小康社会和中国梦的关系来看,全面建成小康社会是实现中国梦的阶段性目标。其基本内涵是经济持续健康发展,人民民主不断扩大,文化软实力显著增强,人民

---

① 奚洁人. 全面建成小康社会与实现中国梦的五个关系. 上海党史与党建,2015 (5):5.

生活水平全面提高，资源节约型、环境友好型社会建设取得重大进展。2021年是中国共产党成立100周年，因此到2020年全面建成小康社会的目标也就成为我们党"两个一百年"奋斗目标中的第一个目标。"全面建设小康社会"和"全面建成小康社会"虽然只有一字之差，含义却发生了质变。全面建设小康社会是正在进行时，全面建成小康社会是将来完成时，是到2020年要完成的任务、实现的目标。如果2020年全面建成小康社会的任务不能如期完成，目标也没有如期实现，那么中国梦的实现就会被延迟，因此全面建成小康社会又是实现中国梦的前提和基础。①

（3）全面建成小康社会与实现中国梦的途径是相同的。习近平同志提出实现中国梦要坚持"三个必须"，即实现中国梦必须走中国道路，必须弘扬中国精神，必须凝聚中国力量。中国特色社会主义道路是中国人民在中国共产党领导下的伟大创造，具有深厚的历史渊源和广泛的现实基础，是实现中国梦的唯一正确道路，我们必须增强中国特色社会主义的道路自信、理论自信、制度自信。实现中国梦必须要有振奋的精神、高尚的品格、坚定的意志，这种精神，就是以爱国主义为核心的民族精神和以改革创新为核心的时代精神；这种品格和意志，就是坚定不移地坚持走中国特色社会主义道路的高尚品格和坚强意志。中国梦是人民的梦，人民群众是真正的英雄，我们坚信，只要坚持党的群众路线，始终相信人民，依靠人民，动员人民，团结人民，最大限度地汇集、凝聚中国人民的伟大力量，形成巨大的动力，全面建成小康社会的目标必定成功，中国梦也不仅仅是梦想，而必将成为现实。

习近平同志强调指出，"全面建成小康社会是我们的战略目标，全面深化改革、全面依法治国、全面从严治党是三大战略举措。"全面建成小康社会作为战略目标，对其他三个"全面"，具有方向性、引领性、指导性，体现了战略布局明确的目标性和目的性。同时，其他三个"全面"作为战略举措，既是落实全面建成小康社会的基本途径，又是实现这个战略目标的支撑点。全面建成小康社会和实现中国梦是全面从严治党的重要战略目标，全面从严治党是全面建成小康社会和实现中国梦最根本的战略举措和政治保证。当前，全党全国各族人民正在为实现党的十八大提出的奋斗目标而奋发努力，正在朝着实现中华民族伟大复兴的中国梦而奋勇前进。

二、全面建成小康社会对军队履行使命任务的新要求

实现全面建成小康社会的宏伟目标，需要稳定的国际国内环境和坚强的安全保障，对有效履行军队使命任务提出了新的需求。为应对复杂多变的国际形势和国家安全形势发展的新挑战，必须建设一支听党指挥、能打胜仗、作风优良的人民军队，确保军队在任何时候都能打仗、打胜仗；为满足国家战略利益发展的新需求，要求军队必须更加注重运用军事手段和

---

① 衣鹏.未来中国说：全面建成小康社会的"决定性阶段".21世纪经济.2012-11-9（2）.

力量营造有利战略态势,为全面建成小康社会提供坚强有力的安全保障;为适应国家全面深化改革的新要求,军队必须走军民融合式发展道路,积极支援国家经济社会建设,坚决维护社会大局稳定,使军队始终成为建设中国特色社会主义的可靠力量,为全面建成小康社会提供可靠保障。

(一) 应对复杂多变国际形势和国家安全形势的新挑战

从国际形势看,世界多极化、经济全球化成为不可阻挡的世界潮流,世界总体稳定,局部动荡加剧。国际关系进入深度调整时期,尤其是2008年国际金融危机以来,世界经济增长速度减缓,各种形式的保护主义抬头,各国为争夺未来发展制高点的竞争加剧,气候变化、能源资源安全、公共卫生安全等全球性问题更加突出,国际和地区热点问题此起彼伏。尤其是随着我国综合实力不断增强,国际地位不断上升,我国同各大国、周边国家、发展中国家的关系持续平稳发展,但是竞争和摩擦也在不断加剧。①

(1) 和平发展、合作共赢虽然是时代主题,但世界仍然动荡不安,霸权主义、强权政治、新干涉主义有所上升。主要表现为:一是全面推行西方价值观,强迫别国全盘接受和照搬西方社会制度和意识形态。二是利用"民主""人权"和"价值观"等问题肆意干涉别国内政,侵犯别国主权。三是凭借军事实力优势,综合运用政治、经济、军事、文化、外交等各种手段实施制裁、干涉和侵略。在美国霸权主义和强权政治的干涉下,伊拉克、叙利亚、利比亚、阿富汗等国战乱不断、恐怖暴力横行,百姓流离失所,随时随地都可能在战乱和恐怖袭击中失去生命。随着我国迅速发展壮大,一些西方国家将遏制干预的矛头和重点指向我国。因为他们不愿看到意识形态和社会制度与其不同的社会主义中国赶上和超越他们,因此千方百计地对我国发展进行牵制和遏制。其主要手段包括加大对我国实施西化、分化战略,加紧策划"颜色革命",实施"文化冷战"和"政治转基因"工程,散布"宪政民主""普世价值"等西方价值观念,加大对我军的侵蚀渗透,极力鼓吹"军队非党化""军队非政治化"和"军队国家化"等错误政治观点,极力推动南海问题地区化、国际化等等。而从全球政治和安全格局看,乌克兰、中东等地缘政治冲突加剧引发欧美等利益格局调整。气候变化责任分担和二氧化碳减排打破了发达国家与发展中国家等传统政治阵营的分界,世界政治版图趋于碎片化。随着互联网的迅猛发展,经济全球化、区域一体化、多双边投资贸易协定,加深了各国对外部世界和彼此的相互依赖和融合渗透,但同时也存在着摩擦加剧的风险,部分热点地区产生区域冲突、局部动荡和小规模战争的可能性正在增加,这些都对军队保障全面建成小康社会的能力产生了考验。

(2) 世界经济总体稳定,但走势分化、不确定因素增多。世界经济进入深度调整期,低增长、低通胀、低需求与高失业、高债务、高泡沫等风险相互交织,经济环境的不确定性仍

---

① 潘盛洲. 全面建成小康社会的新机遇新挑战. 求是杂志. 2012 (23): 24.

然突出。从经济周期和整体格局看,世界经济仍处于国际金融危机爆发后的深度调整期。欧元区和欧盟通货紧缩压力加大、失业率居高不下、经济增长乏力,内需不足的矛盾十分突出,陷入低速增长的态势日趋明显。日本债务高企、人口老龄化、结构性改革困难重重,大规模"量质"(QQE)宽松政策的刺激效应衰减,经济复苏步履蹒跚。许多发达国家人口老龄化日趋严重,劳动人口逐渐减少,人力资本对经济增长的贡献日渐衰微。新兴经济体总体放缓、困难增多,面临大宗商品价格大幅下跌、地缘政治冲突加剧、货币贬值、资本外流等多重压力。国际上屡次出现唱衰新兴市场国家的声音,由于这些国家存在严重的经常账户赤字、信贷过度增长以及外国投资者对本地债券市场的高度参与等因素,许多发展中国家在抵御外部风险方面的能力较差。印度、东盟虽然保持较快增长但结构调整任务艰巨,巴西、俄罗斯等所受冲击短期内难以消化,前景复杂严峻。

(3) 国际形势总体保持稳定,但地区热点和局部动荡此起彼伏,我军维护世界和平和发展的任务更加艰巨。当今世界正处于深刻复杂变化之中。国际安全领域在局部动荡中保持了大局稳定,在激烈竞争中维持了总体和平。但同时,国际社会原有热点并未消除,新的危机又接连涌现,影响世界和地区安全的不稳定、不确定因素明显增多。近年来,新旧热点冲突导致局部动荡频繁发生。朝鲜核问题、伊朗核问题、巴以冲突等老的热点问题难以在短时期内得到彻底解决,随时有引发军事冲突的危险;同时新的热点问题又不断涌现,突发事件和局部冲突层出不穷,对世界安全和地区稳定构成新的安全威胁。阿富汗、伊拉克战火不断,叙利亚、乌克兰持续内战,也门、缅甸国内爆发武装冲突,突尼斯、利比亚、埃及发生动乱,造成政权更迭。据统计,近5年来,平均每年发生45场局部战争和武装冲突,远多于冷战期间的年均2.5场和冷战结束后10年的年均10.5场。

(4) 传统安全威胁与非传统安全威胁相互交织,对我军有效履行使命提出了更高要求。传统安全问题主要指传统意义上的安全问题,主要表现为领土主权争端、军事冲突、军备竞赛、武力干涉等形式。在和平与发展的时代背景下,传统安全挑战依然存在,对有些国家和地区而言甚至是首要安全挑战。非传统安全问题主要包括经济安全、网络安全、恐怖主义、环境污染、粮食安全、跨国犯罪、传染性疾病,以及能源、水资源和国际航道的安全等。传统安全威胁和非传统安全威胁在一定条件下相互转化。传统安全与非传统安全问题并没有绝对界限,两者间相互渗透和相互转化。一些传统安全问题可以通过非军事手段加以解决,而许多非传统安全问题也可能演变或引发军事冲突。非传统安全问题长期积累,在一定时期内如得不到有效控制和解决,其多元性、综合性和跨国性特征往往会触发连锁反应,诱使此类安全问题在规模和性质上迅速膨胀,向传统的军事冲突转变。与此同时,如果传统安全问题处理不妥,也会使本属于一国内部或两国之间的不稳定因素,跨越国界,成为作用于整个国际社会的非传统安全问题。传统安全与非传统安全问题相互交织和相互转化,使当代国际安全问题的综合性、关联性、整体性和突发性愈益明显。

总之,随着我国由大向强不断迈进,国家安全形势的时空领域比历史上任何时候都要宽广，内外因素比历史上任何时候都要复杂，我国能否从中获取新的全球红利，趋利避害，化挑战为机遇，关键还在于军队能否提供相应的安全保障能力。因此军队必须树立新国家安全观，坚持外部安全与内部安全并顾、国土安全与国民安全并举、传统安全与非传统安全并重、发展问题与安全问题并进，坚决维护国家总体安全。同时还要建立和完善国家安全预测预警体系，对当前及未来国家安全所面临的主要威胁及可能发生的重大危机作出前瞻性的系统分析，周密拟制各种条件下的危机处置预案，统筹常备力量、预置力量和应急力量建设，探索和建立高效的组织指挥体制，大力提高战略预警和综合响应能力。特别注重对军事手段的灵活运用，对挑衅我国安全及核心利益的行为进行果断遏制，这不仅具有强烈的震慑和警示作用，也有利于改善国家安全环境，提高部队复杂条件下遂行任务能力，确保一旦有事能够上得去、打得赢。

（二）适应国家战略利益发展的新需求

当今时代，国家利益的内涵和外延发生了深刻变化，国家安全利益已超出传统的领土、领海、领空的范围，向海洋、太空、电磁空间拓展。军队既要保证传统国家利益的安全，即确保国家主权、安全不受侵犯，还必须适应国家战略利益发展的新需求，即确保海洋安全、太空安全、信息空间安全等等。随着我国综合国力的不断增强和国际地位的不断提高，当前维护拓展的国家利益成为军队最重要的使命任务。

（1）建设海洋强国要求军队必须坚决维护国家海洋权益。海洋是一个巨大的生物资源宝库和矿产资源宝库。我国海洋资源丰富同时海洋纠纷持续不断，据科学家预测，人类在21世纪所需摄入蛋白质将有70%来自海洋。海洋中矿物资源的储量较之陆地储量高达数百倍甚至数千倍。全世界石油可采储量仅近海海底就达2 500亿吨，相当于陆地的3倍。海洋还蕴含着丰富的金属资源和化学资源。海洋不仅是资源宝库，还是全球大通道和国家对外贸易的大动脉，目前，我国有30多条远洋运输航线通达150多个国家地区的600多个港口，对外贸易额有97%是通过海洋运输来实现的。我国海上安全和发展问题突出。我国几千年历史形成的重陆轻海、淡漠海洋利益的观念，导致海权意识淡薄、海洋国土观念缺乏。我国与周边的8个邻国如越南、菲律宾、马来西亚、日本等存在海洋权益之争，争议面积有120～150万平方公里。这些问题解决起来很不容易，除了通过政治、外交的努力外，必须要有强大的军事力量做后盾，维护海洋权益是中国军队所肩负的重要职责，也是当前应对国家安全威胁的现实需要。我国的海军战略长期局限于海岸防御，海军力量还比较薄弱，需要不断加强海军力量的建设，承担起保卫我国海洋国土安全的重任。我国军队在相关管辖海域已经开始建立常态化的战备巡逻制度，与国家海上执法部门保持着密切的协调和配合，并结合日常战备，努力为国家海上执法、渔业生产和油气开发等活动提供安全保障。

（2）着眼外层空间的开发和利用，要求军队不断维护我国外层空间利益。现代高技术航天兵器的发展，使外层空间成为对陆地、海洋、空中战场实施侦察、预警、导航、定位等作战保障的重要场所，尤其是外层空间尚无明确主权归属，先进入者将使本国战略防御范围获得极大拓展，并且为本国谋取国际斗争主动权提供有利条件。因而，抢占外层空间优势成为 21 世纪国际竞争的一个战略制高点。当前世界军事形势呈"空海一体化、空天一体化"的发展趋势，而目前针对外层空间的新型作战力量，主要是指军事航天部队，俗称"天军"，是以各类侦察、导航卫星为主，平战结合，完成军事侦察、通信、测绘、导航、定位、预警、监视和气象预报等任务的部队。新军事革命已经证明，外层空间是推进我军"体系融合"的重要高地，我军必须适应未来外层空间争夺的新要求，在通讯、卫星、监视、预警等方面加强建设，不断提高外层空间作战防卫能力。此外，我国在大力增强自身空间实力的同时，还应团结一切可以团结的力量，推进反对空间武器化和军备竞赛的国际努力，要善于把握机遇，积极参与外层空间活动行为准则的制定。通过外层空间特定资源管理机制的建构，积极探索外层空间共存共生、合作共赢的开发利用方式，最终实现外层空间的战略安全与外层空间包容、普惠、和谐的发展。

（3）网络电磁空间的快速发展要求军队维护网络电磁空间安全，抢占信息战略制高点。进入 21 世纪，信息成为经济发展的倍增器，以开发信息资源、抢占信息技术制高点为主旨的"制信息权"的争夺，引发了世界性国防安全战略的深刻变革。未来谁率先抢占了信息战略制高点，谁就将赢得未来战争的主动权。对信息的开发、控制和利用，已经成为国家间利益争夺和实力较量的新内容，成为国家间生存与发展的竞技场，当前，世界各大国无不致力于信息化的建设与保护，一场争夺信息空间的战争已悄然到来，"信息国防"也应运而生。国家信息疆域安全，特别是与国家利益息息相关的政治、经济、军事、外交、文化等信息主权安全，是信息时代国防的新使命和重心所在。我军在网络空间的新型作战力量，主要是指网络战部队，俗称"网军"。其主要执行网络对抗任务，包括网络侦察、网络攻击和网络防御。网络战部队主要由计算机、信息安全、密码学方面的专业技术人员组成，因此，这是一支知识密集型、技术密集型的高技术部队，其作战能力建设主要通过机动与固定，有线与无线，系统与系统技术融合，编织起集群通信、定位信息、文电数据、音视频信息传输为一体的"多网合一"数字化网阵，从而为实现战役战术数据链互联互通和夺取战场"制信息权"提供有力保证。

总之，未来外层（公共）空间争夺、未被开发的极地、公地的争夺都将日趋激烈，且与国家未来的发展利益息息相关，因此，要适应国家战略利益发展的新需求，为国家战略利益提供有力的战略支撑，就必须不断提高我军新的能力标准，根据不同形势的发展需要，锻造自身的能力素质，不断开拓新战略空间的能力，包括远程机动能力、通道控制能力、跨海作战能力、信息反击能力、太空反制能力等在内的多种军事进入能力。同时，新形势下指挥机关的指挥统驭能力必须跟得上，国家利益拓展使军队面临新的活动空间，新的行动方式，迫切需要指挥机关具有新的指挥能力。包括诸军兵种参与的军事行动中对部队的指挥能力，在复杂、多变的局面中快速反应、捕捉机遇、把握机会的能力，在众多矛盾交错中把握冲突、利用危机实现利益拓展的能力等等。

（三）适应国家全面深化改革的新要求

当前，我国正处于经济强国迈向期，还存在着各种矛盾和亟待解决的问题，制约着全面建成小康社会奋斗目标的实现，必须通过全面深化改革为全面建成小康社会提供强大动力。因此军队要适应国家全面深化改革的新要求，必须积极支援国家经济社会建设，坚持走军民融合式发展道路，坚决维护社会大局稳定，使军队始终成为党巩固执政地位的中坚力量和建设中国特色社会主义的可靠力量。

（1）军队必须提高能打胜仗的能力，为全面深化改革提供坚强的安全保障。从"解决温饱"到"小康水平"，从"总体小康"到"全面小康"，从"全面建设"到"全面建成"，小康社会奋斗目标的提出、发展和完善，是几代中国共产党人接力探索的过程。要在一个人口比欧盟、美国、日本加起来还多的大国，全面建成小康社会，这是人类社会亘古未有的壮举，难度也可想而知。过去30多年，我们始终坚持以经济建设为中心，创造了令世人惊叹的中国奇迹，经济总量跃升到全球第二。2014年以来，随着经济增速由高速进入中高速，经济结构调整和经济发展方式转变步伐加快，经济发展开始进入新常态。经济新常态突出表现为经济增长速度转换、产业结构调整、经济增长动力变化、资源配置方式转换、经济福祉包容共享等方面，标志着我国经济发展进入新阶段。认识新常态、适应新常态、引领新常态将成为我国经济发展和全面建成小康社会的基本逻辑，这也是全面建成小康社会时期的主要阶段性特征。国际经验表明，人均GDP从3 000美元向1万美元提升阶段，既是中等收入国家向中等发达国家迈进的机遇期，又是矛盾增多、爬坡过坎的敏感期，发展容易掉进"中等收入陷阱"。当前全面建成小康社会的关键阶段正在面临这样的严峻考验。我们党充分认识到这一点，面对新形势新任务，坚持在新的历史起点上进行全面深化改革，这也对军队有效履行使命提出了新要求。这一时期维护国家政治安全和社会稳定的任务更加艰巨，改革发展与利益调整的矛盾，社会变革与网络信息的冲击，可预见困难和难预料风险的发生等，都使我国安全环境变得严峻，要求把筑牢全面建成小康社会的安全基础放在更加重要的位置，高度警惕和有效防范国家被侵略、被颠覆、被分裂的危险，改革发展稳定大局被破坏的危险，中国特色社会主义发展进程被打断的危险。

（2）军队必须深入贯彻军民融合深度发展的国家战略，为实现富国强军相统一的战略目标作出更大贡献。新的历史条件下，军民融合发展上升为国家战略，这是我们长期探索经济建设和国防建设协调发展规律的重大成果，是从国家安全和发展战略全局出发作出的重大决策。国防建设与经济建设作为国家建设的两大重要任务，对经济社会发展具有全面影响，偏重任何一方都可能造成不可挽回的损失。只有不断增强国家经济实力，将经济建设搞上去，国防建设才有坚实基础；同时，也只有加强国防建设，才能为经济建设提供有效的安全保障。处理这二者的关系，军民融合是最好的平衡器。在新的历史时期，我们党提出军民融合深度发展,并把它上升为国家战略,就是要在军民融合的视野下统筹经济建设与国防建设,在资源有限的情况下处理好"剑"与"犁"的关系,这是引领国家由大向强发展的长远谋划。只有真正统筹好两者关系,才能确保国家经济和国防建设的持久发展,确保一旦有战争,就能够以强大的经济实力和军事实力维护国家安全和发展利益。军民融合从某种程度上来说已是一场未来综合国力和军事发展主导权的竞争,今天的中国,完全有条件、有能力在打造经济大国的同时实现强军目标,努力建设巩固国防和强大军队。今天我们更加清醒地意识到:只有深入实施军民融合发展战略,形成全要素多领域高效益的军民深度融合发展格局,才能更好地凝聚国家力量,争取主动、赢得未来,实现全面建成小康社会的宏伟目标。

(3) 军队必须坚决维护社会大局稳定,为国家安全与发展提供良好的社会环境。当前我国社会进入矛盾多发期,社会热点问题此起彼伏,环境引发的群体性事件日益增多,多采取非正常的集体行动,如"散步""旅游"静坐等方式,使环境问题被放大,引发相关群体和媒体的关注,进而参与政策制定与执行等。习近平同志强调,全面建成小康社会是"实现中华民族伟大复兴中国梦的关键一步。"走好这关键一步,各种可以预料和难以预料的风险和挑战将会更多,军事力量、军事策略在国家战略运筹中的作用更加凸显,对国家安全保证和力量支撑的要求更高。同时,国内"三股势力"等恐怖主义活动也有新变化。我国正处于经济高速发展阶段,与传统的恐怖手段相比,网络空间暴恐活动攻击范围更为广泛、攻击方式更加隐蔽,且网络空间日益成为"三股势力"招募与宣传的重要阵地。近几年,社交网络系统已经流行开来,充分利用网络媒体宣传已经成为恐怖分子的主要特点。尤其智能终端作为移动互联网时代的第一前哨,"三股势力"等恐怖团体通过智能终端提供服务、援助和娱乐的方式提高团体声望和成员的忠诚度,例如通过对一些 APP 应用进行伪装,通过口口相传的方式进行推广等。当前"三股势力"对青少年的渗透,尤其是通过智能终端的影响必须引起相应重视。同时网络空间也逐渐成为"三股势力"筹集资金、伪造身份、获取作案工具、学习暴恐技术的重要平台。因此,对于当前的恐怖主义行为必须从源头、资金流和终端供应链等环节进行打击,决不能等其形成气候,而要"打早打小,露头就打",形成不对称优势和高压态势,做到敢于先出手、出重手,形成实际威慑。军队必须能够有效应对各种突发事件和军事威胁,维护国家领土、领空、领海主权和安全,坚决捍卫祖国统一,有能力维护新型领域安全和利益,确保国家海外利益安全,保持战略威慑,不断加强反渗透、反分裂、反恐怖斗争,维护国家政治安全和社会稳定,在抢险救灾、安保警戒和支援国家经济社会建设方面充分发挥作用。我军官兵必须牢记自己的使命,努力提高在高技术条件下的防卫作战能力,随时准备上一线打头阵;积极协助地方政府妥善处理各种矛盾和问题,力求将突发事件制止在萌芽状态,处置在初始阶段,维护好社会的稳定。① 对于军队来说,只有积极主动适

---

① 曹智,等. 在新起点上加快推进国防和军队现代化积极为全面建成小康社会贡献力量. 人民日报, 2012-11-11 (2).

应当前国内环境的新形势和新挑战，牢固树立大局观念、问题意识和底线思维，自觉维护和保持社会稳定，才能为全面建成小康社会提供和谐稳定的社会环境。

总之，历史发展到今天，科学技术的迅猛发展使得武器装备和战争形态发生了革命性变化，随着中国在全世界的瞩目下稳步崛起，对军队有效履行使命也提出了更高要求。由于我国当前处于改革的攻坚期和深水区，错综复杂的历史条件和现实状况对执政党领导政治体制改革的决心和勇气、军队巩固党的执政地位的能力与水平都提出了崭新的挑战和考验。要更好地应对这些现实问题，必须推动我军信息化建设加速发展，扎实抓好新型作战力量建设，大力发展高新技术武器装备，加快全面建设现代后勤步伐，加强高素质新型军事人才培养，深化国防和军队改革，构建中国特色现代军事力量体系。要坚持解放思想、实事求是、与时俱进、求真务实，更新军事思维方式和思想观念，把改革创新精神贯彻到各项工作中，加快重要领域和关键环节改革步伐。调整优化作战力量结构，重点加强海军、空军、火箭军部队建设，加快信息作战、军事航天等新型作战力量建设，优化军兵种内部结构和部队编成；建立健全联合作战指挥体制、联合训练体制、联合保障体制，着力提高我军信息化条件下联合作战能力；深化军事人力资源、后勤政策制度和军队保障社会化调整改革，调整完善军官和士兵政策制度，推进退役军人安置、文职人员制度改革，不断增强军队建设的生机活力。

三、有效履行"四个坚决维护"的新的历史时期军队使命

军队使命是指军队在一个较长的历史时期内所承担的重大职责和基本任务。2015年《中国的军事战略》中指出，中国军队要有效履行新的历史时期军队使命，坚决维护中国共产党的领导和中国特色社会主义制度，坚决维护国家主权、安全、发展利益，坚决维护国家发展的重要战略机遇期，坚决维护地区与世界和平，为全面建成小康社会、实现中华民族伟大复兴提供坚强保障。随着时代发展和国家安全环境的变化，我军的职能使命也在不断拓展，"四个坚决维护"为推进军队建设和军事斗争准备提供了基本遵循。这是我们党对我军历史使命认识的新境界新高度，也要求全军统一思想、凝聚共识，紧紧围绕有效履行这一使命展开全部工作。

（一）坚决维护中国共产党的领导和中国特色社会主义制度

中国共产党是中国特色社会主义事业的领导核心，是全面建成小康社会、实现中国梦的领导力量保障。中国特色社会主义制度是当代中国发展进步的根本制度保障，集中体现了中国特色社会主义的特点和优势，是全面建成小康社会、实现中华民族伟大复兴的制度基础，我们必须长期坚持和发展。军队作为人民民主专政的坚强柱石，在复杂多变的国际国内形势下，应对各种威胁和挑战，坚定不移地维护中国共产党和中国特色社会主义制度，这是军队义不容辞的责任担当。

1. 必须坚持党对军队的绝对领导

党对军队的绝对领导，是我军建军的根本原则和永远不变的军魂，是我国的基本军事制度和中国特色社会主义政治制度的重要组成部分，是党和国家的重要政治优势。始终不渝地坚持党对军队的绝对领导，既关系人民军队的性质和宗旨，也关系党执政地位的巩固和执政能力的提高，在这个根本政治原则问题上，我们必须头脑特别清醒、态度特别坚定、行动特别坚决。要坚持以党的旗帜为旗帜，以党的意志为意志，自觉用中国特色社会主义理论体系武装头脑，坚决抵制"军队非党化、非政治化"和"军队国家化"等错误政治观点，不断强化军魂意识，始终做到坚定不移地听党的话、跟党走。近年来，西方敌对势力不断加大对我国实施西化、分化战略的力度，暗地支持"三股势力"，加紧策划"颜色革命"。从2014年发生在香港的"占中"闹剧中已经可以清晰地看出，正是有敌对势力暗中的支持，才让整部闹剧逐渐掀起高潮，妄想从香港点火再蔓延到内地，达到否定中国共产党的领导、颠覆中国特色社会主义制度的目的。当前的现实充分表明，针对我国的颜色革命已紧锣密鼓地展开，确保全面建成小康社会的安全环境，扎实维护党的领导和中国特色社会主义制度的使命更加艰巨。要围绕贯彻军委主席负责制，完善和落实党对军队绝对领导的根本原则和制度，主要包括军队的最高领导权和指挥权集中于党中央、中央军委；实行党委统一的集体领导下的首长分工负责制；在团以上部队和相当于团以上单位设政治委员、政治机关，营设政治教导员，连队设政治指导员；支部建在连上；禁止除共产党和共青团以外的任何党派、团体在军队中建立组织和开展活动等。这些根本制度，确立了党领导军队的制度体系，实现了党的组织与军队建制的有机结合，实现了党对军队绝对领导与军事行政领导的有机统一。在此基础上，还要教育官兵充分认识我军是执行党的政治任务的武装集团，是党的军队、人民的军队、社会主义国家的军队。中国共产党之所以能承担起领导民族独立和振兴的任务，就在于党掌握着一支忠诚于党的军队，要教育引导官兵充分认识党对军队绝对领导的原则制度是革命先辈用鲜血凝成的，是决定我军生死存亡的"命根子"，把听党指挥的忠诚品格注入灵魂，坚定党对军队绝对领导的政治自信和政治自觉，坚决维护部队的纯洁巩固和集中统一。

2. 自觉维护中国特色社会主义制度和党中央、中央军委的权威

坚决抵制各种错误言论和反动思潮，不断坚定中国特色社会主义、实现中华民族伟大复兴的理想信念。当前出现的新自由主义、民主社会主义、历史虚无主义等反动思潮，其主要目的是否定马克思主义主流意识形态的指导地位，动摇中国特色社会主义的共同理想，企图从意识形态领域打开缺口，对我国实施和平演变的战略，妄图通过随意歪曲和重塑历史，混淆对我国基本政治制度、根本原则及政治领导的评判标准，搞乱指导我国社会主义现代化建设的主体意识形态，达到动摇共产党的领导，动摇中国特色社会主义，动摇中华民族伟大复兴的根本目的。因此必须注重用科学理论武装官兵头脑，使我军始终沿着正确道路前进。同

时，维护党中央、中央军委权威，在政治上、思想上、行动上与党中央、中央军委保持一致，是我们党最重要的政治纪律，各级党组织和广大党员、干部特别是主要领导干部一定要自觉遵守党章，自觉按照党的组织原则和党内政治生活准则办事，任何人都不能凌驾于组织之上。要坚决维护党中央、中央军委权威，在思想上政治上行动上同党中央保持高度一致，坚决贯彻党的理论和路线方针政策，保证党中央、中央军委的政令畅通。革命理论和先进思想不可能在官兵头脑中自发产生，必须通过教育灌输才能形成和巩固。坚持用马列主义、毛泽东思想、邓小平理论、"三个代表"重要思想、科学发展观和习近平同志系列重要讲话精神教育部队，使广大官兵掌握马克思主义的基本观点和精神实质，树立无产阶级的世界观和人生观，从根本上提高贯彻执行党的路线、方针、政策的自觉性，使官兵自觉地运用中国化的马克思主义为思想武器，在改造客观世界的同时改造自己的主观世界，自觉抵制各种错误思潮的侵蚀和影响，提高政治思想觉悟。只有坚持不懈地搞好理论武装，才能使人们把理想信念建立在对历史发展规律的深刻认识基础之上，坚定理想信念，铸牢精神支柱，使我军始终保持坚定正确的政治方向，只有这样，才能在面对机遇和挑战双重考验面前，用实际行动有效应对多种安全威胁，为实现党和国家长治久安提供力量保证，才能为全面建成小康社会、实现中国民族伟大复兴提供有力保障。

3. 坚决完成党交给的各项任务

人民军队服从服务于党和国家工作大局，坚决完成党交给的各项任务，这既是我军建设的指导方针和政治要求，也是人民军队的职责和使命所系。军队为全面建成小康社会提供坚强保障，正是党在新形势下交给我们的重要任务，我们每一个同志必须时刻听从党的指挥，党指向哪里就坚决打到哪里，党交给什么任务都能圆满完成，勇于同一切破坏党的领导的言行作斗争，始终不渝地忠于党、忠于人民，做让党放心的合格革命军人。每名官兵都应该把完成党交给的任务作为一种光荣，一种神圣使命去履行，在关键的时刻，能为国家和人民挺身而出，尽忠职守，拼搏向上；在平时能够做到干一行，爱一行，钻一行，在平凡的岗位干出不平凡的业绩，以生命不息，战斗不止的优良品德去完成我们的工作与各项任务。要把坚决完成党交给的各项任务作为听党指挥的具体体现，无论党交给什么任务，不管遇到多大的困难，都毫不含糊、不打折扣，赴汤蹈火、万死不辞。

总之，维护中国共产党的领导和中国特色社会主义制度要求军队不断增强政治意识、大局意识、核心意识、看齐意识，在思想上、政治上、行动上与党中央保持高度一致，坚持不懈地用党的创新理论成果武装头脑，坚定正确的政治方向，切实打牢官兵高举旗帜、听党指挥、履行使命的思想政治基础，坚决维护中国共产党的领导和中国特色社会主义制度，捍卫国家安全，充分发挥人民军队的坚强柱石作用。

（二）坚决维护国家主权、安全、发展利益

当前，世界范围内不合理的经济秩序引发的矛盾、军事力量对比严重失衡引发的局部战争的危险将长期存在，传统安全威胁和非传统安全威胁因素相互交织。随着我国改革的深化，一些深层次的矛盾可能会导致一定时期内出现不稳定因素。军队如何在复杂的形势面前确保国家安全和国内局势的稳定，是影响和制约全面建设小康社会目标能否实现的关键因素。

（1）我军必须以维护国家核心安全为导向，扎实做好军事斗争准备。众所周知，军事手段始终是保底手段。在乌克兰问题上面对俄罗斯的强硬态度，奥巴马非常无奈地说："不能用军事手段解决乌克兰问题，因为俄罗斯有强大的军事实力。"从军事角度看，在乌克兰问题上最终起决定性作用的因素还是军事实力。随着世界经济和战略重心加速向亚太地区转移，我国地缘安全环境更趋复杂，美日把我国作为主要战略对手，加紧进行战略遏制和围堵。为力阻我突破第一岛链，2015年3月美国抛出了新修订的《21世纪海洋国家共同战略》，其核心指向就是从陆、海、空、天、网等空间"全方位介入"，通过海军、海军陆战队、海岸警卫队3支力量的前沿部署，保持对我国的威慑力。日本紧随其后加强了在"与那国岛"的军事部署，成立了"天上空挺团、地上西普联"专攻部队。我们必须贯彻落实新形势下军事战略方针，立足最复杂、最困难的情况，着眼应对最严重的事态，高标准抓好备战，宁可备而不战，不可无备而战。近年来，全军部队坚决贯彻党中央、中央军委决策部署，革命化、现代化、正规化建设全面加强，军事斗争准备不断拓展和深化，我军信息化条件下威慑和实战能力进一步增强。出色完成了一系列急难险重任务和重大战备演训活动，经受住了严峻考验，展示了我军过硬素质和良好形象，赢得了党和人民高度赞誉。未来几年是全面建设小康社会的关键时期，军队在国家安全和发展战略全局中具有重要地位和作用，在维护我国发展的重要战略机遇期中肩负光荣使命和神圣职责。

（2）增强忧患意识，不断提高应对多种安全威胁的能力。我军官兵必须增强机遇意识、忧患意识、使命意识，以高度的历史责任感和时不我待的紧迫感，加快推进国防和军队现代化，加紧做好军事斗争准备，不断提高战备水平，保持常备不懈的战备状态，才能有效应对多种安全威胁，完成多样化军事任务，最终维护国家主权安全和发展利益。当今世界并不安宁，纵观世界风云，现实和潜在的危险依然存在，影响安全稳定的根源并未消除。树立战斗力标准，提高应对多种安全威胁的能力，要求我们必须始终坚持用战斗力标准衡量和检验一切工作，指导和推动各项建设。一是要深刻认识军队存在的根本意义，深扎"战场打不赢一切等于零"的思想根子。军队是为打仗而存在的，遏制战争、打赢战争是军队存在的价值所在，强军的关键要体现在能打胜仗上。要看到当今世界还很不太平，局部战争的风险严重存在，必须加快推进战斗力建设，具备克敌制胜、决战决胜的强大能力。二是要深刻认识军队肩负的根本职能，激发谋打仗练打仗的内在动力。新时期我军担负的任务虽然在拓展，但战

斗队永远是军队的第一属性。要把当兵打仗作为第一职业，把精武强能作为第一职责，切实做到脑子里永远有任务，眼睛里永远有敌人，肩膀上永远有责任，胸膛里永远有激情。三是要深刻认识军队建设的根本尺度，树立用能打胜仗衡量和检验各项工作的鲜明导向。不论搞建设、抓准备，还是用干部、配资源，都要用战斗力尺子量一量，自觉按照战斗力标准实施决策指导、选拔任用干部、评定工作成效，形成正确的用人导向、工作导向、评价导向、激励导向。全军官兵只有牢固树立战斗力标准，备战强军、枕戈待旦，才能不断提高打赢能力，决战决胜、不辱使命。

(3) 维护国家利益拓展，增强我军在更加广阔的领域遂行多样化军事任务的能力。如何经略远边疆（海洋、海外）、高边疆（太空）、新边疆（网络空间），从维护传统安全向维护新型领域安全拓展，从守疆卫土向维护国家海外利益拓展，已成为重要的军事战略指向。从维护国家海外利益安全来说，新公布的《中国的军事战略》白皮书首次提出了"海外利益攸关区"的概念，现在我国是世界第一大贸易国，有近2万家境外企业遍布180多个国家和地区，并正在加紧实施覆盖欧亚非的"一带一路"建设。这就需要我们以更宽广的战略视野谋划军队建设，搞好走出去的战略运筹，增强我军在更加广阔的领域遂行多样化军事任务的能力。习近平同志指出，从当前形势看，中国拓展利益空间的出路在海上，而中国未来的安全威胁也在海上。要清醒地看到，如今我国海洋安全形势十分严峻，东海波涛汹涌，南海风高浪急，台海危机四伏。在钓鱼岛、南沙诸岛等主权维护问题上，争端持久、矛盾重重。历史反复证明，要成为一个世界强国，绕不过从海洋大国走向海洋强国这个步骤，党中央也顺势做出了建设海洋强国的战略决策，加强人民军队尤其是海军建设更是刻不容缓。面对复杂多变的海洋安全形势，我们必须积极开展海上维权行动，急需倡导新型安全观，努力推动与海洋大国、周边海上邻国关系健康发展，积极参与国际和地区安全事务，打造海洋安全合作平台，为全面建成小康社会创造相对和平稳定的周边安全环境。随着中国对外交往不断扩大，与世界日益融为一体。要确保中国贸易、能源和战略通道的安全，还必须加快海上军事行动立法，更好维护国家领海主权和海洋权益，还要在远海训练常态化的基础上，创新相关战法训法。必须加快建设一支空天一体、攻防兼备的强大人民军队，在更广范围内维护国家利益。

（三）坚决维护国家发展的重要战略机遇期

全面建成小康社会是国家战略目标，军队更要思考一个重大而现实的命题——如何维护好重要战略机遇期，为全面建成小康社会提供坚强力量支撑。火箭军作为我国战略威慑的核心力量，是我大国地位的战略支撑。大国重剑，雷霆万钧，必须要以国家核心安全需求为导向，大力推进作战力量建设，不断巩固提升信息化条件下战略威慑和实战能力，这样才能更好地维护我国发展的战略机遇期，为全面建成小康社会提供安全稳定的发展环境。军队在国家安全和发展战略全局中具有重要地位和作用，在维护我国发展的重要战略机遇期中肩负光荣使命和神圣职责。

1. 以强军目标为指导大力提高我军信息化建设水平

当前，我军建设的主要矛盾仍然是打赢高技术战争的需要与现代化水平不高的矛盾。为此，我军必须抓住 21 世纪前 20 年的战略机遇期，坚持科技强军、质量建军，推进中国特色的军事变革。信息化是当代军事革命的强大推动力量，也是新军事变革的本质和核心，信息化军队已成为当今世界强国军队建设的目标。我们要按照军委的要求，坚持以信息化带动机械化，以机械化促进信息化，实现机械化、信息化建设的复合式发展；创新军事理论和作战思想，更好地指导和推动我军现代化建设和改革；进一步调整改革我军的体制编制，向精兵、高效、合成的现代化军队方向发展；跟踪高科技发展趋势，大力加强装备建设，努力实现武器装备的现代化；提高官兵科学文化水平，培养大批适应信息化战争需要的高素质军事人才；坚持实施科技兴训，深入开展科技练兵，实现人与武器的最佳结合。这样，我军就完全有能力、有信心，为维护国家的安全统一、为确保国内局势的安全稳定贡献力量。要着眼军队建设长远发展，不断深化军队改革，积极稳妥地推进军事理论、军事技术、军事组织、军事管理创新，增强军队建设的生机和活力。要严格部队的管理教育，始终保持部队的高度稳定和集中统一。要采取扎实有效的措施，协助地方做好反恐维稳工作。要坚决贯彻党中央、中央军委和习近平同志的决策指示，根据地方政府需要，积极支援受灾地区的恢复重建工作，为夺取抗灾救灾全面胜利作出贡献。要大力弘扬我军听党指挥、服务人民、英勇善战的优良传统，坚决完成党和人民交给的各项急难险重任务，为国家经济发展和构建和谐社会贡献力量。

2. 积极应对各种挑战，努力提高军队有效履行使命的能力

军队应不断提高维护战略机遇期、有效履行使命的能力。稳定是发展的前提，没有安全稳定的环境，全面建设小康社会的目标将难以实现。当前，世界范围内不合理的经济秩序引发的矛盾、军事力量对比严重失衡引发的局部战争的危险将长期存在，传统安全威胁和非传统安全威胁因素相互交织。随着我国改革的深化，一些深层次的矛盾导致一定时期内出现不稳定因素。如何在复杂的形势面前确保国家安全和国内局势的稳定，是影响和制约全面建设小康社会目标能否实现的关键因素。我军官兵必须牢记自己的使命，努力提高在高技术条件下的防卫作战能力，随时准备上一线打头阵；加强党对军队的绝对领导，保持部队的高度稳定和集中统一，注意加强从思想上、政治上教育和掌握部队，使部队能够经受住复杂环境、艰巨任务和酒绿灯红的严峻考验；积极协助地方政府妥善处理各种矛盾和问题，力求将突发事件制止在萌芽状态，处置在初始阶段，维护好社会的稳定。

3. 强化战备意识，不断提高能打胜仗的能力

军队与使命共生，军人与使命同在。恩格斯曾说："没有哪一次巨大的历史灾难，不是以历史的进步为补偿的。"历史深刻昭示，落后就会挨打，强军才能安邦。即使国家富裕了，没有强大的国防，也难逃任人宰割、遭受欺凌的命运。[①] 事实证明，国家越发展，越需要可靠的安全环境。没有巩固的国防和强大的军队，国家就有被侵略被颠覆被分裂的危险，改革发展稳定大局就有被破坏的危险。当前，我国正处在由大到强的关键阶段，敌对势力不愿看到一个强大的中国崛起，千方百计对我国进行围堵遏制，不断制造麻烦。我国周边热点增多、燃点降低，海上方向安全威胁凸显，家门口生乱生战的可能性增大；生存安全问题和发展安全问题、传统安全威胁和非传统安全威胁相互交织，维护国家统一、维护领土完整、维护发展利益的任务艰巨繁重。全军官兵要充分认清国家安全形势的复杂性和严峻性，充分认清国防和军队建设的重要地位作用，增强忧患意识、危机意识、使命意识，自觉担当起保卫祖国安全和人民和平生活的神圣职责。加强国防和军队建设，是发展中国特色社会主义的战略任务，必须统筹经济建设和国防建设，在推进现代化事业进程中实现富国和强军的统一。军队建设一定要团结在以习近平同志为党中央的周围，着眼全面履行新世纪新阶段我军历史使命，提高军队应对多种安全威胁、完成多样化军事任务的能力，为全面建设小康社会提供坚强有力的保障。全军官兵都要牢记历史教训，牢记人民重托，牢记强军使命，努力建设一支听党指挥、能打胜仗、作风优良的人民军队。

（四）坚决维护地区与世界和平

全面建成小康社会需要和平的外部环境，世界的和平也需要中国的坚定支持。习近平同志在纪念中国人民抗日战争暨世界反法西斯战争胜利70周年大会上明确指出："中国人民解放军是人民的子弟兵，全军将士要牢记全心全意为人民服务的根本宗旨，忠实履行保卫祖国安全和人民和平生活的神圣职责，忠实执行维护世界和平的神圣使命。"这是习近平同志站在民族复兴的战略高度，顺应和平与发展的时代潮流，赋予人民军队的神圣职责和使命。

1. 军队要把维护地区与世界和平作为神圣使命

习近平同志在纪念中国人民抗日战争暨世界反法西斯战争胜利70周年大会上发表的重要讲话，宣示了中国人民愿同世界各国人民一道，共同铭记历史、携手捍卫和平的决心。讲话中提出的中国"永远不称霸""中国将裁减军队员额30万"，进一步表明了我国是维护世界和平与发展的重要力量，引起国际社会广泛共鸣。中国人民和军队无论过去、现在和将来都是创造和维护和平环境的重要力量。2015年《中国的军事战略》中指出，"中国军队始终

---

① 安普忠. 使命当头，片刻懈怠不得. 解放军报，2012-3-18（5）.

是维护世界和平的坚定力量,将积极拓展军事安全合作空间,深化与大国、周边、发展中国家的军事关系,促进建立地区安全合作架构。"这段话郑重宣示了中国防御性国防政策的性质,体现了中国军事力量的特点,充分表明我国加强国防和军队现代化战略是为了实现地区安全与稳定的目标。一个国家的国防政策性质和军事发展走向是由这个国家的总体战略和发展道路决定的,是与国际环境和时代潮流息息相关的。人类历史上不乏一些国家通过侵略扩张和实施殖民主义、帝国主义政策给其他国家带来灾难,甚至引发大规模战争、颠覆世界秩序的先例。中国是社会主义国家,中国人民具有热爱和平的悠久历史文化传统,和平发展是中国政府和人民根据时代特征和自身根本利益作出的战略抉择。基于这一战略,中国主张通过协商谈判解决国际争端,反对动辄使用武力或以武力相威胁,这就从根本上规定了中国国防政策的防御性质。中国奉行的防御性国防政策,是由中国的社会主义性质和国家根本利益决定的,是和平发展战略的重要组成部分,从属于和平发展战略。我们在战略上坚持防御、自卫、后发制人的原则,从来没有也无意侵占别国一寸土地。

2. 军队应为维护地区稳定和世界和平发挥重要作用

中国同世界的命运紧密相连、息息相关,世界繁荣稳定是中国的机遇,中国和平发展也是世界的机遇,我们坚决反对各种形式的霸权主义和强权政治,永远不称霸,永远不搞扩张。由于我国地缘战略环境复杂,面临的安全威胁日益多元复杂,在应对能源、资源、金融、信息等非传统安全方面的需求不断上升,动用军事力量的频率和强度不断增大,军队必须注重统筹全局、突出重点,保持战略全局平衡稳定。为更好地维护地区稳定和世界和平,必须注重思考如何控制危机、化解冲突、遏制战争,不断创新军事指导战略、调整应用模式、加强地区间的军事互信、增强军事力量的运用效果。当今世界已经发展成为一个利益攸关、灾难共担的开放式融合体系,在维护地区稳定与世界和平方面必须立足当前、着眼长远,妥善处理不同政治制度、文化传统带来的分歧与摩擦,建立起同舟共济、友好互助的双边或多边关系。

3. 军队应为维护地区与世界和平承担更多国际责任

长期以来,中国积极开展对外军事交流合作,自觉承担国际安全责任,支持并积极参加联合国维和行动,为维护世界和平作出了积极贡献。我们按照和平共处五项原则开展对外军事交往,发展不结盟、不对抗、不针对第三方的军事合作关系,推动建立公平有效的集体安全机制和军事互信机制。坚持开放、务实、合作的理念,深化国际安全合作,加强同主要国家和周边国家的战略协作和磋商,加强同发展中国家的军事交流合作,参加联合国维和行动、海上护航、国际反恐合作和救灾行动,支持按照公正、合理、全面、均衡的原则,实现有效裁军和军备控制,维护全球战略稳定。未来我国将会更加积极参与联合国维和行动,履行安理会授权,致力于和平解决冲突,促进发展和重建,维护地区和平与安全。这也要求我军要尽快适应并学会以军事力量介入地区乃至国际安全事务，积极参与、主动倡议国际军事规则制定和修改，并逐步获得各种国际军事约章的议程创设能力，以此保障我军事力量海上出航、空中穿越、陆上通过，积极塑造我军事行动的国际合理性与合法性。此外，还应不断加强与多国护航力量交流合作，共同维护国际海上通道安全。广泛参与地区和国际安全事务，推动建立突发情况通报、军事危险预防、危机冲突管控等机制。随着国力的不断增强，我军应该不断加大参与国际维和、国际人道主义救援等行动的力度，在力所能及范围内承担更多国际责任和义务，提供更多公共安全产品，更多展示中国作为负责任大国的形象和中国军队和平文明之师的风貌，有效履行军队使命任务，为维护世界和平和地区安全作更大贡献。

第五章　在全面深化改革进程中深化国防和军队改革

全面深化改革在"四个全面"战略布局中居于重要地位,与全面依法治国、全面从严治党共同构成全面建成小康社会的战略举措。中国梦、强军梦的内在联系,决定了深化国防和军队改革是全面深化改革的重要组成部分。深化国防和军队改革必须按照"四个全面"战略布局要求,以党在新形势下的强军目标为引领,进一步解放和发展战斗力,进一步解放和增强军队活力,建设同我国国际地位相称、同国家安全和发展利益相适应的巩固国防和强大军队,为实现"两个一百年"奋斗目标、实现中华民族伟大复兴的中国梦提供坚强力量保证。

一、全面深化改革是实现中国梦的关键

改革开放是党在新的时代条件下带领全国各族人民进行的新的伟大革命,是当代中国最鲜明的特色。面对新形势新任务,全面建成小康社会,进而建成富强民主文明和谐的社会主义现代化国家、实现中华民族伟大复兴的中国梦,必须在新的历史起点上全面深化改革。全面深化改革对建成富强民主文明和谐的社会主义现代化国家、实现中华民族伟大复兴的中国梦具有重大意义。

(一)全面深化改革为实现中国梦奠定完善制度条件

党的十八大以来,以习近平同志为总书记的党中央带领全党和亿万人民,继续把坚持和发展中国特色社会主义这篇大文章写下去,坚定不移推进全面深化改革,为实现"两个一百年"奋斗目标和中华民族伟大复兴的中国梦,稳健起步、扎实开局,精心谋篇、高超布局。党的十八届三中全会审议通过的《中共中央关于全面深化改革若干重大问题的决定》明确提出,全面深化改革的总目标是完善和发展中国特色社会主义制度,推进国家治理体系和治理能力现代化。实现这一总目标将为实现中国梦进一步提供完善的制度保证,是我们建成社会主义现代化国家的重要条件。

我国的改革开放,是中国共产党人顺应时代潮流、依据中国国情、反映人民愿望、遵循改革规律的政治自觉、历史自觉、实践自觉。这一自觉突出体现在对改革目标的设计与深化

上,改革目标的演进鲜明地标识出深化改革的渐进逻辑。党的十一届三中全会提出多方面地改变同生产力发展不适应的生产关系和上层建筑,改变一切不适应的管理方式、活动方式和思想方式,解决经济管理体制权力过于集中的问题;十二届三中全会提出推动以城市为重点的整个经济体制的改革,建立充满生机的社会主义经济体制;十三大提出逐步建立起有计划商品经济新体制的基本框架;十四大提出我国经济体制改革的目标是建立社会主义市场经济体制;十四届三中全会进一步提出建立适应市场经济要求,产权清晰、权责明确、政企分开、管理科学的现代企业制度;十五大提出积极推进经济体制和经济增长方式的根本转变,继续调整和完善所有制结构;十六届三中全会提出完善社会主义市场经济体制,坚持以人为本,树立全面、协调、可持续的发展观;十七大提出加快转变经济发展方式,形成有利于科学发展的宏观调控体系;十八大提出全面深化改革开放,构建系统完备、科学规范、运行有效的制度体系。可以说,十八届三中全会提出的全面深化改革的总目标,凝结着我们党领导改革开放的经验总结、认识结晶和实践精华。这一总目标抓住了建成社会主义现代化国家的根本问题。这是因为,全面建成小康社会,加快发展社会主义市场经济、民主政治、先进文化、和谐社会、生态文明,进而建成富强、民主、文明、和谐的社会主义现代化国家,是全方位、立体式的建设和发展。这就要求我们的改革总目标,不能仅仅是经济领域或某个领域的改革,不能仅仅是各个领域改革具体目标之和,而是要在统领全局、把握大势、找准枢纽的层面上,提炼出具有新的时代特征、反映当代中国发展要求的总目标。

完善和发展中国特色社会主义制度包括经济、政治、文化、社会、生态文明等领域的制度,包括根本制度、基本制度、具体制度各层次的制度,是实现中华民族伟大复兴中国梦的根本保证。中国特色社会主义制度是中国发展进步的根本制度保障,特色鲜明、富有效率,但还不是尽善尽美、成熟定型的,需要不断完善。国家治理体系是在各个领域行使国家权力、治国理政的方略总和,国家治理能力是国家统筹各个领域的治理,使其相互协调、共同发展的综合能力。国家治理体系和治理能力的水平是一个国家有序运行、健康发展、持续上升的重要条件,现代社会的国家治理体系与治理能力有着时代的内涵和要求。中国特色社会主义能否巩固强大、长治久安,击溃"颜色革命"的祸水,克服前进道路上的阻碍,获得人民群众的支持,根本在于中国特色社会主义制度的完善和发展。解放和发展生产力,是经过制度变革与创新实现的;人民群众对党的拥护、对社会主义的认同,是通过共享制度红利加深的;干部清正、政府清廉、政治清明,是依靠反腐败体制机制创新和制度保障制约的。当代中国,完善和发展中国特色社会主义制度,必须推进国家治理体系和治理能力现代化。因此,全面深化改革的总目标,紧紧围绕制度与治理的完善发展,具有全局性、本质性、时代性,为实现中国梦进一步奠定完善制度条件。

(二)全面深化改革为实现中国梦明确具体实现路径

党的十八届三中全会立足于我国长期处于社会主义初级阶段这个最大实际,对经济、政治、文化、社会、生态文明和党的建设等方面作出了"六位一体"的改革总体部署,即"六个紧紧围绕",这些目标和部署为我们指明了实现中国梦的具体路径。

一要紧紧围绕使市场在资源配置中起决定性作用深化经济体制改革。坚持和完善基本经济制度,加快完善现代市场体系、宏观调控体系、开放型经济体系。更好发挥政府作用,加快转变政府职能,深化行政体制改革,创新行政管理方式,增强政府公信力和执行力,建设法治政府和服务型政府。形成以工促农、以城带乡、工农互惠、城乡一体的新型工业城乡关系,推进城乡要素平等交换和公共资源均衡配置,促进国际国内要素有序自由流动、资源高效配置、市场深度融合。二要紧紧围绕坚持党的领导、人民当家做主、依法治国有机统一深化政治体制改革。加快推进社会主义民主政治制度化、规范化、程序化,推进法制中国建设,发展更加广泛、更加充分、更加健全的人民民主。强化权力运行制约和监督体系,推动人民代表大会制度与时俱进,推进协商民主广泛多层制度化发展。建设法治中国,加快建设公正高效权威的社会主义司法制度。坚持用制度管权管事管人,构建决策科学、执行坚决、监督有力的权力运行体系,健全惩治和预防腐败体系。三要紧紧围绕建设社会主义核心价值体系、社会主义文化强国深化文化体制改革。加快完善文化管理体制和文化生产经营体制,建立健全现代公共文化服务体系、现代文化市场体系,构建现代公共文化服务体系,提高文化开放水平。四要紧紧围绕更好保障和改善民生、促进社会公平正义深化社会体制改革。改革收入分配制度,推进基本公共服务均等化,加快形成科学有效的社会治理体制,确保社会既充满活力又和谐有序。加快社会事业改革,深化教育领域综合改革,健全促进就业创业体制机制,建立更加公平可持续的社会保障制度,深化医药卫生体制改革。提高社会治理水平,改进社会治理方式,激发社会组织活力,创新有效预防和化解社会矛盾体制,健全公共安全体系。五要紧紧围绕建设美丽中国深化生态文明体制改革,加快建立生态文明制度。健全国土空间开发、资源节约利用、生态环境保护的体制机制,建立系统完整的生态文明制度体系,健全自然资源资产产权制度和用途管制制度,实行资源有偿使用制度和生态补偿制度,改革生态环境保护管理体制,用制度保护生态环境。六要紧紧围绕提高科学执政、民主执政、依法执政水平深化党的建设制度改革。加强民主集中制建设,完善党的领导体制和执政方式,充分发挥党总揽全局、协调各方的领导核心作用,提高党的领导水平和执政能力,确保改革取得成功。

全面深化改革,需要更多针对今日中国发展现状和未来发展需求的顶层设计和总体规划,这是中国发展赢得长久活力和竞争力的现实瓶颈,也是我们必须着重突出和突破的一个关键。党的十八届三中全会通过的《中共中央关于全面深化改革若干重大问题的决定》对全面深化改革作出的重大战略部署,是全面深化改革的动员令、宣言书。坚决贯彻落实《决定》精神,我国改革开放必将谱写新的辉煌篇章,中国特色社会主义必将登上新的历史高峰,离中华民族伟大复兴中国梦的实现就将更加接近。

(三) 全面深化改革为实现中国梦提供强大发展动力

1. 获得源源不竭的动力需要全面深化改革

改革的航船从党的十一届三中全会解缆起锚,迄今已驶过 30 多年不寻常的航程。当年,邓小平曾说过几句极富震撼力的话:改革是中国的第二次革命;坚持改革开放是决定中国命运的一招;不改革开放只能是死路一条;如果现在再不实行改革,我们的现代化事业和社会主义事业就会被葬送。今天,改革已经取得了巨大成就,创造了令世界刮目相看的"中国速度""中国奇迹""中国道路",使中国从国民经济濒临崩溃边缘一跃成为全球第二大经济体,中国人民的道路自信、理论自信、制度自信越来越强。作为一场伟大的革命,30 多年的改革,极大地调动了亿万人民的积极性,使我国成功实现了从高度集中的计划经济体制到充满活力的社会主义市场经济体制、从封闭半封闭到全方位开放的伟大历史转折,为我国的发展提供了源源不断的强大动力。今天,中国的发展、中国梦的实现,动力从哪里来?答案仍然只有一个:改革。只有深化改革,才能使中华民族伟大复兴中国梦的实现获得源源不竭的动力。正如习近平同志所指出的:实现党的十八大描绘的全面建成小康社会、加快推进社会主义现代化、实现中华民族伟大复兴的宏伟蓝图,要求全面深化改革。

2. 攻克体制机制的痼疾需要全面深化改革

改革是由问题倒逼而产生,又是在不断解决问题中逐步深化的。改革开放 30 多年来,我们用改革的办法解决了人民生活面临的一系列问题,人民生活从温饱不足发展到总体小康、迈入中等收入国家行列,农村贫困人口大幅减少。但人民生活仍然还有许多深层次矛盾和问题尚未得到根本解决。同时还要看到,旧的问题解决了,新的问题又会产生。当前,国内外环境都在发生极为广泛而深刻的变化,我国发展面临一系列突出矛盾和挑战,前进道路上还有不少困难和问题。比如:发展中不平衡、不协调、不可持续问题依然突出,城乡区域发展差距和居民收入分配差距依然较大,社会矛盾明显增多,教育、就业、社会保障、医疗、住房、生态环境、食品药品安全、安全生产、社会治安、执法司法等关系群众切身利益的问题较多,部分群众生活困难,等等。老问题新问题相互交织,国内国际因素相互影响,需要解决的问题分外艰巨,需要攻克的是体制机制上的一系列痼疾。中央提出改革进入攻坚期和深水区,就是对改革所处时代背景和现实条件的一个形象而又准确的重大判断。

3. 突破利益固化的藩篱需要全面深化改革

在新的历史起点上进行的改革,已经大大不同于 30 多年前的改革。我国发展进入新的阶段,改革也进入攻坚期和深水区。如果说,30 多年前的改革,其成果往往带有普惠性,几乎是人人受益,今天的改革则要突破利益固化的藩篱,一些既得利益者可能会失去某些不合理的利益；30多年前的改革解放了被束缚多年的生产力，激发了社会活力，今天的改革仍然要继续解放生产力，但今天生产力所受的束缚已和过去大不一样；30多年前的改革从农村开始，逐步向城市推进，由易而难、重点突破，今天的改革则更加注重系统性、整体性、协同性，其难度大为增加。这就要求必须以强烈的历史使命感和更大的决心意志，冲破各种禁锢障碍，越过各种险滩暗礁，推出一批能叫得响、立得住、群众认可的硬招实招，把全面深化改革进行到底，最大限度集中全党全社会智慧，最大限度调动一切积极因素，从而进一步解放和发展社会生产力，推动经济社会持续健康发展，让人民群众有更多的获得感，为实现中国梦提供强大动力。

习近平同志强调指出，改革开放是我们党历史上一次伟大觉醒，是决定当代中国命运的关键一招，也是决定实现"两个一百年"奋斗目标、实现中华民族伟大复兴的关键一招。"伟大觉醒""关键一招"的提法，令人耳目一新。从现在起到2020年全面建成小康社会，尔后再经过30年奋斗，基本实现现代化，这无疑是近代以来中国历史上前所未有的大变动。新的大变动必然带来新觉醒，而新觉醒又必然造就新的大变动。这就要求我们的党、我们的人民、我们的国家、我们的民族，包括我们的军队，对我们的光荣传统和今天的理论、道路、制度有新的自信，在看世界上有新的眼界，从而能够抓住新条件下的新的战略机遇，全面深化各领域改革。

二、深化国防和军队改革是全面深化改革的必然要求

习近平同志强调指出，国防和军队改革是全面改革的重要组成部分，也是全面深化改革的重要标志。深化国防和军队改革，对于实现党和国家全面深化改革的总目标，建成富强民主文明和谐的社会主义现代化强国，具有重要意义。党的十八届三中全会对国防和军队改革，也作出了战略部署和顶层设计，这充分体现了国防和军队改革是我国全面深化改革的必然要求。

（一）深化国防和军队改革是30多年改革开放经验的历史启示

1978年12月，中国共产党召开了具有历史意义的十一届三中全会。以此为标志，开启了中国改革开放和社会主义现代化建设的新时期，也开启了中国军队改革和现代化建设的新时期。30多年来，国防和军队改革始终在国家整体改革的大局下，不断探索前进，不仅取得了令人瞩目的伟大成就，而且取得了丰富的历史经验。这些历史经验启示我们，深化国防和军队改革是军队建设和国家整体改革相适应的必然要求。

1. 军队改革应该自觉服从于国家整体改革

军队改革要符合国家整体改革的大方向，要与国家经济基础相适应，要从国家整体改革

的大局来把握军队改革的时机、步骤和进程,而不能影响国家整体改革的大局,更不能影响国家的经济发展。由于军队是特殊的武装集团,决定了军队改革不同于一般的社会改革,其特殊性决定了军队改革具有更大的艰巨性和风险性。从这一点来说,军队改革往往要难于一般的社会改革。但是,任何改革都不可能是轻而易举的事,改革的难度越大越需要改革者充分发挥能动性。如果因为军队改革具有更大的艰巨性和风险性,而行动迟缓,不敢大胆改革,就会使军队改革滞后于国家整体改革。这样,不仅会影响军队现代化建设的进程,也会制约国家整体改革的进程。所以军队自身要充分发挥主动性,使军队改革跟上国家整体改革的步伐,而不能滞后于国家整体改革。

2. 国家整体改革也要考虑到军队改革的特殊需要,积极为军队改革创造条件

历史证明,任何军队改革都不可能仅靠军队自身来完成,需要国家从政治、经济、科技等多方面进行支持,有时需要全社会的支持。因此,国家在推进改革的过程中,除了要加强对军队改革的集中统一领导,还要为军队改革创造各方面的条件。改革开放30多年来,我们党正确处理国防建设与经济建设的关系,与时俱进,不断总结经验,逐步提出了军民融合式发展的重要思想。党的十八届三中全会将国防和军队改革纳入到了国家总体改革之中,充分体现了党中央、习近平同志的深邃思考。将国防和军队改革上升为党的意志和国家行为,在国家全面深化改革的总体布局中筹划、实施国防和军队改革,能够使国防和军队改革与国家总体改革相互协调、同频共振,最终实现军民融合的深度发展,实现富国与强军的同步发展。

(二) 深化国防和军队改革是顺应国家全面深化改革大势的必然选择

习近平同志强调指出,国防和军队改革是全面改革的重要组成部分,也是全面深化改革的重要标志。深化国防和军队改革作为全面深化改革的重要组成部分,也必然要求在国家全面深化改革大局下,随着国家总体改革的深化而不断向前推进。

1. 深化国防和军队改革是优化国家发展布局的战略抉择

国家发展总体布局的优化程度,对于综合国力强弱具有决定意义。习近平同志胸怀全局、审时度势,从坚持和发展中国特色社会主义和实现中国梦的战略全局高度,进一步推进富国和强军相统一,强调把经济建设作为国防建设的基本依托,把国防建设作为我国现代化建设的重要战略任务,把国防和军队改革作为单独一部分写进党的十八届三中全会《决定》,使之上升为党的意志和国家行为,并亲任中央和军队两个改革领导小组组长,从领导体制上完善了富国和强军相统一的战略布局。这是注重改革系统性、整体性、协同性的重大举措,标志着军队建设改革与国家总体建设改革的统筹谋划进入新阶段。

2. 深化国防和军队改革是整合国家整体实力的强国之举

历史和现实表明,强大的军事实力往往能大大提升国家的政治力、经济力、文化力和外交力,对提升综合国力具有重要的综合性溢出效应。这就是习近平同志所指出的"加强国防建设对经济社会发展也具有重要拉动作用"。深化国防和军队改革,不仅通过强军从整体上拉动经济社会发展,而且通过推动军民融合深度发展,开拓增强国家整体实力途径。当今时代,信息化战争条件下的体系对抗,已集中表现为以国家整体实力为基础的体系对抗。通过深化国防和军队改革整合用于体系对抗的国家力量,将直接拉动经济社会发展,实现国家整体实力的大幅提升。

3. 深化国防和军队改革是综合利用国家资源的强军之策

把国防和军队改革纳入国家整体改革规划之中,不仅注重通过强军来推动强国,也注重通过其他领域改革来配合加强国防和军队建设,这表明我们党坚持富国与强军相统一的治国理政方略进入新境界。深化国防和军队改革,明确要求地方在经济建设中要贯彻国防需求,自觉把经济布局调整同国防布局完善有机结合起来,这必将形成举国办国防、全民办国防的大格局。我们要抓住这一历史机遇深化国防和军队改革,综合利用国家资源,强力打通制约强军的梗阻。

习近平同志指出,加快推进国防和军队建设,动力在改革,出路也在改革。改革创新是国防和军队建设发展的强大动力。中国梦、强军梦的内在联系,决定了深化国防和军队改革是全面深化改革的重要组成部分,也内在要求国防和军队改革应在国家全面深化改革大局下,随着国家总体改革的深化而不断向前推进。

(三) 深化国防和军队改革是强国梦与强军梦相统一的内在要求

1. 强国梦与强军梦是一个有机统一的整体

中国梦是强军梦的目标指向,强军梦是中国梦的战略支撑。习近平同志强调,实现中华民族伟大复兴是强国梦,对军队来讲也是强军梦。强军梦不仅是中国梦的内在组成,也是其坚强支撑。强军是中华民族伟大复兴的重要基石。富国是强军的基本依托,强军是富国的安全保障。强军梦不圆,中国梦也难圆。雄厚的经济实力是一个国家强大的基础,但倘若没有相应的国防实力和军事能力作后盾,经济实力再强大也不能成就真正意义上的中国梦。历史昭示我们:没有强大的军事力量作支撑,国家的繁荣兴盛就没有安全保障,实现民族复兴只能是海市蜃楼。而实现强国梦强军梦都必须通过深化改革破解深层次矛盾问题,提供强大动力和体制机制保障。

2. 强国强军的根本出路在改革

习近平同志指出，能战方能止战，准备打才可能不必打，越不能打越可能挨打，这就是战争与和平的辩证法。在国家"关键一跃"的节骨眼上，只有打造出支撑强国的强大军队，才能实现由大国向强国的跃升。突破"崛起困境"，实现强军跨越，绝不能指望外部力量的"帮助"，必须把强军的主动权牢牢掌握在自己手中，通过改革推进强军进程。不改革就没有出路，改革半途而废就会深陷于"困境"，就是死路一条。改革是强国强军的关键一招。深化改革是决定当代中国命运的关键一招，也是实现强军兴军的关键一招。改革能够使落后于时代的军队走上"新路"，实现后发赶超。近代以来世界上的大国崛起，几乎都贯穿着以变革强军推动国家强盛的历史脉络。新形势下，我们要为实现中华民族伟大复兴的中国梦提供坚强力量保证，必须坚定不移变革强军。改革是强国强军的动力之源。我军从建军那天起，就在党的坚强领导下，适应形势任务发展变化，不断创新具有我军特色的军事制度和组织体制，不失时机进行改革。一部人民军队建设发展的历史，就是一部不断改革发展的历史。每一次重大改革都给我军发展增添强大动力、注入新的活力。新形势下，国防和军队改革进入了攻坚期和深水区，面临的体制性障碍、结构性矛盾、政策性问题，都是难啃的硬骨头。只有通过改革，冲破思想观念障碍，突破利益固化藩篱，才能激发官兵闯关夺隘的信心和勇气，使一切战斗力要素的活力竞相迸发，让一切军队现代化建设的源泉充分涌流。要按照改革强军的战略部署，加快完成机械化和信息化建设双重历史任务，以强大的军事实力为实现中国梦提供力量保证。

三、深化国防和军队改革面临的问题与挑战

当前，我军存在着打现代化战争能力不够、各级干部指挥现代化战争能力不够的问题。习近平同志振聋发聩地指出："能打仗、打胜仗方面存在的问题就是最大的短板、最大的弱项"，"军事上的落后一旦形成，对国家安全的影响将是致命的"。习近平同志指出，国防和军队改革进入了攻坚期和深水区，推进起来确实不容易，越是难度大，越要坚定意志、勇往直前，决不能瞻前顾后、畏首畏尾。只要全军统一意志，敢于啃硬骨头，敢于涉险滩，就没有过不去的火焰山。习近平同志的这一重要论述，表明了党中央、中央军委推进国防和军队改革的坚定决心，对于统一意志、凝聚军心、汇聚力量具有重大意义。改革无退路可走，要求我军应敢于牵住牛鼻子，在解决重难点问题上实现突破。

（一）应对世界新军事革命的挑战

进入 21 世纪第二个 10 年以来，世界新军事革命加速发展，战争形态向信息化战争加速演进。面对这场继冷兵器、热兵器、机械化军事革命之后的又一次划时代军事革命，世界主

要国家竞相调整军事战略，加紧推进军事转型，以信息化为核心重塑军队组织形态、重构军事力量体系。战争形态处于由机械化向信息化跃升的质变期，核威慑条件下陆海空天网电一体化联合作战日益成为现实，战场从传统空间向极高、极深、极远物理空间和虚拟空间拓展，非对称、非接触、非线式作战样式更趋成熟，制信息权成为夺取战场综合控制权的核心，战争制胜机理深刻改变。

习近平同志指出："这场世界新军事革命给我军提供了难得的历史机遇，同时也提出了严峻挑战。机遇稍纵即逝，抓住了就能乘势而上，抓不住就可能错过整整一个时代。"我们必须清醒地认识到自身存在的差距，我军军事体系是在机械化战争条件下和打大规模地面战争背景下形成的，整体上仍属于陆战型、国土防御型的结构；军事功能还不能满足打赢信息化局部战争的需要，还不能满足维护国家总体安全的需要，还不能满足履行大国责任、为国际社会提供更多公共安全产品、维护地区和世界和平发展的需要。

当前最重要最紧迫的，就是要紧紧扭住强军目标这个牛鼻子深化国防和军队改革，把战争基点、战略指导、战略布局、作战思想等一系列新筹划新设计，贯彻落实、转化运用到军队组织模式、制度安排和运作方式上，推进军队组织形态现代化，构建中国特色现代军事力量体系。要着力在联合作战指挥体制、军兵种力量规模结构、军队政策制度、军民融合深度发展等重要领域和关键环节的改革上取得重大突破，在进一步缩小我与强国军队"技术形态差"的同时，加快解决与强国强军要求不相适应的"组织形态差"，并进一步巩固和发展我军特有的政治优势和组织优势。

（二）解决国防和军队建设突出矛盾和问题的挑战

从深层次看，制约我军能打仗、打胜仗能力提升的瓶颈，主要是"长期积累的体制性障碍、结构性矛盾、政策性问题"。新形势下，国防和军队改革进入了攻坚期和深水区，面临的体制性障碍、结构性矛盾、政策性问题，都是难啃的硬骨头。改革无退路可走，要求我军应敢于牵住牛鼻子，在解决重难点问题上实现突破。

1. 解决体制性障碍的问题

体制性障碍，主要表现为领导管理体制不够科学、联合作战指挥体制不够健全。领导管理体制和联合作战指挥体制，在军队组织体制中处于主导地位，是军队管理和作战的"中枢神经"。领导管理体制决定军队组织功能，联合作战指挥体制决定军队作战效能。如果这些体制出了问题，打仗就如同"智障"者与健全人进行搏斗，结果不言而喻。历史告诉我们，在落后的体制编制上作小修小补，即使拥有一些先进武器装备，在与先进军事力量体系的对抗中也难逃失败的命运。深化国防和军队改革，必须把消除体制性障碍作为改革的着力点和突破口，优化军委总部领导机关职能配置和机构设置，健全军委联合作战指挥机构和战区联合作战指挥体制，完善各军兵种领导管理体制，推进联合作战训练和后勤、装备保障体制改革，使领导指挥体制真正适应能打胜仗的要求。客观上讲，领导管理体制改革牵涉面广、触及利益多，统一思想、推动落实的难度尤其大。比如，思想观念上，受机械化战争的思维定势影响，部分官兵还没有完全确立起与信息化战争相适应的思想观念。因此，"韩信点兵，多多益善"的思维定势容易造成各级指挥员对兵员数量的依赖和偏好。因此，我们要进一步破除"兵越多越好"的思想观念，牢固树立"精兵"的思想观念。以往体制编制改革曾出现走样打折扣的问题，一个重要原因还在于虽然各级制定了许多规章制度，但在执行中往往走样，制度执行力不强。而且一些领导干部习惯于凭主观意志办事情，靠拍脑袋作决策，个人说了算，搞一言堂，缺乏法治意识。所以还需要在广大官兵中开展法制教育，进一步提高法治意识，无论是体制编制改革调整，还是日常军事训练和管理，都要坚持依法办事。

2. 解决结构性矛盾的问题

结构性矛盾，主要表现是军队数量规模偏大和力量结构不合理，即军兵种比例、官兵比例、部队和机关比例、部队和院校比例不够合理，非战斗机构和人员偏多、作战部队不充实等。结构决定功能。不合理的军事力量结构，难以形成可靠的力量依托，无法适应国家安全和发展对军队履行职能使命提出的新要求。只有深化国防和军队改革，调整优化力量结构，促进各军兵种力量协调发展，特别是突出新型作战力量建设这个战略重点，着力增强新质作战能力，优化装备体系结构，才能使军事力量结构更加符合打仗的要求，掌握战争制胜主动权，真正形成决战决胜的"拳头"。目前，我军老旧装备数量多、新型作战力量少等问题仍然比较突出。新型作战力量是指编配高新技术武器装备，具有超强实战和威慑能力，对未来战争或军事斗争进程和结局具有全局性、决定性、长远性影响的新型精锐军事力量，代表军事技术和作战方式的发展趋势，是提升军队整体作战能力、引领军事发展的重要力量，在国际军事竞争和现代战争中具有举足轻重的作用。因此，必须把新型作战力量建设作为战略重心不断推进。

3. 解决政策性问题

政策性问题，主要表现为干部考评、选拔、任用、培训制度还不够健全，征兵难、军人退役安置难、伤病残人员移交地方难等问题依然存在。军队的政策制度，既是保障打赢的政策制度安排，也是保障官兵切身利益的政策制度安排。近年来，在解决军队人力资源使用效益不高、吸引保留人才难、军人退役安置难、伤病残人员移交地方难等方面，我们采取了一系列改革措施，取得了积极成效，但一些深层次矛盾和问题还没有得到根本解决。其原因主要在于，人才发展体制和政策滞后于军队信息化建设发展进程，滞后于战斗力生成模式转变，滞后于国家人力资源政策制度改革步伐，滞后于社会环境和官兵成分结构的深刻变化。只有通过改革，完善人力资源分类、整合人力资源管理职能，完善军事人力资源政策制度和后勤政策制度，才能更好地为集聚人才、培养人才、使用人才、保留人才提供有力的政策制度保障。深化国防和军队改革,要坚持把健全完善与军队职能任务需求和国家政策制度创新相适应的军事人力资源政策制度作为"重头戏",把建立军官职业化制度作为军官政策制度改革的大方向,为打造托举强军目标的高素质人才队伍提供坚实的制度支撑,进一步增强军人职业荣誉感自豪感和军队凝聚力战斗力。

(三)打破利益固化藩篱的挑战

"后之视今,亦犹今之视昔"。如果说改革开放之初首先要突破的是思想"禁区",那么,今天全面深化改革最难突破的则是利益"雷区"。尽管"触动利益比触动灵魂还难",但是"中国要前进,就要全面深化改革开放"。"改则进,不改则退"早已深入人心。"夫战,勇气也"。深化国防和军队改革,是实现中国梦强军梦的历史抉择,也是一场"攻坚战"。啃硬骨头、攻难关、涉险滩,我们既面临各种困难和风险的考验,也必然经受利益调整甚至局部利益受损的"阵痛"。

随着改革真刀真枪展开,将会遇到各种可以预料甚至难以预料的矛盾、困难和问题。无论是做好干部调整分流和编余安置,还是组织好人员物资经费交接;无论是妥善处理军地现实矛盾和历史遗留问题,还是做好深入细致的思想政治工作;无论是应对可能出现的突发情况,还是防止发生重大事故案件,都需要主动出击、敢抓敢干、不等不靠、不拖不躲,矛盾不上交、责任不推诿,把棘手的事办妥,把难办的事办好,确保新旧体制转换期间各项工作不松不断不乱。这轮改革涉及利益结构和利益关系深刻调整,有的可能调整岗位,有的可能发展受限,有的甚至可能脱下军装,产生一些想法是正常的,没有思想活动是不可能的。只有把责任担当扛在肩上,跳出一时一事、一地一己的局限,甘愿以个体之失换整体之得,以局部之失换全局之得,以一时之失换长远之得,改革才能顺利推进。

改革进入深水区,要求我军以壮士断腕的勇气,坚决打破利益固化的藩篱,坚定不移地推进改革。实现党在新形势下的强军目标,是党和人民意志的集中体现,是强国强军的希望所在,也是广大官兵强军报国的追求所在。在深化国防和军队改革这个问题上,最容易达成共识的是强军目标,能够在改革全程凝聚意志力量的也是强军目标。习近平同志筹谋军队改革,始终扭住强军目标不放松,坚持将改革目标与强军目标对接起来,强调用强军目标审视改革、以强军目标引领改革、围绕强军目标推进改革,为实现强军目标提供体制机制和政策制度保障。习近平同志关于围绕强军目标深化军队改革的论述,内在贯通于关于深化国防和军队改革的所有论述之中,是这些论述中抓纲带目的重要思想。

四、以强军目标统领国防和军队改革

"兵者,国之大事也。"纵观人类历史,强国的重要支撑在军队,军队的发展在改革。在当代中国,必须紧紧围绕强军目标深化国防和军队改革,使之辩证统一于实现中国梦、强军梦的伟大实践。国防和军队改革是一个十分复杂、高度敏感的系统工程。如何统一认识,确保方向,定准基调,把握力度,是改革成功的关键。

(一)深化国防和军队改革的总体要求

1. 深化国防和军队改革的指导思想

深化国防和军队改革的指导思想是,深入贯彻党的十八大和十八届三中、四中、五中全会精神,以马克思列宁主义、毛泽东思想、邓小平理论、"三个代表"重要思想、科学发展观为指导,按照"四个全面"战略布局要求,以党在新形势下的强军目标为引领,贯彻新形势下军事战略方针,全面实施改革强军战略,着力解决制约国防和军队建设的体制性障碍、结构性矛盾、政策性问题,推进军队组织形态现代化,进一步解放和发展战斗力,进一步解放和增强军队活力,建设同我国国际地位相称、同国家安全和发展利益相适应的巩固国防和强大军队,为实现"两个一百年"奋斗目标、实现中华民族伟大复兴的中国梦提供坚强力量保证。这一指导思想,明确了深化国防和军队改革的根本指导、根本遵循和根本要求。要在全面理解领会的基础上重点把握。

(1) 习近平同志系列重要讲话精神特别是国防和军队建设重要论述,是深化国防和军队改革的思想武器和科学指南,必须深入学习贯彻,自觉用以武装头脑、指导改革实践。没有思想的共识,就没有行动的一致;没有上下的同心,就没有力量的凝聚。习近平同志亲自决策推动深化国防和军队改革,对改革研究论证、方案拟制、任务部署等实施强有力的领导指导,充分展现了高瞻远瞩、洞察全局的战略视野,勇于担当、敢于决断的政治勇气,迎难而上、决战决胜的意志决心,为深化国防和军队改革指明了正确方向。习近平同志在中央军委改革工作会议上的重要讲话,既是改革实施的动员令,也是改革强军的总遵循。深化国防和军队改革,首要任务是把习近平同志重要讲话学习好贯彻好。习近平同志对国防和军队建设想得深、谋得远、亲自抓,作出一系列重大决策部署,提出许多具有标志性意义的重大方针原则。党的十八大后不久,鲜明提出"建设一支听党指挥、能打胜仗、作风优良的人民军队"这一党在新形势下的强军目标;在古田召开全军政治工作会议,确立新形势下政治建军方略;根据我军使命任务拓展,制定部署新形势下军事战略方针;十八届四中全会以来,深入推进依法治军从严治军;十八届三中全会决策深化国防和军队改革,这次会议又部署了全面实施改革强军战略。要把学习习近平同志在中央军委改革工作会议上的重要讲话,与学习习近平同志建军、治军、强军一系列重大战略思想和战略决策结合起来,这样才能深刻理解、准确把握全面实施改革强军战略的重大意义和丰富内涵,从而强化政治意识、大局意识、号令意识,积极拥护、支持、参与改革。

(2) 党在新形势下的强军目标,是深化国防和军队改革必须紧紧抓住的"牛鼻子",坚持用强军目标审视、引领、推进改革,全面实施改革强军战略,坚定不移走中国特色强军之路。习近平同志指出,把握深化国防和军队改革的指导思想,关键是要抓住党在新形势下的强军目标这个"牛鼻子",坚持用强军目标审视、引领、推进改革。党的十八大以来,围绕实现强军目标,中央军委统筹军队革命化、现代化、正规化建设,统筹军事力量建设和运用,统筹经济建设和国防建设,制定新形势下军事战略方针,提出一系列重大方针原则,作出一系列重大决策部署。要通过改革把这些重大战略谋划和战略设计落实好,为贯彻强军目标提供强大动力和体制保障。

(3) 新形势下军事战略方针,是深化国防和军队改革的重要牵引,必须坚持各项改革同军事战略方针的指向和要求相一致。党的十八大报告明确提出与时俱进加强军事战略指导,习近平同志军事战略思想和作为其政策化体现的新形势下军事战略方针,着眼国家由大向强跃升的战略位势和战略需求,深刻阐述了军事战略指导带方向性全局性根本性的重大问题,实现了党的军事指导理论和积极防御军事战略的重大创新,标志着我军理论形态的又一次历史性飞跃。当前最重要最紧迫的,就是要紧紧扭住强军目标这个牛鼻子深化国防和军队改革,把战争基点、战略指导、战略布局、作战思想等一系列新筹划新设计,贯彻落实、转化运用到军队组织模式、制度安排和运作方式上,推进军队组织形态现代化,构建中国特色现代军事力量体系。

(4) 着力解决制约国防和军队建设发展的体制性障碍、结构性矛盾、政策性问题,坚持问题导向,在解决重难点问题上下功夫见成效。从深层次看,制约我军能打仗、打胜仗能力提升的瓶颈,主要是"长期积累的体制性障碍、结构性矛盾、政策性问题"。要着力解决长期困扰我军、羁绊强军兴军的体制性障碍、结构性矛盾和政策性问题,在联合作战指挥体制、军兵种力量规模结构、军队政策制度、军民融合深度发展等重要领域和关键环节的改革上取得重大突破,在进一步缩小我与强国军队"技术形态差"的同时,加快解决与强国强军要求不相适应的"组织形态差",并进一步巩固和发展我军特有的政治优势和组织优势,为实现强军目标提供体制机制和政策制度保障。

(5) 进一步解放和发展战斗力,进一步解放和增强军队活力,让一切战斗力要素的活力竞相迸发,让一切军队现代化建设的源泉充分涌流。深化国防和军队改革,要坚持把健全完善与军队职能任务需求和国家政策制度创新相适应的军事人力资源政策制度作为"重头戏",把建立军官职业化制度作为军官政策制度改革的大方向,为打造托举强军目标的高素质人才队伍提供坚实的制度支撑,进一步增强军人职业荣誉感自豪感和军队凝聚力战斗力。

2. 深化国防和军队改革遵循的基本原则

(1) 坚持正确政治方向。坚持党对军队的绝对领导,是我军的根本制度,也是最重要的优良传统和鲜明特色。深化国防和军队改革必须坚持和完善党对军队绝对领导的根本原则和制度,坚持人民军队性质宗旨,全面落实军委主席负责制,确保全国武装力量最高领导权、指挥权集中于党中央、中央军委和习近平同志。

（2）坚持向打仗聚焦。军队的根本职能是打仗。深化国防和军队改革必须牢固确立战斗力这个唯一的根本的标准，积极适应战争形态演变和世界军事发展趋势，着力解决和克服战斗力建设的薄弱环节，全面提升我军能打仗、打胜仗能力。

（3）坚持创新驱动发展。军事领域是最具创新活力、最需创新精神的领域。深化国防和军队改革必须充分发挥军事理论创新、军事技术创新、军事组织创新、军事管理创新的牵引和推动作用，对军队体制机制进行重塑和重构。

（4）坚持体系设计。深化国防和军队改革是系统工程，涉及军队建设各领域各方面，必须把握改革举措的关联性耦合性，正确处理顶层设计与分层对接、长期布局与过渡安排、体制改革与政策配套的关系，形成总体效应、取得最佳效果。

（5）坚持法治思维。依法治军、从严治军，是我们党建军治军的基本方略。深化国防和军队改革必须充分发挥法治对改革的引领和规范作用，做到重大改革于法有据、改革与立法相协调，注重运用法规制度固化改革成果，确保沿着法治轨道推进改革。

（6）坚持积极稳妥。既要解放思想、与时俱进，又要立足现实、蹄疾步稳，把握改革节奏，控制改革风险，走渐进式开放式路子，确保部队高度稳定和集中统一，确保部队随时能够完成各项任务。

（二）深化国防和军队改革的目标任务

习近平同志在中央军委改革工作会议上指出，2020年前在领导管理体制、联合作战指挥体制改革上取得突破性进展，在优化规模结构、完善政策制度、推动军民融合发展等方面改革上取得重要成果，努力构建能够打赢信息化战争、有效履行使命任务的中国特色现代军事力量体系，完善中国特色社会主义军事制度。这一重要论述，不仅明确了深化国防和军队改革的目标任务和时间节点，而且科学回答了塑造什么样的军队、怎样塑造军队的重大问题，擘画了建设强大人民军队的宏伟蓝图，必将极大地汇聚起改革强军的磅礴之力。

1. 正确理解深化国防和军队改革的目标任务

（1）目标从问题中来，又奔着解决问题去。这些年，军队改革的步伐从未停止，但领导管理体制不够科学、联合作战指挥体制不够健全、力量结构不够合理、政策制度相对滞后等深层次矛盾和问题还没有得到有效解决，尤其是能打仗、打胜仗方面存在不少短板弱项，已经严重阻碍军队建设发展，严重迟滞军事斗争准备，严重影响履行我军职责使命。如果不下决心在重要领域和关键环节改革上取得实质性突破、决定性成果，就难以进一步解放和发展战斗力，进一步解放和增强军队活力。

（2）构建中国特色现代军事力量体系，是党的十八大赋予国防和军队建设的重大战略任务。当前，我军军事力量体系正处在机械化尚未完成、信息化全面发展的初级阶段，总体上还属于国土防御型、人力密集型、陆战主导型，整体水平落后于世界军事强国。只有通过深化改革,构建能够打赢信息化战争、有效履行使命任务的中国特色现代军事力量体系,才能有效解决"两个能力不够""两个差距很大"的问题,持续提高维护国家主权、安全和发展利益的军事能力。

(3)改革不是改向,变革不是变色。中国特色社会主义军事制度,集中体现了我军特点和优势,规定了改革的性质和方向。完善中国特色社会主义军事制度,有利于坚持党对军队的绝对领导,有利于保持人民军队的性质、发挥人民战争的优势,有利于进一步提高部队战斗力。深化国防和军队改革,是为了更好发挥中国特色社会主义军事制度的优势。无论怎么改,我军的基本军事制度、根本性质宗旨和优良传统作风,绝对不能变。在这些根本政治原则问题上,绝对不允许出现颠覆性错误。

2. 深化国防和军队改革的战略举措

深化国防和军队改革,习近平同志明确提出了"六个着眼于"的战略举措。

(1)着眼于贯彻新形势下政治建军的要求,推进领导掌握部队和高效指挥部队有机统一,形成军委管总、战区主战、军种主建的格局。坚持政治建军,是我们党建军治军的根本原则。习近平同志强调,要坚持坚定正确的政治方向,通过一系列体制设计和制度安排,把党对军队绝对领导的根本原则和制度进一步固化下来并加以完善,强化军委集中统一领导,更好使军队最高领导权和指挥权集中于党中央、中央军委。这轮改革对领导管理体制和联合作战指挥体制进行一体设计,通过调整军委总部体制、实行军委多部门制,组建陆军领导机构、健全军兵种领导管理体制,重新调整划设战区、组建战区联合作战指挥机构,健全军委联合作战指挥机构等重大举措,着力构建军委——战区——部队的作战指挥体系和军委——军种——部队的领导管理体系。这是新形势下对政治建军原则的坚决贯彻和实践运用,是对党对军队绝对领导根本原则和制度的固化完善。通过科学的体制设计和制度安排,更好地使军队最高领导权和指挥权集中于党中央、中央军委,确保党对军队的绝对领导,确保军委高效指挥军队,确保军委科学筹划和加强部队建设管理。

(2)着眼于深入推进依法治军、从严治军,抓住治权这个关键,构建严密的权力运行制约和监督体系。依法治军从严治军是强军之基,实现强军目标必须发挥法治的规范和保障作用。这轮改革强调,要按照决策、执行、监督既相互制约又相互协调的原则区分和配置权力,重点解决军队纪检、巡视、审计、司法监督独立性和权威性不够的问题,以编密扎紧制度的笼子,努力铲除腐败现象滋生蔓延的土壤。这是针对军队反腐败斗争形势作出的重大举措。党的十八大以来,军队反腐败斗争成效卓著,但如果不通过改革从制度上根本解决,腐败现象有可能死灰复燃。治理军队腐败,管住管好权力是关键。改革以加强对权力的制约和监督为着眼点,组建新的军委纪委,向军委机关部门和战区分别派驻纪检组;调整组建军委审计署,全部实行派驻审计;组建新的军委政法委,调整军事司法体制,按区域设置军事法院、军事检察院,增强军队纪检、巡视、审计、司法监督的独立性和权威性,通过编密扎紧制度笼子，铲除腐败现象滋生蔓延的土壤。

（3）着眼于打造精锐作战力量，优化规模结构和部队编成，推动我军由数量规模型向质量效能型转变。坚持推动我军由数量规模型向质量效能型转变，是我们党推动国防和军队改革一以贯之的目标追求。在我军历史上，从提出走有中国特色的精兵之路，到提出走中国特色军事发展道路，再到习近平同志提出走中国特色强军之路，都是着眼于加强军队质量建设。随着高新技术越来越广泛地应用于军事领域，建设精干高效军队已成为世界军事发展趋势。这次改革，按照精简高效的原则，裁减军队员额 30 万，精简机关和非战斗机构人员，调整改善军种比例，优化军种力量结构，根据不同方向安全需求和作战任务改革部队编成，目的就是推动部队向充实、合成、多能、灵活方向发展。在此基础上，推进以效能为核心的军事管理革命，提高军队专业化、精细化、科学化管理水平。

（4）着眼于抢占未来军事竞争战略制高点，充分发挥创新驱动发展作用，培育战斗力新的增长点。高度重视创新对战斗力的生成和驱动作用，体现了习近平同志对战争规律和制胜机理的准确把握和深刻洞察。习近平同志强调，国防科技发展是具有基础性、引领性的战略工程。必须选准突破口，超前布局，加强前瞻性、先导性、探索性的重大技术研究和新概念研究，积极谋取军事技术竞争优势，提高创新对战斗力增长的贡献率。我们向改革要战斗力，就是要认真研究现代战争形态、作战空间、作战手段、作战方式等，紧紧扭住创新这个引领军事变革的第一动力，以思想创新引领实践创新，用创新理念推动改革发展，着力破除制约战斗力生成和提高的矛盾障碍。

（5）着眼于开发管理用好军事人力资源，推动人才发展体制改革和政策创新，形成人才辈出、人尽其才的生动局面。人才是强军兴军第一资源。我军现行的一些人才开发和管理使用体制机制已滞后于时代发展和实践需求。这次改革，把军事人力资源政策制度作为军队政策制度改革的重头戏，提出坚持党管干部、党管人才，加强军事人力资源集中统一管理，深化军队院校改革，推进军官、士兵、文职人员等制度改革，完善军事人力资源政策制度和后勤政策制度等，是着眼更好集聚人才、培养人才、使用人才采取的重大改革举措。

（6）着眼于贯彻军民融合发展战略，推进跨军地重大改革任务，推动经济建设和国防建设融合发展。国防实力的强大，离不开国家整体实力的强大，必须把国防和军队建设融入国家经济社会建设体系之中。推动经济建设和国防建设融合发展，既是兴国之举，又是强军之策。党的十八大以来，党中央、习近平同志明确将军民融合发展上升为国家战略。"十三五"规划《建议》，明确了军民融合发展的总体思路、指导原则和目标任务。我们要坚持发展和安全兼顾、富国和强军统一，最大限度发掘融合发展这个潜力点、增长点，推动军民融合由初步融合向深度融合发展。习近平同志强调，要着力解决制约军民融合发展的体制机制问题，努力构建统一领导、军地协调、顺畅高效的组织管理体系，国家主导、需求牵引、市场运作相统一的工作运行体系，系统完备、衔接配套、有效激励的政策制度体系，形成全要素、多领域、高效益的军民融合深度发展格局。完善民兵预备役、国防动员体制机制。在国家层面加强对退役军人管理保障工作的组织领导,健全服务保障体系和相关政策制度。下决心全面停止军队有偿服务。随着科技进步,军事技术和民用技术的通用性越来越强。这次改革,对解决制约军民融合发展的体制机制问题进行部署,对民兵预备役、国防动员体制机制进行完善,对退役军人管理保障工作进行安排等,体现了把军民融合发展上升为国家战略、追求富国与强军的统一,是着眼"四个全面"战略布局推动军队改革的题中应有之义。

3. 深化国防和军队改革的主要内容

深化国防和军队改革的主要内容,归纳起来包括以下七个方面:一是推进领导管理体制改革,优化军委机关职能配置和机构设置,完善军种领导管理体制和新型作战力量领导体制;二是推进联合作战指挥体制改革,建立健全军委、战区两级联合作战指挥体制;优化军队规模结构,裁减军队现役员额30万,调整军种比例、官兵比例,优化军种内部结构;三是改革部队编成,推动部队编成向充实、合成、多能、灵活方向发展;构建军队院校教育、部队训练实践、军事职业教育三位一体的新型军事人才培养体系;四是推进军队政策制度改革,重点是完善军事人力资源政策制度和后勤政策制度,全面停止开展对外有偿服务;五是推动军民融合深度发展,健全相关体制机制;六是优化武装警察部队指挥管理体制和力量结构;七是构建完善中国特色军事法治体系。

(三) 深化国防和军队改革的重点

1. 领导指挥体系改革是深化国防和军队改革的重点

领导指挥体制改革,是推进组织形态现代化的核心内容,是牵引和推动其他改革的龙头和突破口,是深化国防和军队改革的重点。领导指挥体制改革,包括领导管理体制和联合作战指挥体制两个方面,在军队组织体制中处于主导地位,是军队管理和作战的中枢神经。领导指挥体制决定军队组织功能和作战效能。我军领导指挥体制是在长期实践中形成的,有着鲜明特色和优势,但随着形势任务的发展,其局限性、滞后性日益凸显。坚持从我国国情军情出发,遵循现代军事组织和科学管理规律,运用现代战争的制胜机理,充分发挥我国基本军事制度和我军特有优势,注意借鉴外军有益经验,加紧推进领导指挥体制改革,对于构建中国特色现代军事力量体系、推进军队组织形态现代化,具有十分重要的意义。

2. 深刻理解领导指挥体制改革决策部署的科学性正确性

这次领导指挥体制改革,坚持军委管总、战区主战、军种主建这个总原则,重塑军委机关,完善军兵种和新型作战力量领导管理体制,建立健全军委、战区两级联合作战指挥体制,符合我们的党情国情军情,体现了现代军队领导指挥的特点规律,反映了作战指挥和建设管理专业化分工的要求,具有很强的科学性合理性。

（1）有利于加强军委集中统一领导，全面落实军委主席负责制。军委主席负责制是我国宪法确定的重要制度，是党和国家军事领导制度的重要组成部分，是党对军队绝对领导的最高实现形式。贯彻落实军委主席负责制，需要有健全完备、高效有力的体制机制来保证。这次领导指挥体制改革，最根本的就是要巩固完善党对军队绝对领导的根本原则和制度，全面落实军委主席负责制。军委机关由总部制调整为多部门制，使军委机关真正成为军委的参谋机关、执行机关、服务机关，调整机构设置，规范权力运行，完善工作机制，为党中央、中央军委和习近平同志牢牢掌握对全国武装力量的最高领导权、指挥权提供坚强的组织保证。

（2）有利于强化军委战略管理功能，构建科学有效的领导管理组织体系。这次重塑军委机关，从职能定位入手，按照突出核心职能、整合相近职能、加强监督职能、充实协调职能的思路方法，强化战略谋划、战略管理和战略指挥功能，下放代行的军种建设职能，剥离具体管理职能，下放具体事权，使军委机关的指挥、建设、管理、监督四条链路更加清晰，决策、规划、执行、评估职能配置更加合理。同时，完善与军委机关改革相配套、与联合作战指挥体制相耦合的军种领导管理体制、新型作战力量领导体制，理顺省军区、武警部队等领导管理体制机制，实现领导管理组织体系结构科学、职能明晰、层级合理、运行高效。

（3）有利于聚焦能打仗、打胜仗，提高一体化联合作战能力。信息化战争指挥活动异常复杂，建立专司主营的常态化指挥机构，集中研究筹划和指挥一体化联合作战，是打赢信息化战争的必然要求。这轮改革，着眼构建平战一体、常态运行、专司主营、精干高效的战略战役指挥体系，完善军委联合作战指挥机构，军委作战指挥功能得到实质性加强；健全战区联合作战指挥机构，作战指挥和建设管理职能适度分开，战区主要负责作战指挥，军种主要负责建设管理，在战区层面可以把诸军种作战力量统起来、联起来、用起来。这样调整改革，既符合联合作战统一指挥的要求，又符合军种专业化、体系化建设要求。

（4）有利于加强权力的制约和监督，形成决策权、执行权、监督权既相互制约又相互协调的运行体系。按照决策、执行、监督的功能来区分不同性质的权力，同时又要求其既相互制约又相互协调，这是我们党在科学配置权力方面的一种创新。这次领导管理体制改革的一个重要着力点，就是改变对权力制约和监督不够的问题，构建决策科学、执行坚决、监督有力的权力运行体系。调整组建军委纪委、政法委、审计署，从组织体制和运行机制上强化监督职能，确保权力行使到哪里，监督就跟进到哪里。

（5）有利于贯彻精简高效原则，解决机关臃肿庞杂问题。机关臃肿、机构重叠、层级偏多和直属单位庞杂，是制约和影响领导管理效率的重要原因，也是多年来部队反映强烈的突出问题。这轮改革，从严控制机构数量、单位等级、领导职数、人员编制，特别是军委机关带头精简，大量压缩机构数量和人员，大幅度减少直属单位，在解决"头重尾巴长"问题上迈了一大步，有利于缩短决策流程，提高办事效率，同时也有利于克服形式主义、官僚主义，减少"五多"问题。

人民军队发展史，就是一部改革创新史。在党的领导下，我军从小到大、从弱到强、从胜利走向胜利,一路走来,改革创新步伐从来没有停止过。我军之所以始终充满蓬勃朝气,同我军与时俱进不断推进自身改革是紧密联系在一起的。现在,我国进入由大向强发展的关键阶段,国防和军队建设处在新的历史起点上,放眼世界,纵观全局,审时度势,应对国际形势深刻复杂变化,坚持和发展中国特色社会主义,协调推进"四个全面"战略布局,贯彻落实强军目标和军事战略方针,履行好军队使命任务,都要求我们必须以更大的智慧和勇气深化国防和军队改革。

第六章 在全面依法治国进程中推进依法治军从严治军

法治兴则国兴,法治强则国强。党的十八大以来,习近平同志就全面依法治国提出了一系列新思想、新观点、新论断、新要求,把单一的"依法治国"概念,发展深化为内容翔实、结构严谨、涉及面更广的"全面依法治国"表述,并与"全面建设小康社会""全面深化改革""全面从严治党"一体作为"四个全面"战略布局的重要组成部分。全面依法治国不仅是其中一个重要的战略举措,也是协调推进其他三个"全面"的重要制度基础和法治保障。依法治军从严治军是党的建军治军的基本方略,深入推进依法治军从严治军,是全面依法治国总体部署的重要组成部分,是实现强军目标的必然要求,是深化国防和军队改革的重要保障,是确保部队有效履行使命任务和高度集中统一的坚强保证。

一、全面依法治国是实现中国梦的法治保障

党的十八大以来,习近平同志提出并深刻阐述了实现中华民族伟大复兴的中国梦。中国梦生动形象地表达了全体中国人民的共同理想追求,反映了中国共产党人的责任担当。中国梦与社会主义法治具有十分密切的关系。党的十八届四中全会明确提出:"依法治国,是坚持和发展中国特色社会主义的本质要求和重要保障,是实现国家治理体系和治理能力现代化的必然要求,事关我们党执政兴国,事关人民幸福安康,事关党和国家长治久安。""全面建成小康社会、实现中华民族伟大复兴的中国梦,全面深化改革、完善和发展中国特色社会主义制度,提高党的执政能力和执政水平,必须全面推进依法治国。"作为治国理政的基本方式,全面依法治国在实现中国梦的伟大征程中具有重要意义和发挥重要作用,为实现"两个一百年"奋斗目标、实现中华民族伟大复兴的中国梦提供有力法治保障。

(一)全面依法治国为实现中国梦提供稳定的社会环境

中国梦是全中国人民的梦,需要全国人民齐心协力共同奋斗,才能最终实现中华民族的伟大复兴,这就离不开一个稳定的社会环境。改革开放的总设计师邓小平在我国改革开放全面展开的历史进程中,反复强调稳定是中国实现社会主义现代化战略的必要前提,"中国的

第六章 在全面依法治国进程中推进依法治军从严治军

问题,压倒一切的是需要稳定。没有稳定的环境,什么都搞不成,已经取得的成果也会失掉"。①"凡是妨碍稳定的就要对付,不能让步,不能迁就。……中国不能乱,这个道理要反复讲,放开讲。……要放出一个信号:中国不允许乱"。这些论述无不彰显了稳定在中国梦实现过程中的极端重要性,只有坚定不移地维护稳定,才能不断为改革发展创造有利的条件。

历史经验表明,全面依法治国是确保国家长治久安、维护和谐稳定的基本方式。早在 20 世纪 80 年代,邓小平同志在一次同中央领导同志的谈话中就指出:"控制局势要注意方法。特别要抓紧立法,包括集会、结社、游行、示威、新闻、出版等方面的法律和法规。"②《中共中央关于全面推进依法治国若干重大问题的决定》指出:"依法治国,是坚持和发展中国特色社会主义的本质要求和重要保障,是实现国家治理体系和治理能力现代化的必然要求,事关我们党执政兴国,事关人民幸福安康,事关党和国家长治久安。"

当前,中国社会矛盾纠纷触点很多、燃点较低、处理不易。一些领导干部依法执政,依法行政意识、能力和责任感不强,容易导致处理失当,矛盾激化,甚至演化成大规模的群体性事件。法治是调节社会利益关系的基本方式,是社会公平正义的集中体现,是构建社会主义和谐社会的最重要基础。只有把法治作为构建社会主义和谐社会的牢固基石,把以人为本、公平正义作为法治建设的灵魂,把切实保护每个公民的每一项合法权益作为法治建设的根本任务,才能为建设社会主义和谐社会奠定最坚实的基础。法律作为普遍的社会行为规范,具有不可替代的指引、评价、预测和教育功能。法治包含自由、平等、公平、正义、民主、秩序、人权、尊严、和谐、文明等基本价值,包含人民主权、宪法法律至上、依法执政、民主立法、依法行政、司法独立、保障人权、制约权力等基本原则,包含有法可依、有法必依、执法必严、违法必究等基本要求。融汇于中国特色社会主义法律体系之中的上述价值、原则和要求,通过依法治国和法治的全面实施,直接或间接地告诉人们中国改革的性质、方向、原则、目标、底线、边界、方式等等,提示人们在改革过程中哪些合法权益应当去依法争取,哪些法定义务和责任应当自觉去承担,哪些非法行为和方式应当避免,进而为凝聚改革共识提供指引、提出要求。尤其是平等、公正、财产、利益、权利等概念,在法律上大都有明确的含义和具体的内容,在重大利益调整的改革过程中,人们表达或主张这些概念的相关诉求时,可以也应当遵从法治的指引,符合法律的规定,作出法律上的预测和评估,在法治的框架下求大同存小异,努力达成改革共识,依法实现利益的最大化。

可见,运用法治思维和法治方式,在宪法和法律的范围内解决中国梦实现过程中所遇到的各种利益冲突和社会矛盾纠纷,是维护社会稳定行之有效的必备手段。特别是当前易发的群体性突发事件,大多是利益诉求不能得到有效解决而引发,属于人民内部矛盾,就更需要

---

① 邓小平文选(第三卷). 北京:人民出版社,1993:284.
② 邓小平文选(第三卷). 北京:人民出版社,1993:286.

健全公正的法治环境,为各种利益相互间的博弈搭建制度化的平台,使个人利益与社会利益形成良好的互动关系,让13亿中国人民在一个安定有序的环境中,通过辛勤的劳动创造属于自己的幸福。

(二) 全面依法治国为实现中国梦提供坚强的制度保障

回首近代以来中国波澜壮阔的历史,展望中华民族充满希望的未来,我们得出一个坚定的结论:实现中华民族伟大复兴的中国梦,必须在中国共产党的领导下坚定不移地走中国特色社会主义道路。走中国特色社会主义道路,离不开中国特色社会主义制度的根本保障。党的十八大报告指出:"中国特色社会主义制度,就是人民代表大会制度的根本政治制度,中国共产党领导的多党合作和政治协商制度、民族区域自治制度以及基层群众自治制度等基本政治制度,中国特色社会主义法律体系,公有制为主体、多种所有制经济共同发展的基本经济制度,以及建立在这些制度基础上的经济体制、政治体制、文化体制、社会体制等各项具体制度。中国特色社会主义道路是实现途径,中国特色社会主义理论体系是行动指南,中国特色社会主义制度是根本保障,三者统一于中国特色社会主义伟大实践,这是党领导人民在建设社会主义长期实践中形成的最鲜明特色。"

可见,法治体系不仅是中国特色主义制度的重要组成部分,也是其他制度合法性、稳定性的重要支撑。衡量一个国家、一个社会的制度健全与否,很重要的一条就是看它的法治体系是否健全。古人讲:"法者,国家所以布大信于天下。"法治健全,国家就有信誉,政府就有威信,社会就有秩序,人民就有信心。人民对现实安心,对未来有信心,才能集中精力谋发展、促发展,国家才能兴旺发达和长治久安。纵观人类社会发展史,法治兴衰同国家治乱息息相关,没有哪一个国家不厉行法治而强盛的。我国历来有"有家有国者,不患寡而患不均,不患贫而患不安"的思想,就是要告诫治国者必须重视建章立制,通过制度来确保社会公正和人民安居乐业。

应该说,经过长期探索实践,中国特色社会主义制度已经确立并不断完善,但从历史发展、实践发展的视角来看,从日趋激烈的国际竞争来看,我国社会主义制度建设的任务还很艰巨很紧迫。我们要维护和运用我国发展的重要战略机遇期,实现经济发展、政治清明、文化昌盛、社会公正、生态良好,实现我国和平发展的战略目标,实现党和国家长治久安和人民安居乐业,必须加强制度建设,打牢制度基础,增加制度供给,强化制度保障。因此,《中共中央关于全面推进依法治国若干重大问题的决定》指出:"全面建成小康社会、实现中华民族伟大复兴的中国梦,全面深化改革、完善和发展中国特色社会主义制度,提高党的执政能力和执政水平,必须全面推进依法治国。"党中央就全面推进依法治国作出部署,一个重要的战略意图就是通过健全社会主义法治,进一步完善和发展中国特色社会主义制度、推进国家治理体系和治理能力现代化,通过制度来确保中国特色社会主义事业兴旺发达和中华民族伟大复兴中国梦的实现。

（三）全面依法治国为实现中国梦提供凝聚共识的基础

中国梦是民族的梦，也是每个中国人的梦，需要所有人的努力奋斗。要实现中国梦，需要最大限度地凝聚共识、汇聚力量。改革开放 30 多年来，中国经济改革的成功，正是得益于众多的改革共识，如"猫论""摸着石头过河""让一部分人先富起来，先富带后富""发展是硬道理""稳定压倒一切"等。在这些共识的感召下，全国人民拧成一股绳，牺牲小我、顾全大局、勇往直前，为了共同的目标而奋斗，使改革取得了巨大成功。当然，伴随着经济社会的发展，也出现了一些问题，如发展的不平衡、不协调和不可持续问题突出，贫富分化、社会主义事业建设严重滞后、发展方式粗放带来的恶性生态环境破坏以及腐败等问题，在一定程度上造成了社会撕裂。可以说，我国的改革进入攻坚时期和深水区域，党和国家面对着的挑战之多前所未有，遭遇到的风险之大前所未有，要求完成的任务之重前所未有。不改革没有出路，改不好也没有出路，要通过改革解决这些问题，就必须寻找新的共识，减少以至消除各方分歧，从而汇聚亿万人民的磅礴正能量，共赴改革、共克时艰。

法治推动了人类文明进程，是人类政治文明的重要成果，是"具有普遍意义的文化成就"。英国通过法治开启了现代国家进程之路，法国通过法治巩固了大革命成果，美国通过法治得以立国，德国通过法治实现了国家与民族的统一，日本通过法治率先在亚洲走向现代化……甚至曾经的"亚洲四小龙"亦是通过法治实现了腾飞。千百年来的人类历史已经证明，厉行法治则国家民族昌盛、社会和谐稳定、人民安居乐业；反之，则国家民族陷入灾难，人人为鱼肉，天道、公理、人伦皆不复存在。法治作为一项人类历经千年所证明的治国理政之基本方式，是一项在全球范围内获得普遍认同的政治理想。这一政治理想超越东西、无论南北，抑或不同宗教信仰，都被广泛接受和认可，亦是全世界范围内政府正统性的公认标尺。

当前及今后相当长的时间内，全国各族人民在中国共产党的领导下，高举中国特色社会主义伟大旗帜，坚定不移走中国特色社会主义道路，按照"四个全面"的战略部署，为实现中华民族伟大复兴而奋斗。在这伟大征程中，我们离不开法治的引领和保障。法治是调节社会利益关系的基本方式，是社会公平正义的集中体现，是构建社会主义和谐社会的重要基础。以宪法为核心、以法律为依据进行各项制度安排，既可以保障人民群众基本的经济权益和生存条件，又能够促进人的潜能、创造力的提升。法治不仅是有法之治，而且是良法之治。法治坚持以人为本，把增进人民福祉作为最高目标，保证人民平等参与、平等发展权利，维护社会公平正义，不断实现好、维护好、发展好最广大人民的根本利益；法治体现对人的价值和尊严的终极关怀，为亿万人民提供共享人生出彩的机会，共享梦想成真的机会，共享成长进步的机会，从而实现每个人自由而全面的发展。

总之，法治本质上作为一种规则的治理模式，有助于凝聚改革的思想共识、价值共识、制度共识和行为共识，还可以通过法治思维、法治方式、法定程序来汇聚民意、反映民情、集中民智,调动各类主体的积极性、创造性,使不同利益主体求同存异,团结一切可以团结的力量,筑牢实现中国梦的力量根基。始终沿着法治轨道推进经济发展、政治民主、文化繁荣、社会和谐、生态文明,中华民族伟大复兴的中国梦一定能最终变为现实。

(四)全面依法治国为实现中国梦的领导力量提供法治支撑

实现中国梦必须坚持中国共产党的领导,走中国特色社会主义道路,这是历史实践证明的一条真理。而坚持党的领导,巩固党的执政地位离不开法治的支撑和保障。

(1) 法治是加强党执政能力建设的根本途径。执政能力建设,是执政党面临的一个永恒课题,也是一项重大的现实课题。我们党历来高度重视执政能力建设,从掌握全国政权的那一天起,就为掌好权、执好政进行了不懈探索,积累了宝贵经验,也走过不少弯路,甚至出现了严重失误。总结新中国成立以来特别是改革开放30多年来我们党执政的历程,我们越来越深刻地认识到,法治更具根本性、全局性、长期性、稳定性,提高党的执政能力和执政水平,必须摒弃人治、厉行法治,着力解决好党的领导和依法治国、党的政策和国家法律的关系问题,推进党执政的制度化、规范化、程序化,以依法执政促进和保障科学执政、民主执政。这个问题解决不好,不仅谈不上提高执政能力和执政水平,甚至有失去执政地位的危险。邓小平同志曾深刻地指出,还是要靠法制,搞法制靠得住些。当前,我们党所处的执政方位和执政环境发生深刻变化,面临的执政考验、改革开放考验、市场经济考验、外部环境考验是长期的、复杂的、严峻的,精神懈怠危险、能力不足危险、脱离群众危险、消极腐败危险更加尖锐地摆在全党面前。我们党要提高执政能力、巩固执政地位,实现长期执政,就必须更加自觉地运用法治思维和法治方式加强党的执政能力建设,推进党执政的制度化、规范化、程序化,提高依法治国、依法执政水平,巩固党执政的法治基础。具体来讲,就是要把依法治国基本方略同依法执政基本方式统一起来,把党总揽全局,协调各方同人大、政府、政协、审判机关、检察机关依法依章程履行职能,开展工作统一起来,把党领导人民制定和实施宪法法律同党坚持在宪法法律范围内活动统一起来,善于使党的主张通过法定程序成为国家意志,善于使党组织推荐的人选通过法定程序成为国家政权机关的领导人员,善于通过国家政权机关实施党对国家和社会的领导,善于运用民主集中制原则维护中央权威、维护全党全国团结统一。

(2) 法治是全面从严治党的基本方略。法治是将权力关进制度的笼子里的根本途径,是遏制和预防腐败的必由之路,而基于党在国家政治生活中的重要地位,基于党内法规体系是社会主义法治体系非常重要的组成部分,全面推进法治国,首先要依规管党,从严治党。这就要求从严治党从其所包含的坚持依宪执政、依法执政,在宪法和法律范围内活动,领导立法、保证执法、支持守法、带头守法、加强党内法规建设、提高党员干部法治思维和依法办事能力、推进基层治理法治化等各个方面,都需要有全面的法律支持和法治的保护。从这样的意义上说,全面从严治党本身就需要有法治的保障,特别是当前全面从严治党在反腐败斗争中取得巨大成绩的基础上,如何有效形成不敢腐、不能腐、不想腐的廉洁从政机制,从根本上说,只有从法治意义上健全并完善惩治和预防腐败的体系,才能促进全面从严治党的法治支撑更为强大。

(3)法治是完善和发展中国特色社会主义制度、推进国家治理体系和治理能力现代化的必然要求。实现国家兴旺发达和长治久安,制度是重要基础,也是重要保障。党中央就全面推进依法治国作出部署,一个重要的战略意图就是通过健全社会主义法治,进一步完善和发展中国特色社会主义制度、推进国家治理体系和治理能力现代化,通过制度来确保中国特色社会主义事业兴旺发达和中华民族长远发展。

二、依法治军从严治军是全面依法治国和强军兴军的必然要求

习近平同志深刻指出,"一个现代化的国家必然是法治国家,一支现代化的军队必然是法治军队。深入推进依法治军、从严治军,是全面推进依法治国总体布局的重要组成部分,是实现强军目标的必然要求。"这段论述不仅阐明了依法治军、从严治军与全面依法治国的内在逻辑关系,也指出了依法治军、从严治军对于强军兴军的战略意义。

(一)依法治军从严治军是全面依法治国的内在要求

党的十八大以来,党中央和习近平同志反复强调,法治是治国理政的基本方式,要更加注重发挥法治在国家治理和社会管理中的重要作用,实现国家各项工作法治化,并作出全面推进依法治国的战略部署。这是我们党在总结历史经验基础上作出的重要战略抉择,也是从坚持和发展中国特色社会主义出发,在国家治理上提出的重大战略任务。党的十八届四中全会是我党历史上第一次围绕"法治"主题专门召开的一次会议,具有里程碑意义。全会对全面推进依法治国若干重大问题作出决定,必将让法治的阳光更灿烂、法治的基石更牢固、法治的力量更强大,更好地发挥法律在国家治理和社会管理中的作用,推动中国进入法治建设的新阶段。全面依法治国的"全面"二字,意味着法治作为一种治国理政的基本方式必将是全方位和全覆盖的,必然要求全面推进治党治国治军、内政外交国防、改革发展稳定各领域各方面工作的法治化。因此,全面推进依法治国,内在地包含着深入推进依法治军、从严治军。《中共中央关于全面推进依法治国若干重大问题的决定》指出,"紧紧围绕党在新形势下的强军目标,着眼全面加强军队革命化现代化正规化建设,创新发展依法治军理论和实践,构建完善的中国特色军事法治体系,提高国防和军队建设法治化水平。"形成完备的法律规范体系、高效的法治实施体系、严密的法治监督体系、有力的法治保障体系,形成完善的党内法规体系,都对依法治军的体系、内涵、标准、能力等,提出了新的更高要求。可以说,四中全会的相关决议既是全面推进依法治国的动员令,也是深入推进依法治军的冲锋号。我

军是党执政的重要基石和国家机器的重要组成部分，在全面推进依法治国的征途上，必须走在全社会得前列，坚决贯彻党全面推进依法治国的部署要求，自觉融入法治中国建设总进程，与国家法治建设协调发展，深入推进依法治军从严治军，努力在新的历史起点上提高国防和军队建设的法治化水平。

（二）依法治军从严治军是实现强军目标的坚强保证

习近平同志明确提出了党在新形势下的强军目标，引领我军现代化建设战略转型，确立了军队建设新的起点和标准，对依法治军从严治军提出了新的更高要求。习近平同志关于"依法治军、从严治军是强军之基"的科学论断，深刻阐明了依法治军从严治军对实现强军目标的基础性和全局性重要保证作用。确保听党指挥，必须进一步通过充分发挥法治的强制作用，确保党的意志主张和决策部署在军队得到不折不扣贯彻执行，保证部队绝对忠诚、绝对纯洁、绝对可靠。确保能打胜仗，必须紧紧围绕战斗力这个唯一的根本的标准，贯彻法治原则和要求，建立健全一整套适应现代军队建设和作战要求的组织模式、制度安排和运作方式，为加快推进军队组织形态管理现代化、构建中国特色现代军事力量体系、部队履行使命任务提供法律支撑，并将部队战备、训练、作战、指挥等各环节纳入法治轨道，以法治思维和法治方式破解制约部队战斗力建设的矛盾问题，切实锻造能打胜仗的精兵锐旅。确保作风优良，必须坚持教育和制度同向发力、同时发力，以纪律建设为核心，把我军长期培养和形成的一整套光荣传统和优良作风规范化、法制化，把改进作风纳入法治轨道，坚决维护法规制度的严肃性和权威性，坚决纠治和查处不正之风，通过制度建设和抓长期养成，持续努力、久久为功，确保部队始终保持严明的作风和铁的纪律。

（三）依法治军从严治军是深化国防和军队改革的迫切需要

党的十八届三中全会作出全面深化改革的战略决策，也对深化国防和军队改革作出了部署。习近平同志强调，凡属重大改革都要于法有据，需要修改法律的可以先修改法律，先立后破，有序进行。这一重要论述深刻揭示了法治对深化改革的极端重要作用，充分体现了依法推进改革的科学方法论思想。在世界军事变革中，各主要国家普遍重视运用法治手段推进和保障军队改革。当前，国防和军队改革进入深水区和攻坚期，迫切需要解决大量体制性障碍、结构性矛盾和政策性问题，改革任务艰巨复杂。这就要求必须把法治和改革有机统一起来，充分发挥法治注重顶层设计、系统谋划的优势，增强改革决策的权威性、科学性、预见性；发挥法治确定性的优势，为改革确立制度准星，防止改革异化、偏化、片面化；发挥法治稳定性的优势，掌握好改革节奏，控制好改革风险，减少和避免改革的随意性和短期行为，防止出现颠覆性错误；发挥法治强制性优势，确保改革举措严格贯彻执行和有效监督问责，排除改革阻力和干扰，保证改革目标全面顺利实现。

（四）依法治军从严治军是有效履行使命任务的重要保障

新形势下，我国安全环境更趋复杂，维护国家主权、安全和发展利益任务更加艰巨繁重，必须拓展和深化军事斗争准备，提高部队履行使命任务的能力。要适应我军使命任务由维护传统安全向维护综合安全转变的新形势，细化完善有关做好海上、太空、网络等领域军事斗争准备的法律法规，把军事行动涉及的各种内外关系的处理纳入法治轨道。要紧跟武器装备不断升级、战争形态和作战样式不断演进的新步伐，加强军事法规制度的教育训练，统一标准要求，密切组织协同，依法从严磨砺，提高部队的实战化、信息化水平。要适应军队执行任务呈现种类多、用兵规模大、出动频率高的新情况，周密做好军事行动法律服务保障工作，军事行动拓展到哪里，法规制度就延伸到哪里，法律专业人员就配置到哪里，法律服务保障就落实到哪里，确保师出有名、行动有据。要针对现代战争战场透明、信息传播迅速的新特点，在军事斗争的各阶段坚持法律先行，善于开展法理斗争，将条令条例和法规制度落实到部队执行任务全过程，切实占领法理和道义制高点，积极营造于我有利的国际和国内舆论环境，确保在打赢军事仗的同时，打赢法律仗、政治仗。

（五）依法治军从严治军是确保部队高度集中统一的现实需要

强大的军队是一支高度集中统一的军队，是一支没有安全稳定隐患的军队，是一支在任何冲击和风云激荡中坚若磐石的军队。坚持依法治军从严治军，才能确保军队的集中统一和安全稳定。第一，法治是开展意识形态斗争的有效武器。当前，意识形态领域斗争异常尖锐复杂，社会各种思潮和观点交锋激烈，对军队的渗透影响具有隐蔽性、侵蚀性、危害性。维护部队的集中统一，首先要筑牢意识形态，强化军魂意识。通过法律规范的指引、宣示、激励功能，能够将主流意识形态的指导地位确立下来，并通过政治工作法治化等方式，牢牢把握思想政治建设主阵地。同时发挥法律的负面评价和惩治功能，针对一切西化、颠覆的行为展开法律斗争，采取法治方式塑造意识形态的统一性。第二，法治是保障官兵思想纯洁的有效方式。在市场经济和多元社会背景下，官兵在个人价值观、发展前景、私人利益等方面会产生思想波动。同时部队兵员也出现阅历复杂、思想解放、接受能力强、独生子女比例增高等变化，思想更加多元活跃。只有坚持依法治军从严治军，才能避免制度政策不明朗、利益前景不确定带来的思想不安，以法律制度塑造官兵的发展预期，消除市场经济带来的负面冲击和影响，增进公民服役和献身国防的安稳心理，依法保证部队的纯洁稳定。第三，法治是维护部队安全利益的有效机制。习近平同志强调，要认真落实安全发展理念，高度重视重大安全问题防范，确保部队安全稳定。实践中，一些部队安全稳定工作陷入"怪圈"，通知、禁令不断，检查、整改不停，但安全事故总是难以根治，一个重要原因就是安全工作没有纳入法治轨道。运动式治理虽然强调了从严，但不能形成常态化的机制。力行法治才能及时消除不稳定因素，避免运动式治理力有不逮的窘境，从根本上防止失泄密和其他事故的发生，促进部队安全发展。

三、依法治军从严治军面临的问题与挑战

深入推进依法治军从严治军是党的十八届四中全会《决定》的重要内容,标志着深入推进依法治军从严治军已经纳入全面推进依法治国的总体布局之中,体现了我们党对推进军队法治建设的高度重视。当前,积极适应全面依法治国的新形势新常态,努力提高国防和军队建设法治化水平,必须切实把握新形势下深入推进依法治军、从严治军面临的突出问题和挑战。

(一)军事法规体系不够完善

军事法律法规制度是军队建设的基本依据,是官兵行为的基本准则,是依法治军从严治军的重要前提和基础。形成完备的军事法律规范体系,对依法治军从严治军的贯彻和落实,提高国防和军队建设法治化水平,具有十分重要的意义。从总体上来看,我国目前已制定18件军事法律、340多件军事法规、3700多件军事规章,中国特色军事法规制度体系基本形成,各领域各种类军事活动基本有法可依。但这与全面推进依法治国和深入推进依法治军从严治军的要求相比还远远不够。法律是治国之重器,良法是善治之前提,法治不仅要求"有法可依",更要求"良法而治"。目前,军事法规制度体系还存在发展不平衡、配套不完备、组织不协调、体系不科学的问题,一些法规制度明显滞后于现代战争形态的发展,一些法规制度反映规律不够,结合实际不紧,实用性、操作性不强,立法部门化、碎片化问题仍然比较突出。

(1)调整规范的范围不平衡,有的领域多,有的领域少。例如,管理、教育、人事、财务等领域法规制度多,基本实现了全方位覆盖、全过程规范、全领域监督,但有关联合指挥、联合训练、联合保障的法规不健全,三军联合演练、军地联动应急处突、远洋护航、不同建制单位联合抢险救灾等还没有法律保障,以至于在实践中很多时候部队要靠感情联络、靠关系疏通。新装备、新系统训练缺章法,使用缺规范,管理缺标准的问题还比较突出。

(2)调整规范的内容不完备,有的规范粗,有的规范细。很多军事法规规章原则性要求多,具体量化标准少,操作执行弹性大。如纪律条令大多明确处分要区分"情节"轻重,实际操作中基层难以把握"情节"的分寸,同是军车违章,不同单位处理也不同。经费审批"一支笔",究竟在谁手里,权限有多大,法规很笼统,各单位执行起来也是各行其是。选拔任用干部,往往重经历轻能力,在任职年限、年龄大小上"设坎设障""吹毛求疵",在工作实绩、能力素质上缺少具体的量化考核标准,很难将真正优秀的干部选出来、用起来。

(3)一些法规制度具有滞后性,回应社会生活和军事实践不及时。许多装备更新换代了,但还没有新规范,只能沿用老标准,编制、保障、管理跟不上,部队训练、维护受到限

制。物价上涨了，但一些保障标准没有衔接起来，如政工费、差旅费、工程建设人工费等长期不变，只能从家底费、业务费、伙食费中补助。上述问题，直接造成一些工作无法可依、有法难依，依法治军、从严治军在某些领域中难以实现。

（二）军事法治实施不够严格

人的生命在于运动，而法的生命在于实施。法律法规制定出来以后，如果不能在社会生活中进行贯彻和落实，那么法律法规就仅仅是一张纸而已。因此，法治实施是法治建设的关键环节。随着我国法治建设的进程，我军也重建和设立了审判、检察、监察、审计等一批司法和行政执法机关，逐步健全了司法和行政执法程序，从组织制度上为法律实施提供了基本保障。但是，我国有着2 000多年的封建专制传统，人治在我国历史上有着深厚的土壤，以至于今天在许多干部身上都有所体现。部队官兵曾流行这样一句话："黑头"（法规）不如"红头"（文件），"红头"不如"白头"（讲话），"白头"不如"口头"（指示）。这种"黑头"无力、领导"口头"交代却管用的本末倒置现象，折射出的就是一种人治现象，这与建设法治国家和法治军队是格格不入的。当前，在军事法律法规的实施环节，有法不依、执法不严、违法不究的现象在一些部门和个别人身上还相当严重。

（1）有的干部不学法、不懂法，说话办事凭经验、走老路，习惯用行政命令的方法开展工作，采取封建的"家长制"工作作风，搞"一言堂"，滥用权力。例如，有的看到部队按新大纲组织高强度训练，认为是体罚战士，勒令停止，闹出了笑话。

（2）有的干部以言代法，独断专行，喜欢搞个人说了算。例如，休假是官兵的正当权利，但许多基层官兵反映休息权、休假权、财经权得不到保障落实。对于基层官兵来说，有时领导的"一句要求"很快便成了机关的"一通电话"，进而便成了组织的"一道命令"，即便休假未满也不得不草草结束，打道回府。

（3）有的干部对违规违纪问题的查处，不是按照法规依据来处理问题，而是自己定标准，以达到"刑不可知、危不可测"从而使人"怕"的目的。例如，在用钱用物上，不是依章办事、按规拨款，而是"礼尚往来"、拨人情款；在用人用权上，不是选贤任能、按规提拔，而是"量身定做""火箭式"提升。

（三）法治监督举措较为乏力

法治的关键是依法治权和依法规权，只有把权力关进制度的笼子，实现"有所为"和"有所不为"，才能在强军兴军的征程上大有作为。因此，依法治军、从严治军能否得到落实，非常关键的一个因素就是监督是否有效。但从现实情况看，许多时候监督的规定制度举措虽然"上了墙"但却"不管用"，许多时候监督成了"稻草人"。

（1）监督缺位。例如，部队暴露问题后，本应实事求是及时调查处理，但有的领导干部缺乏正确认识，能捂住的就捂住，能淡化的就淡化，做笑面菩萨的多，唱黑脸包公的少，甘当"和稀泥"的瓦匠，不当硬碰硬的铁匠，导致养痈遗患，甚至酿成大祸。

（2）监督错位。例如，有的单位出了问题，不是痛定思痛、马上整改，而是想方设法地找理由推诿、找借口搪塞。个别的甚至为了单位荣誉和个人进步，在报不报、怎么报的问题上挖空心思、大动脑筋，本该是班子集体互相监督的，结果却是集体研究如何逃避监督。又如，有的单位物资集中采购设置特定条件，指定厂家商家，"圈定"采购渠道，同样的产品比市场价格还高，质量却一般，甚至舍近求远、强买强卖。即使有部分官兵反映意见，但因涉及个别领导利益，也是久拖不决或者无人问津。

（3）监督虚位。要想监督得到落实，一个非常有效的途径就是责任追纠到位。但有的单位对违规违纪问题处理执法不严，责任追究"虚化"了。调门喊得很高，措施定得很多，声势造得很大，但具体遇到问题时，该批评的不批评，该处理的不处理，追究责任以检查替代纪律处分，以集体负责代替个人责任，以客观理由掩盖个人失职失误，"板子"打不到具体人身上，起不到应有的教育警示作用。强化检查监督、使法规刚性运行是依法从严治军的关键，监督不力、执法不严，不足以令顶风违纪以身试法者有敬畏之心，不足以令官兵对法律抱信赖之想。

（四）领导干部法治思维薄弱

党的十八大以来，习近平同志多次强调，各级领导机关和领导干部要提高运用法治思维和法治方式的能力。这种法治思维和法治方式实际上就是新时期领导干部必备的法治素养，包括法治意识、法治思维、法治观念和法治能力。从现实情况看，在依法治军上至少还存在"三个不相适应"：重权力、轻法律的传统观念和重管人、轻律己的特权思想与深入推进依法治军必需的法治思维不相适应；主要依靠习惯、经验指导开展工作的领导方式方法与深入推进依法治军必需的法治方式不相适应；依法治军漂浮化、空洞化与深入推进依法治军必需的法治效能不相适应。这充分说明领导干部的法治素养比较薄弱。

（1）有的领导干部法规意识不强。他们不愿意依法管理，指导和开展工作往往凭经验；有的重权不重法，往往是上级关注什么就抓什么，忽视经常性的法规制度落实；有的以细化条令为名搞土政策、土规定，甚至撇开条令另搞一套，严重损害法规制度的尊严和权威。

（2）有的领导干部选择性执法。对自己有利的就执行，不利的就不执行；好落实的就执行，不好落实的就不执行；有的想严就严，想松就松，论对象、看来头，对与自己感情好、跟上级有关系的，不敢严、不愿严，标准要求就可以明显降低。据了解，某单位近两年有多名战士私自离队受处理，但处理标准不一样，有的批评教育，有的警告处分，有的除名处理，还有的劳动教养，不仅难以服众，还带来不少历史遗留问题。

（3）有的领导干部热衷于层层加码。例如，标准层层拔高。敏感时期上级要求从严控制人员、车辆外出，到一些单位就变成了一律严禁外出，搞得官兵怨声载道。上级要求做好信息安全保密工作，到一些单位就变成了禁止使用移动电话、禁止官兵上国际互联网，搞得官兵怨声载道。时间层层挤占。有些单位经常临时增加教育、会议、考核、迎检等活动，挤占官兵大量训练、休息时间。权限层层收紧。有些单位打着从严管理的旗帜，逐级收控人、财、物等权利，既增加工作环节，又降低办事效率。诸如此类，其结果不是把部队秩序搞乱，就是把人心搞散。这些问题的出现，深层次原因就是某些领导干部法治素养欠缺。

四、不断提高国防和军队建设法治化水平

深入推进依法治军、从严治军，要求我们的治军方式发生一场深刻变革，努力实现"三个根本性转变"，即从实现从单纯靠行政命令的做法向依法行政的根本性转变，从单纯靠习惯和经验开展工作的方式向依靠法规和制度开展工作的根本性转变，从突击式、运动式抓工作的方式向按条令条例办事的根本性转变，在全军形成党委依法决策、机关依法指导、部队依法行动、官兵依法履职的良好局面，不断提高国防和军队建设法治化水平。

（一）不断完善军事法规制度体系

"凡兵，制必先定"。健全适应现代军队建设和作战要求的法规制度体系，是依法治军、从严治军的重要基础，也是实现"三个根本性转变"的前提。必须适应强军目标新要求，准确把握世界军事发展新趋势，深入贯彻新形势下军事战略方针，加强顶层设计，突出重点领域，更新立法理念，改进立法方式，着力制定完善一整套反映现代军事规律、符合部队建设实际、覆盖各个领域环节、体现我军鲜明特色的军事法规制度体系。

（1）加强立法顶层设计。以新的视野和理念审视立法，从全局出发，制定军事法规制度体系建设总体规划，科学设计军事法规制度体系的内容范畴和框架结构，明确军事法规制度体系建设的路线图、时间表。完善军事立法计划管理制度，建立完善军事需求牵引、法制工作部门主导、业务部门和专家学者参与的立项论证审查制度，增强立法规划计划的科学性。完善法规制度定期清理机制，推进军事法制信息化建设，形成覆盖全面、有机统一、科学实效的法规制度体系。

（2）突出重点领域立法。紧紧围绕党在新形势下的强军目标，适应信息化战争和履行使命任务要求，坚持战斗力标准，聚焦能打仗、打胜仗，突出抓好保障打仗需要的法规制度建设，特别是制定完善新型安全领域以及信息化建设、非战争军事行动等方面法律法规，不断完善新形势下思想政治建设法规制度，健全军队党内法规制度。抓紧完善作战训练、科学管理、军事人力资源、军民融合深度发展、国防动员等方面的法规制度。

（3）改进立法工作机制。进一步规范立法权限，拓宽立法渠道，建立综合性、全局性、基础性法规由法制工作机构主导、业务部门和专家学者参与的起草工作机制，建立委托第三方起草机制和立法重大争议裁决机制，克服立法部门化、部门利益法制化问题。优化立法程序，改进立法研究论证办法，发扬立法民主，扩大广大官兵和专家学者参与立法的途径，增

强法规的精细化和可操作性,确保法规准确反映军事活动规律和部队实际。

(4) 完善审查备案制度。严格遵循法制统一原则,将所有军事规范性文件纳入审查范围,完善审查和备案制度,维护军事法规制度体系的协调一致。军级以上单位及其机关制定军事规范性文件,师、旅、团级单位及其机关制定制度规定,必须经法制工作机构进行合法性审查,并报上级备案;部队基层单位制定的各种制度规定,必须报团级以上单位批准。确保军事规范性文件和制度规定符合各级职责权限,不与上级规定抵触,防止违反规定层层加码,甚至另搞一套。

(二) 不断加大军事法规执行力度

习近平同志强调指出,法律的生命力在于实施,权威性也在于实施。依法治军、从严治军,重在严格执法,否则法律法规就会成"纸老虎""稻草人"。针对军事法规制度执行方面存在的突出问题,必须坚持从严治军铁律,加大军事法规制度执行力度。这是军队作为武装集团的属性决定的,是建军治军规律的内在要求。律令如铁、执法如山,才能锻造钢铁威武之师。我军历来高度重视从严治军,素以纪律严明著称,为保证和提升部队战斗力、维护人民军队良好形象发挥了重要作用。新形势下,必须坚持和发扬我军优良传统,把握军队建设新特点新要求,坚持在军队各项工作和建设中贯彻从严要求,狠抓条令条例和规章制度贯彻落实,坚决克服有法不依、执法不严、违法不究的问题。同时,从严治军要贯彻法治原则,严在法内、严之有据、严之有度,不能层层加码、搞土政策。

(1) 明确执法责任。主体明确、责权清晰的执法机制,是确保法规制度有效执行的重要基础。必须从领导管理体制机制方面动刀子、作文章,在这一轮军队领导管理体制改革中,切实贯彻法治原则,按照职权法定、职能明晰、权责一致、权力制约要求,优化机构设置和职能配置,进一步厘清各级党委、领导、机关、部门的职责权限,明确具体执法责任,确保法规制度执行明确到部门、落实到岗位;对涉及多个部门管理的事项,要区分主次责任,明确牵头部门,防止争权诿责;对执行主体发生变更的事项,必须及时明确新的执行主体、相关责任及移交办法,防止职能交叉、多头管理,确保每一项法规制度都有人抓、有人管。

(2) 完善执法制度。具体明确的制度规定,是增强法规制度执行力的重要保障。目前,军事法规制度执行刚性不强,运动式执法、选择性执法、趋利式执法现象还比较普遍。必须从完善执法制度入手,按照标准化、流程化、精细化原则,细化执法的标准、步骤、时限、方法和要求,进一步完善科学论证、官兵参与、风险评估、合法性审查、信息公开、民主监督、责任追究、通报告知、申诉救济等程序规定,完善军事法规制度执行责任追究办法,明确对执法主体失职渎职行为的处理措施,增强法规制度执行严肃性、确定性。

(3) 严格责任追究。依法治军从严治军,必须严明赏罚。把严格责任追究作为保证军事法规制度执行的重要手段,坚持有功必奖、有过必罚。完善责任追究类别、权限和程序规定,健全责任追究监督制度,实行领导干部职务行为责任终身追究,建立违法违规问题限时追究责任制度，对违法违纪行为"零容忍"，发现一起查处一起，做到有权必有责、用权受监督、失职要问责、违法必追究，切实维护法规制度的严肃性、权威性。

（三）不断完善军事法治监督体系

法国思想家孟德斯鸠曾说，"一切有权力的人都容易滥用权力，这是万古不变的一条经验。"恩格斯也曾指出，公共权力是从社会中产生但又自居于社会之上并且日益同社会脱离的力量。因此，无论是依法治国还是依法治军，关键在于有效制约和控制权力。就此而言，强化依法治权，扭住了依法治军、从严治军的重点环节。依法治权，最根本的就是要完善军事法治监督体系，这不仅是十八届四中全会提出的法治的五大体系之一，也是制约和控制权力的有效举措。当前，军事法治监督机制还不健全，监督形式化的现象还不同程度存在，对领导干部执行法规制度情况不敢监督、难以问责的问题还比较突出。必须综合运用各种监督形式，形成严密有效的监督体系，确保权力在法治轨道上运行。

（1）要强化党内监督，健全和完善党内监督的各项制度规定，强化各级党组织对党员、领导干部以及下级党组织落实法规制度情况实施监督的职能，严格党内生活，充分发挥决策监督、民主生活会、述职述廉等制度的作用，加强对党员干部、班子成员特别是书记、副书记的监督。

（2）要强化层级监督，健全完善上级对下级监督的职责、内容和程序规定，强化各级的监督责任，完善情况报告制度、检查督导制度、明察暗访制度、通报讲评制度，坚持一级抓一级，层层抓落实。

（3）要强化专门监督，完善执法检查、案件督查、纪检巡视、行政监察、经济责任审计等监督制度，进一步发挥专门监督部门的职能作用，加强协调配合，形成监督合力，切实抓好全岗位、全过程、全要素的监督，实现监督的常态化、制度化、规范化。

（4）要强化群众监督，健全官兵有序参与监督的制度机制，拓宽监督渠道，完善基层事务公开制度，注重军人委员会、军人大会等组织的职能，充分发挥官兵在监督法规制度执行中的主体作用。

（5）要强化社会监督，健全完善社会舆论监督的制度规定，规范和扩大公众知情的范围和方式，建立健全有关信息公开、意见反映机制，重视和运用好社会舆论监督的作用，维护军队良好形象。

（四）不断健全军事法治保障体系

党的十八届四中全会提出，要形成完备的法律规范体系、高效的法治实施体系、严密的法治监督体系、有力的法治保障体系，形成完善的党内法规体系，进一步丰富了全面依法治国的内涵。法治保障体系是非常重要的一环，深入推进依法治军从严治军，必须从军队法治建设实际出发，通过深化改革和体制机制创新，不断健全军事法治保障体系。

（1）健全军事法制工作体制，建立完善领导机关法制工作机构。军事法制工作机构，是在军队领导机关设立的、归口管理军事法制工作的职能部门，是党委首长领导军事法治建设的办事机构。当前，我军军事法制工作体制不够完善，机构编制还不适应形势任务需要，难以有效发挥应有的职能作用。健全军事法制工作体制，要着眼有效组织协调军事法治建设各项工作，贯彻体系完整、编制合理、职能完备的原则，在领导机关建立健全军事法制工作机构，组织开展统筹协调依法治军从严治军各项工作，管理军事法规制度的制定与监督执行，军事规章、军事规范性文件审查与备案，重大决策和重要军事行动法律咨询保障等任务。

（2）改革军事司法体制机制，完善统一领导的军事审判、检察制度。深化军事司法体制改革，是贯彻党中央关于深化司法体制改革战略部署的重要任务，也是国防和军队改革的重要内容。必须着眼确保军事司法机关依法独立公正行使审判权检察权，调整改革军事司法机关领导管理体制，坚持以审判为中心，完善军事司法制度，切实维护国防利益，保障军人合法权益，有效防范和打击犯罪。理顺各级保卫部门机构设置，加强网络安全保卫、隐蔽斗争、警卫工作力量建设，完善隐蔽斗争、侦查办案、平安创建等方面军地协作机制。调整完善军队司法行政和法律服务工作机制，健全军队律师工作制度，加强军人军属法律援助工作。

（3）建立军事法律顾问制度。在各级领导机关设立军事法律顾问，是完善军事法治工作体制的重要内容，是党委依法决策、机关依法指导、部队依法行动的重要保障。新形势下，国防和军队建设法治化、规范化要求越来越高，军队履行使命任务面临的环境日益复杂，亟需建立军事法律顾问制度。必须尽快建立健全以军事法制工作机构人员为主体、吸收专家和法律工作者参加的军事法律顾问队伍，完善重大决策和军事行动咨询保障制度，为党委首长决策、为机关部门开展工作、为部队执行任务提供有力的法律保障。

（4）改革军队纪检监察体制。这是健全军队党风廉政建设和反腐败领导体制和工作机制的迫切要求，也是依法治军从严治军的重要任务。必须贯彻党中央关于党的纪律检查体制改革的部署要求，调整改革军队纪检监察领导体制。加快军队纪律检查工作双重领导体制具体化、程序化、制度化，强化上级纪委对下级纪委的领导，建立健全和严格落实报告、约谈、处置反馈等制度。创新军队巡视组织制度和方式方法，实现巡视工作全覆盖，强化巡视成果运用，对发现的问题督促整改，改进巡视报告、移交、反馈、整改情况公开等工作。

（5）改革完善军队审计体制机制。新形势下，提高国防和军队建设经济效益、促进军队党风廉政建设，迫切要求创新审计体制机制。《决定》明确，解放军审计署在中央军委领导下，主管全军审计工作；调整优化各级审计机构设置，推动实现对全军所有单位的经济活动实现审计全覆盖。《决定》进一步要求，完善审计机制，建立审计计划立项、审计实施、审计项目审理相分离制度；健全审计通报、审计约谈、审计移送等问责惩处制度。

（6）完善军事法律人才培养机制。军事法律人才，是深入推进依法治军从严治军的重要依托和力量支撑。习近平同志指出，全面推进依法治国，建设一支德才兼备的高素质法治工作队伍至关重要。当前,我军法律人才队伍建设还存在数量规模小、结构不够合理、来源渠道不畅通、管理机制不够科学等问题。必须把加快军事法律人才培养摆到重要地位,努力建设一支政治素质、军事素质、法律素质全面过硬的军事法律人才队伍。加强军事法律人才队伍建设规划,纳入军队人才建设总体部署,统筹安排实施。完善依托国民教育培养军事法律人才的路子,改进依托形式,优化培养方式,培养部队急需、好用、顶用的军事法律人才。创新完善军事法律人才管理制度,坚持从军事法律人才成长、成才、发挥作用的规律出发,建立既符合法律职业要求又体现军事职业特点的军事法律人才管理制度。

(五) 不断提高官兵法治理念素养

强化官兵法治信仰和法治思维,提高官兵法治素养和依法办事能力,是深入推进依法治军、从严治军的基础和保证。法律的权威源自人民的内心拥护和真诚信仰。必须把增强官兵法治理念和法治素养,作为依法治军从严治军的长期基础性工作抓紧抓实。强化官兵法治理念和法治素养,必须注重发挥文化的熏陶和育人作用,引导广大官兵把法治内化为政治信念和道德修养,外化为行为准则和自觉行动。让法治融入官兵血脉,植根于军队建设肌体每个细胞,使法治成为一种思维方式、生活方式、工作方式和治理方式,最终变成一种文化形态。

(1) 要发挥领导干部示范引领。各级领导干部作为具体行使党的执政权和国家立法权、行政权、司法权的人,在很大程度上决定着全面依法治国的方向、道路、进度。党领导立法、保证执法、支持司法、带头守法,主要是通过各级领导干部的具体行动和工作来体现、来实现。各级领导干部的信念、决心、行动,对全面推进依法治国具有十分重要的意义。因此,习近平同志多次强调,全面依法治国必须抓住领导干部这个"关键少数",并且要求领导干部特别是高级干部必须做尊法学法守法用法的模范。这对军队的领导干部同样适用,要着力提高领导干部运用法治思维和法治方式开展工作能力。各级领导干部在推进依法治军从严治军方面的过程中,要带头尊崇法治、敬畏法律,带头了解法律、掌握法律,带头遵纪守法、捍卫法治,带头厉行法治、依法办事。各级党委要重视法治培训,完善学法制度,把法治理论纳入党委中心组理论学习计划,依托军队院校开展领导干部法治理论轮训,不断提高领导干部法治素养,使各级领导干部弄明白怎么用权、什么事能干、什么事不能干,心中高悬法律的叩镜,手中紧握法律的戒尺,知晓为官做事的尺度,牢记法律红线不可逾越、法律底线不可触碰,切实按照法治思维和法治方式想问题、作决策、办事情。把能不能遵守法律、依法办事作为领导干部选拔任用的重要条件,纳入干部考核评价体系。建立领导干部推进法治建设实绩的考核制度。在相同条件下优先提拔使用法治素养好、依法办事能力强的干部;对不学法、不懂法、不依法办事的领导干部要严肃批评教育,不改正的调离领导岗位。

(2) 要加强官兵法治教育训练。法治理念和法治素养的提高,离不开法学理论和法律知识的学习。国家的法律法规、军队的条令条例是广大官兵行使权力、履行职责的根本依据,只有把这个依据掌握住了，才能正确开展工作。近年来，在部队发生的案件中，一些官兵之所以走上违法乱纪的道路，一个很重要的原因就是长期不学法、不懂法。因此，加强法治教育训练，才能让广大官兵知法理、明法度、懂规矩。十八届四中全会强调，要"把宪法法律列入党委（党组）中心组学习内容，列为党校、行政学院、干部学院、社会主义学院必修课。把法治教育纳入国民教育体系，从青少年抓起，在中小学设立法治知识课程。"《中央军委关于新形势下深入推进依法治军从严治军的决定》也要求，把法治教育训练纳入部队教育训练体系，在思想政治教育大纲中，增加法治基本理论、应知应会法律常识和依法维权等内容；在军事训练与考核大纲中，充实完善官兵履行职责、执行任务必备的法律知识和技能内容。通过法治教育训练，不断提高官兵依法行动和运用法律的能力。《决定》还提出，要把法律知识学习纳入军队院校教育体系，列为军队院校学员必修课。因此，必须充分发挥军队院校培养人才的主阵地主渠道作用，使所有学员学习掌握中国特色社会主义法治理论，准确把握我们党处理法治问题的基本立场，打牢法治理论根基。学习掌握军事法、战争法、条令条例等军事法律法规制度，掌握官兵履行职责、执行任务必备的法律常识，夯实法治知识基础。总之，通过法治教育训练，引导官兵把握法治精神、理解法治真谛、掌握法治原则、树立法治思维。

（3）广泛创建军营法治文化。各单位要根据总部制定的开展法治军营创建活动意见，把创建法治军营活动作为深入推进依法治军从严治军的重要抓手，纳入部队全面建设，统一部署落实。基层单位广泛开展群众性尊法学法守法用法活动，形成尊重法律、崇尚法律的气氛，形成领导机关民主科学决策、各级组织严格依法办事、广大官兵自觉遵纪守法的氛围，建设人人遵章守法、处处依法办事的法治军营。要充分利用网络、广播、报刊、板报、橱窗、横幅等文化载体，营造法治文化生态，深入开展法律进课堂、进操场、进班排、进哨位、进灯箱、进网络等活动，积极组织创作歌曲，编排快板儿、小品、相声、诗歌等法治类文艺节目，举办法律知识竞赛、辩论赛、演讲赛等活动，把法治宣传教育活动搞活抓实。要拓宽法律服务领域，积极帮助官兵解决涉法涉诉问题，定期组织法律骨干培训，鼓励官兵参加法律专业自学考试，邀请驻地司法部门开展送法进军营等活动。通过这种耳濡目染、潜移默化的环境影响，不断增强官兵法治理念和法治素养。

（六）不断强化领导干部法治思维

法治思维，就是按照依法办事的理念和逻辑观察、分析和处理问题的思维方法。党的十八大报告提出："提高领导干部运用法治思维和法治方式深化改革、推动发展、化解矛盾、维护稳定能力。"这是党的报告第一次提出"法治思维"的概念。十八大以来，习近平同志多次对提高领导干部运用法治思维和法治方式开展工作的能力提出明确要求。有什么样的思维方式，就会有什么样的行为方式。全面推进依法治国和深入推进依法治军、从严治军的伟大事业，要求全体官兵必须具备法治思维，把法治内化为政治信念和道德修养、外化为行为准则和自觉行动。在这里面，领导干部的法治思维尤为重要。习近平同志强调："各级领导干部在推进依法治国方面肩负着重要责任，全面依法治国，必须抓住领导干部这个'关键少数'。"事实证明，领导干部对法治建设既可以起到关键推动作用，也可能起到致命破坏作用。因此，全面推进依法治国和深入推进依法治军，必须不断强化领导干部的法治思维。

（1）强化领导干部的尊法意识。2015年2月2日，习近平同志在省部级主要领导干部学习贯彻党的十八届四中全会精神全面推进依法治国专题研讨班开班式的讲话中，专门把"尊法"放到了第一位，他强调："领导干部增强法治意识、提高法治素养，首先要解决好尊法问题。只有内心尊崇法治，才能行为遵守法律。"法治思维与人治思维的重要区别，就是看是否具有法律至上的观念。人治思维强调权力至尊，一切为权力让路。法治思维崇尚法律至上，一切靠法律解决。在法治国家，法律之所以能在治国理政中发挥根本性作用，就在于全体公民都遵守法律。而人们遵守法律，不仅是因为法律具有国家强制力和严厉制裁性，最根本的还是靠人民的内心拥护和真诚信仰。"只有铭刻在人们心中的法治，才是真正牢不可破的法治。"尊法是法治思维的根本，只有内心真正尊崇和敬畏法律，坚定中国特色社会主义法治信仰，才能牢记法律底线不可碰触和逾越，才会时时刻刻提醒自己守法用法不违法，自觉运用法治思维分析判断问题，真正按照法治方式解决处理问题。

（2）强化领导干部的学法意识。学法才能懂法，懂法才能最终守法用法。国家的法律法规、军队的条令条例是广大官兵行使权力、履行职责的根本依据，只有把这个依据掌握住了，才能知法理、明法度、懂规矩。要通过学法，把握法治精神、理解法治真谛、掌握法治原则、培育法治思维。要认真学习中国特色社会主义法治理论，准确把握我们党处理法治问题的基本立场，打牢法治思维的理论根基。要认真学习党纪国法，提高法律素养，严格在法律的框架下遵规守矩。还要认真学习军队的法规制度，如《共同条令》《基层建设纲要》等全军通用的法规制度，并结合本职工作学习掌握履行职责、执行任务必备的法律常识，夯实法治思维的知识基础。

（3）要强化领导干部的守法意识。一个国家的法律无论制定得多么完备和良好，但如果没有全民守法的习惯和自觉，法律最终就是一张废纸，法治也就无从实现。因此，守法是法治思维的基本要求。对领导干部而言，守法是应有的素质，也是其应尽的义务。一要遵守国法。法律是治国之重器。宪法法律是党员干部必须遵守的规矩。人人守法、时时守法、处处守法，法治建设才能落到实处。领导干部更不能随心所欲在法治之外，更不能为所欲为在法治之上。要把遵守宪法法律作为基本准则，正确处理权与法、情与法、利与法的关系，自觉在宪法法律范围内活动，再忙不忘法，再急不违法。二要严守军规。军事法规规章是我国社会主义法律体系的重要组成部分，是宪法法律在军事领域的体现，也是广大官兵履行职责、开展工作的基本遵循。必须严格按照军事法规规章规定的内容和程序行使权利或权力、履行义务和职责。三是严守党纪。党的纪律是党内规矩，党规党纪严于国家法律。党员干部不仅要模范遵守国家法律，而且要按照党规党纪以更高标准严格要求自己。要恪守《党章》和党的法规、纪律要求，严格履行党员义务，严格按规定程序办事，不该说的坚决不说、不该做的坚决不做。

（4）强化领导干部的用法意识。法律的生命力在于实施，法律的权威也在于实施。法律制定出来了，如果不能在社会生活中得到执行和落实，立法目的将无法实现，法治也无从谈起。用法就是要知行合一，把对法律的尊崇、对法律的敬畏转化为行为方式，严格在法治之下思考和处理问题。对各级领导干部而言，用法就是要按照法治要求想问题、作决策、办事情，在工作中能够牢记职权法定，自觉遵守法律程序，做到法定职责必须为、法无授权不可为、违法作为必担责，努力形成遇事找法、办事依法、解决问题靠法的行为习惯。

强国强军，呼唤强法！人民军队要坚定不移地贯彻落实党的意志，在全面依法治国的伟大征程中走在全社会前列，自觉成为中国特色社会主义法治理论的积极学习者、中国特色社会主义法治道路的坚定维护者、全面推进依法治国的忠实践行者，进一步确立依法治军、从严治军在军队建设中的全局性、基础性、战略性地位，保持发扬优良作风，加快军队各项工作的法治化进程，努力建设一支与法治国家、法治政府和法治社会相称的法治军队。

第七章　按照全面从严治党要求加强军队党的建设

党的十八大以来，以习近平同志为总书记的党中央坚持党要管党、从严治党，对党的建设从战略高度进行新谋划、新布局，形成了全面从严治党思想，指导推动党的建设取得明显进展和成效，呈现出全面从严治党新常态。在"四个全面"战略布局中，全面从严治党具有基础性和关键性作用。作为党的建设的重要组成部分，军队党的建设是我军的优良传统和政治优势，理应标准更高、要求更严。只有大力加强军队党的建设，使各级党组织和广大党员干部真正具备相应的使命担当和能力素质，凝聚起无坚不摧的强大力量，才能加快推进国防和军队建设，为推进"四个全面"战略布局做出应有贡献。

一、全面从严治党是实现中国梦的重要保证

全面从严治党，核心问题是始终保持党同人民群众的血肉联系，始终保持党的先进性和纯洁性，重点是从严治吏、正风反腐、严明党纪，目标是增强自我净化、自我完善、自我革新、自我提高能力，确保党始终成为中国特色社会主义事业的坚强领导核心。中国共产党90多年的发展实践证明，办好中国的事情，关键在党。实现中国梦是一项极其艰巨的伟大事业。历史和现实证明，推进这项伟大事业发展的关键，是要保证我们党始终成为中国特色社会主义的坚强领导核心。没有党的坚强领导，中国梦就不可能实现。这就要求推进管党治党，以先进性纯洁性确保党的领导始终坚强有力。

（一）全面从严治党是中国共产党性质和使命的必然要求

全面从严治党，说到底，是由马克思主义政党的性质宗旨和历史使命所决定的。对此，马克思在创建无产阶级政党过程中就多次指出："我们现在必须绝对保持党的纪律，否则将一事无成。"[1] 列宁也明确提出："我们的任务是要维护我们党的坚定性、彻底性和纯洁

---

[1] 马克思恩格斯全集（29卷）．北京：人民出版社，1972：413．

性。"① 我们党是中国工人阶级的先锋队，同时是中华民族的先锋队。全心全意为人民服务是党的唯一宗旨。这一性质宗旨，是我们党区别于其他政党最显著的标志，也是党的先进性纯洁性的集中体现。要始终保持党的性质宗旨，使党永远是最先进、最纯洁、最有创造力凝聚力战斗力的政党，能够为中华民族和中国人民作出最大牺牲和最大贡献，就必须毫不动摇地坚持从严治党，用马克思主义科学理论克服和纠正各种非无产阶级思想，建立健全严密的党组织，认真贯彻执行民主集中制，严格管理党员和干部，实行自觉和铁的纪律，同各种消极腐败现象作坚决斗争。离开了全面从严治党，党就会蜕化变质，丧失其固有的先进性和优秀品质，就不成为马克思主义政党。

中国共产党从创立之时起，就开始了对党的建设伟大工程的探索。怎样才能建立起一个全国范围的、广大群众性的、思想上政治上组织上完全巩固的马克思列宁主义政党，1939年毛泽东在《〈共产党人〉发刊词》中从党的历史经验的科学总结中，提出了党的建设工程是同党的政治路线密切联系着的论断，从而揭示了党的建设的基本规律，为加强党的建设指明了正确的方向。毛泽东指出，加强党的建设，首先要有一条马克思主义的政治路线，党的历史证明，当党的政治路线正确时，党的发展、巩固就前进一步，就能领导革命事业不断取得胜利；反之，党的发展、巩固就后退一步，党的事业就会遭受损失。以毛泽东为代表的中国共产党人，在党的建设过程中，密切联系党的政治路线，联系党的武装斗争和统一战线的实践，成功地实施了党的建设的伟大工程，形成了党的思想建设、组织建设和作风建设的基本格局。到延安整风时期，毛泽东全面总结了党的建设的经验教训，完整地制定了党的政治路线、思想路线和组织路线，创造了整风运动这一思想教育的形式，卓有成效地指导了党的建设的过程。延安整风以后，全党的马列主义水平普遍提高，思想路线更加端正，党的干部成长起来，党员遍及全国，党已成为全国范围的、广大群众性的马克思主义政党，最终打败了日本侵略者和国民党反动派，建立了新中国。

1949年中华人民共和国成立后，中国共产党成为在全国执政的党，这种根本性的变化，促使中国共产党人思考执政党的特点，从党的思想、组织和作风上加强党的建设。通过20世纪后半期所发生的波匈事件，斯大林问题的被揭露，特别是苏东剧变，中国共产党不断吸取其中的深刻教训，力求解决作为执政党的建设过程中存在的问题。执政党如何使自己的决策和运行机制更适应执政的特点，如何按照执政的要求建立领导体制和执政方式，恰恰是执政党的建设的重要内容。真正认识到这个问题并将其付诸实践的是邓小平。1980年8月18日，邓小平在中央政治局会议上发表了著名的《党和国家领导制度的改革》的重要讲话，他明确指出："我们过去发生的各种错误，固然与某些领导人的思想、作风有关，但是组织制度、工作制度方面的问题更重要。"② 他还说："党成为全国的执政党，特别是生产资料私有

---

① 列宁选集（4卷）.北京：人民出版社，1995：51.
② 邓小平文选（2卷）.北京：人民出版社，1994：333.

制的社会主义改造基本完成以后,党的中心任务已经不同于过去,社会主义建设的任务极为繁重复杂,权力过分集中,越来越不能适应社会主义事业的发展。"① 在这里,邓小平把党和国家领导制度的改革,完善党的民主集中制,健全社会主义法制,看作新的历史时期加强党的建设的根本性道路。可以说,邓小平在继承毛泽东党的建设理论的基础上,在新的历史条件下,创造性地运用和发展了马克思主义建党学说,使制度建设成为党的建设重要方面,这是中国共产党执政以后如何加强自身建设的一次重要的理论创新。

从党的十一届三中全会开始,我们不仅提出了全党工作重心转移到经济建设上来,而且开始了由封闭半封闭到对外开放、由传统的计划经济到社会主义市场经济的历史性转移。这也是对我们党的挑战,即要把社会主义同市场经济结合起来,正确处理党的领导核心地位同市场经济多元化要求的关系。党既要具备发展社会主义市场经济的能力,又要具备协调利益、整合社会,进而巩固群众基础的本领。这是一个非常繁重的任务和历史性的课题。恰恰在这一问题上,我们市场经济改革在前,但制度建设滞后,一个正在领导市场经济的执政党怎样解决权力腐败的大问题越来越显现出来。尽管我们反复强调"在整个改革开放过程中都要反对腐败,对干部和共产党员来说,廉政建设要作为大事来抓"②。但不得不承认,腐败的浪潮接踵而至。1984年以后,以市场经济为主导的改革迅猛发展,但由于政治体制改革的不同步,法制的不健全,思想道德观念的缺失,导致转型期腐败现象不断滋长、蔓延,成为"多发""高发"时期。

党的十三届四中全会以来,江泽民同志领导党中央结合新的反腐倡廉形势,继承和发展了毛泽东、邓小平关于反腐倡廉的思想,形成了独具特色的新时期党风廉政建设和反腐败理论。党的十六大以来,胡锦涛同志继承了党的三代领导人关于反腐倡廉的理论成果和实践经验,并结合新的反腐败形势,深刻阐述了一系列反腐倡廉新要求新观点新论断,指导我们党的反腐败斗争实践不断向纵深发展。胡锦涛强调,在和平建设时期,如果说有什么东西能够对党造成致命伤害的话,腐败就是很突出的一个。由此,2007年党的十七大确立了思想建设、组织建设、作风建设、制度建设和反腐倡廉建设"五位一体"的党的建设总体布局,反腐倡廉建设上升为党的自身建设的重要内容。2012年党的十八大,在讲到党的建设问题时更是突出强调,"全党要增强紧迫感和责任感,牢牢把握加强党的执政能力建设、先进性和纯洁性建设这条主线,坚持解放思想、改革创新,坚持党要管党、从严治党,全面加强党的思想建设、组织建设、作风建设、反腐倡廉建设、制度建设,增强自我净化、自我完善、自我革新、自我提高能力,建设学习型、服务型、创新型的马克思主义执政党,确保党始终成为中国特色社会主义事业的坚强领导核心。"③ 这里只是把制度建设放在五大建设的最后,

---

① 邓小平文选(2卷). 北京:人民出版社,1994:329.
② 邓小平文选(3卷),北京:人民出版社,1994:379.
③ 十八大以来重要文献选编(上). 北京:中央文献出版社,2014:39.

党的建设的总体布局并没有改变。

党的十八大以来，以习近平同志为总书记的党中央以前所未有的力度推进从严治党。一方面，按照十八大部署，围绕保持党的先进性和纯洁性，在全党开展了以为民务实清廉为主要内容的群众路线教育实践活动；另一方面，中央把惩治腐败作为从严治党的一个突破口，坚决反对特权思想、特权现象，坚持以公开促公正、以透明保廉洁。加大制度反腐、法治反腐力度，把权力关进制度的笼子里，逐步建立不想腐、不能腐、不敢腐的机制，同时兼顾到了制度建设的有效性和执行力。在此基础上，2014年10月，习近平同志在群众路线教育实践活动总结大会上提出坚持从严治党八点要求。2014年12月在江苏调研期间，又进一步将"从严治党"首次提升到了"全面从严"的高度。2015年2月，习近平同志在中央党校省部级主要领导干部学习贯彻十八届四中全会精神全面推进依法治国专题研讨班上，首次把"四个全面"定位为党中央的战略布局。至此，全面从严治党被提升到新的战略高度，是"党的建设新的伟大工程"，对于全面建成小康社会、全面深化改革和全面推进依法治国具有关键性保障作用。2015年10月，中共中央颁发了新修订的《中国共产党廉洁自律准则》和《中国共产党纪律处分条例》，这既进一步说明了全面从严治党的重要性，也为全面从严治党奠定了制度基础。十八届五中全会又进一步提出，全面实现"十三五"时期目标任务，关键在于加强和改善党的领导，适应经济发展新常态的新要求，创新领导经济社会发展的观念、体制、方式方法，提高领导发展的能力水平。

（二）全面从严治党是应对各种困难挑战的迫切需要

习近平同志指出：中国梦"凝聚了几代中国人的夙愿，体现了中华民族和中国人民的整体利益，是每一个中华儿女的共同期盼。"① 尽管我们现在比历史上任何时候都更接近于这个梦想。但是，通往胜利的道路从来都不是坦途。在实现中华民族伟大复兴的中国梦的道路上，依然荆棘丛生、充满挑战。只有坚持全面从严治党，才能为实现中华民族复兴中国梦、夺取具有许多新的历史特点伟大斗争新胜利提供根本保证。

1. "全面从严治党"是党应对长期复杂、严峻考验的需要

党的十八大报告提出，发展中国特色社会主义是一项长期的艰巨的历史任务，必须准备进行具有许多新的历史特点的伟大斗争。这是我们党全面审视和判断国内国际两个大局发展大势得出的重要判断。今天，这种"伟大斗争"已经步入攻坚克难的关键阶段，这种"长期任务"已经进入时不待我的历史节点。我们党的奋斗目标是建党100周年时全面建成小康社会。2012年我国人均国内生产总值超过6 000美元，成为中等收入经济体。按照"两个翻一番"的目标，据专家测算，到2022年左右，以人均国内生产总值衡量，我国将迈入高收入

---

① 习近平. 习近平谈治国理政. 北京：外文出版社，2015：36.

国家行列。这样，党的十八大以后的 10 年，是中华民族复兴史上最宝贵、最关键的 10 年，是决定国家命运、民族命运、党的命运的 10 年。这 10 年，我国都将处于跨越"中等收入陷阱"这一个世界性难题，并向高收入国家迈进的关键历史阶段。期间，随着我国经济总量日益逼近世界第一，一些西方国家的焦虑感会进一步上升，必然会加大力度对我实施西化、分化战略，加紧在我国策划颜色革命，千方百计对我国进行牵制和遏制。同时，进入全面深化改革新阶段，国内也会面临许多复杂矛盾和问题。成功应对和解决上述问题，实现全面建成小康目标，意味着我国成功突破"中等收入陷阱"，中国航船将驶过"历史三峡"，进入"潮平两岸阔"的境界。那时，党兴国兴、民心大振、信念如磐；反之，则可能党危国危、民心流失、信念瓦解，形势逼人！前所未有的机遇和挑战，对党的指导理论、党的领导能力，提出了新要求。主观指导失误，机遇就会变成挑战；主观指导正确，挑战就会变成机遇。牢牢抓住机遇，化挑战为机遇，推进中国梦的实现，关键就是要靠党的正确决策和指导，靠党坚强有力的领导与奋斗。正是在这种背景下，2015 年 3 月 5 日习近平同志参加十二届全国人大三次会议上海代表团的审议时强调指出："全面从严治党，是我们党在新形势下进行具有许多新的历史特点的伟大斗争的根本保证。"

2. "全面从严治党"是解决党内日益凸显问题的需要

经过 30 多年的改革开放，一些党员干部的理想信念出现动摇，逐步丧失了对马克思主义的信仰和对社会主义、共产主义的信念，导致精神上缺"钙"，精神懈怠问题凸显；一些党员干部不注重自身修养和学习，在涉及党的领导和中国特色社会主义道路等原则性问题面前态度暧昧、消极躲避，使其能力和素质与党肩负的历史使命不相适应，难以把握国内外经济社会发展的大局、能力不足的问题严重；一些党员干部党章意识、宗旨意识、忧患意识日益淡漠，加之缺乏信仰，脱离群众的问题严重；一些党员干部价值观扭曲，法制观念淡薄，权力缺乏监督和制约机制，权力寻租现象严重。面对这些问题，党的十八大以来，习近平同志多次用"警醒"一词警示全党要直面各种考验与危险。如习近平在十八届中央政治局常委与中外记者见面会上发表的讲话中强调："新形势下，我们党面临着许多严峻挑战……全党必须警醒起来。"两天后，他又警示道："腐败问题越演越烈，最终必然会亡党亡国！我们要警醒啊！" 2013 年 4 月 20 日，习近平在中央政治局第五次集体学习时强调抓作风建设非常重要，"全党同志一定要从这样的政治高度来认识这个问题，从思想上警醒起来"。2014 年 10 月 8 日，习近平提出，"要加强警示教育，让广大党员、干部受警醒、明底线、知敬畏。" 这些论述都反映出，面对新的形势任务，党能不能以警醒的意识去克服纯洁性建设存在的问题，关系到党能不能始终成为社会主义事业的领导核心，关系到中国梦能不能真正实现。

3. "全面从严治党"是提高党的执政能力和执政水平的需要

"我们党是一个拥有 8 600 多万党员、在一个 13 亿多人口的大国长期执政的党，党的形象和威望、党的创造力凝聚力战斗力不仅直接关系党的命运,而且直接关系国家的命运、人民的命运、民族的命运"①。前车之鉴,后事之师。苏联共产党在执政70多年后一朝失去执政权,其中虽有西方势力瓦解分化的外部原因,但更主要的还是内部问题,即苏联共产党自身的建设问题。苏共对苏联社会主义革命和建设的自我否定,以及推崇西方民主制度、实行新自由主义的改革等做法,导致整个国家思想混乱,意识形态安全受到威胁,党员、干部失去信仰,特权垄断阶层合法化,使得执政基础发生动摇,加之党的高级领导背叛马克思主义,最终使共产党失去了政权。苏共亡党的沉痛教训告诉我们,执政党的建设关系到党的生死存亡,必须高度重视党的自身建设,必须全面从严治党。

(三) 全面从严治党是协调推进"四个全面"的方向指引

"四个全面"战略布局,是以习近平同志为总书记的党中央对新形势下治国理政新的战略思考、新的战略要求、新的战略部署,不仅使当前和今后一个时期党和国家工作的关键环节、重点领域、主攻方向更加清晰,内在逻辑更加严密,而且丰富和发展了中国特色社会主义理论体系,成为推进中国特色社会主义伟大事业和党的建设新的伟大工程的总方略、实现中华民族伟大复兴中国梦的战略指引。在"四个全面"的战略布局中,全面从严治党体现了伟大事业与伟大工程的统一,体现了党的建设与治国理政的统一。协调推进"四个全面",最根本的就是坚持党的领导不动摇。"党的领导"是"四个全面"之魂、战略中军帐之帅。全面从严治党,锻造坚强领导核心,才能为协调推进'四个全面'提供明确的方向指引。

1. 全面从严治党为协调推进"四个全面"战略布局把握正确的发展方向

中国特色社会主义是当代中国发展进步的根本方向。只有坚持全面从严治党,永葆党的纯洁性,才能在任何时候、任何情况下都不偏离中国特色社会主义的本质要求,确保正确的发展方向。习近平同志强调:"人民对美好生活的向往,就是我们的奋斗目标。"这个目标,是全党的工作方向,更是从严治党的新要求。在全面建成小康社会的进程中,全党上下只有牢记党的宗旨,全面从严治党,才能坚持人民主体地位、实现社会公平正义、走共同富裕道路,才能正视贫富差距拉大、官员腐败现象严重、生态环境恶化等诸多新问题新矛盾,在经济、政治、文化、社会、生态各方面全面提升小康水平,实现生活富裕、精神富足、社会富有、祖国富强,建成全体人民的小康、共建共享的小康。从全面深化改革角度看,党的十八大以来,改革已逐步进入攻坚期和深水区,面对错综复杂的利益格局和各种观点的碰撞论争,党的十八届三中全会明确了全面深化改革的方向。只有在推动实现改革总目标的过程中坚持全面从严治党,才能保证改革不走神、不走题、不走样,有定力、有合力、有活力。只有全面从严治党,才能在把握改革的方向、立场、原则的基础上,知道改革要改什么,不改

---

① 习近平. 在党的群众路线教育实践活动总结大会上的讲话. 人民日报,2014-10-09(1).

什么。新中国成立以来特别是改革开放以来,我们党带领人民不断探索,成功走出一条中国特色社会主义法治道路,依法治国被确立为党领导人民治理国家的基本方略,与坚持党的领导、人民当家作主构成有机统一的整体。在全面依法治国的今天,只有坚持全面从严治党,才能认真吸取历史上人治带给我们的惨痛教训,更好地做到党依据宪法法律治国理政、依据党内法规管党,有序推进国家和社会生活法治化;才能有力抵制各种错误法治思维,坚定不移走中国特色社会主义法治道路,充分实现人民当家作主;才能坚定方向,把党的依法治国总目标和各项任务落到实处。

2. 全面从严治党为协调推进"四个全面"战略布局确立科学的发展目标

历史经验反复证明,什么时候党的建设搞得好,中国革命和社会主义建设事业就会目标科学,呈现蓬勃发展的良好局面;反之,就会出现"左"或"右"的错误,损害广大人民群众的根本利益。因此,什么是社会主义、怎样建设社会主义,建设什么样的党、怎样建设党与实现什么样的发展、怎样发展,始终是我们党在建设和发展中国特色社会主义进程中不断探索总结和科学回答的重大问题。党的十八大以来,以习近平同志为总书记的党中央坚持统筹国内国际两个大局,着力提升党治国理政的能力和水平,提出了协调推进"四个全面"战略布局,揭开了我国改革开放和社会主义现代化建设的新篇章,是我们党建设中国特色社会主义的最新理论成果。在协调推进"四个全面"战略布局过程中,我们党坚持党要管党、从严治党,深入开展反腐败斗争,坚持党的群众路线,扎实开展"三严三实"专题教育,不断推进党的建设新的伟大工程,一项项科学发展目标水到渠成、应势而出。党的十八届三中全会对全面深化改革作出总体部署,提出完善和发展中国特色社会主义制度,推进国家治理体系和治理能力现代化的全面深化改革总目标,形成了全面深化改革的顶层设计和总体思路。党的十八届四中全会明确了全面推进依法治国的总目标、总体布局和六个方面的重点任务。党的十八届五中全会提出了全面建成小康社会新的目标要求、新的发展理念和具体要求。

3. 全面从严治党为协调推进"四个全面"战略布局凝聚强大的中国力量

"四个全面"战略布局集中体现了中国共产党人的执政理念、思想感情和价值追求。全面建成小康社会着眼于人民对美好生活的期待,实现人的全面发展;全面深化改革是为了调动人民群众的积极性,让发展的成果更多更公平惠及全体人民;全面依法治国是为了促进社会公平正义、保障人民基本权益。实现这些奋斗目标,使命光荣,任务艰巨。我们只有以全面从严治党为先导,才能团结带领全国人民,调动方方面面的积极因素,集中力量把事情办好。中国共产党有凝聚最广大范围中国力量的优良传统。以毛泽东同志为代表的共产党人,充分发挥党的政治优势和组织优势,将一盘散沙的中国高度凝聚起来,带领中国人民实现了民族独立和人民解放。改革开放以来,面对错综复杂的国际环境和艰巨繁重的国内改革发展稳定任务,我们党团结带领全国各族人民顽强拼搏、开拓创新,奋力开创了党和国家事业发展新局面,取得了举世瞩目的伟大成就。中国共产党有凝聚最广大范围中国力量的政治优势和能力基础。我们党的根本宗旨是全心全意为人民服务,党能够根据中国社会发展的客观条件和要求,正确把握全国人民的整体利益、长远利益和根本利益,制定出符合科学发展规律的路线、方针、政策。中国共产党作为执政党,能超越西方那种党派之争和各种利益集团的干扰,在调整利益格局过程中能统筹兼顾各地区、各部门、各阶层、各利益群体、各民族、各党派的利益关系,最大限度地维护和实现人民的根本利益。但我们也要清醒地认识到,"十三五"时期,我国发展仍处于可以大有作为的重要战略机遇期,也面临矛盾叠加、风险隐患增多的严峻挑战。同时,脱离群众、形式主义、官僚主义等问题,也一定程度上影响着人民群众对党的信任和党的事业的发展。我们必须牢牢把握加强党的执政能力建设、先进性和纯洁性建设这条主线,坚持党要管党、从严治党,全面加强党的思想建设、组织建设、作风建设、反腐倡廉建设、制度建设,做到始终保持党与人民群众的血肉联系,立党为公、执政为民,使党的凝聚力、战斗力和核心作用得以充分彰显,更加有效地应对各种风险和挑战,不断开拓发展新境界。

4. 全面从严治党为协调推进"四个全面"战略布局提供坚强的政治保证

将全面从严治党列入"四个全面"战略布局,是我们党作为执政党对自身提出的严格要求,同时也是为其他三个"全面"提供坚强政治保证的客观需要。这充分体现了我们党的使命意识、责任意识以及敢于担当、励精图治的精神状态。全面建成小康社会的目标要求涵盖经济、政治、文化、社会、生态文明五大建设,时间仅剩5年。只有全面从严治党,确保党的作风好、精神面貌好、领导坚强有力,全面建成小康社会才有坚强政治保证,才能排除万难去争取胜利。全面深化改革涉及利益格局调整,必须冲破思想观念束缚,突破利益固化藩篱,若想取得突破,就得有自我革新的勇气和胸怀,克服部门利益掣肘,从政治高度、从大局出发看问题。没有党的坚强领导,这一切就无从谈起。只有全面从严治党才能为全面深化改革扫除障碍、铺平道路。全面依法治国是一个艰巨繁重的系统工程,需要我们党发挥总揽全局、协调各方的领导核心作用,需要依靠党来统一部署、统筹推进、整体谋划、督促落实。唯有在党的领导下依法治国、厉行法治,人民当家做主才能充分实现,国家和社会生活法治化才能有序推进。习近平同志强调,"凡是影响党的创造力、凝聚力、战斗力的问题都要全力克服,凡是损害党的先进性和纯洁性的病症都要彻底医治,凡是滋生在党的健康肌体上的毒瘤都要坚决祛除"。这一要求着眼于"全面",彰显着"从严",赋予治国必先治党、治党务必从严的内涵。只有扎实推进全面从严治党,不断加强和改善党的领导,才能确保党始终成为中国特色社会主义事业的坚强领导核心,从而为协调推进"四个全面"战略布局提供方向指引和根本保证。

二、加强军队党的建设是全面从严治党和强军兴军的必然要求

军队党的建设是军队建设发展的核心问题,是军队全部工作的基础和关键。习近平同志明确指出:"当前,我们正在进行具有许多新的历史特点的伟大斗争,这对全面推进党的建设新的伟大工程提出了更高要求,必须把军队党的建设摆在更加突出的位置,始终坚持党对军队的绝对领导,始终坚持以能打仗、打胜仗为根本着眼点,始终坚持党要管党、从严治党方针,始终坚持以改革创新精神加强军队党的建设,不断提高军队党的建设科学化水平,为实现党在新形势下的强军目标提供坚强思想和组织保证。"[①] 这就要求我们,在全面从严治党上,军队必须标准更高、走在前列。

(一) 加强军队党的建设是全面从严治党的应有之义

习近平同志明确指出,军队党的建设是党的建设全局中一个十分重要的组成部分,必须标准更高、要求更严。这一重要论述,既阐明了军队党的建设与党的建设全局之间的辩证关系,又对军队党的建设提出了明确的要求。

1. 军队党的建设是党的建设全局的重要组成部分

"金星闪耀在军旗上,我们的原则是党指挥枪。人民军队党缔造,成长壮大党培养。"这首歌唱出了党与军队的天然联系。这种联系,从人民军队诞生的那天起就形成了。南昌起义时,党就在起义部队中成立了前敌委员会,作为起义的领导核心,明确提出"党的作用高于一切""党的组织是一切组织的根源"。"三湾改编"中,毛泽东同志提出了"支部建在连上"的建军原则,第一次在班排设立党小组,连队建立党支部,营团建立党委,连以上设党代表,使红军以党的宗旨为宗旨、以党的目标为目标、以党的任务为任务,使党自上而下地切实掌握军队。古田会议明确提出了党对军队领导的根本原则、措施和方法,规定党不仅要管党员、管政治工作,而且要管军事、管打仗。自此以后,无论是在土地革命战争、抗日战争和解放战争时期,还是在建国初期,人民军队都把实现党的宗旨、目标和任务作为自己的崇高追求和历史使命,为捍卫党的领导、推进党的事业做出了突出成绩。从党的性质宗旨和地位作用看,我们党是代表最广大人民利益的,是一切以民族的解放、人民的幸福、国家的繁荣富强为己任的,是马克思主义执政党。没有党,就没有人民军队,就没有新中国的诞生和社会主义事业的蓬勃发展,就没有人民的一切。我们的军队是党的军队,人民的军队,社会主义国家的军队,这一性质决定了我军在任何时候任何情况下都必须坚持党的绝对领导。这

---

① 习近平. 军队党建首要任务是确保党对军队绝对领导. 人民日报, 2013-11-07 (5).

关系我军的性质,关系党的事业兴衰成败,关系社会主义的前途命运,关系国家的长治久安。几十年来,我军之所以能不断地成长壮大、发展进步,在各个历史时期为党和人民所信任、所重视,建设成今天这样一支能够坚决完成党和人民赋予的神圣使命的部队,一支党和人民放心、敌对势力和犯罪分子害怕的部队,一支在全面建设小康社会中发挥着重要作用的部队,一个根本原因,就是始终加强军队党的建设,坚持听党话、跟党走,服从党的指挥。事实充分说明,没有中国共产党的领导,就没有人民军队;只有不断加强军队党的建设,人民军队才能不断发展壮大,才能真正担负起维护党的执政地位和国家安全的光荣使命。

2. 军队党的建设要树立走在前列的意识

在全面从严治党中,军队之所以要走在前列,归根结底,是由军队的职能使命和基本特点决定的。从职责使命的角度看,《中华人民共和国宪法》第二十九条做了明文规定:中国人民解放军不仅担负着"巩固国防,抵抗侵略,保卫祖国"的神圣职责,且担负着"保卫人民的和平劳动,参加国家建设事业,努力为人民服务"的崇高义务。我军的这种职能,是国家赋予我军的光荣使命,是我军宗旨的体现,也是我军建设的指南。我军是执行党的政治任务的武装集团,是保卫国家主权和人民和平劳动成果不受侵犯的钢铁长城。在新的历史时期我军的使命任务不断丰富拓展,因而也给部队职能使命提出了新的要求。因此,在国防和军队建设事业中,必须始终把党的建设摆在突出位置,坚持政治建军原则不动摇,紧紧围绕国家核心安全需求,加快推进国防和军队现代化,从而确保有效维护国家主权、安全和发展利益。从军队的基本特点看,军队作为武装的政治集团,具有高度的集中性和统一性,这就为加强军队党的建设创造了难以比拟的先天优势。革命战争年代,毛泽东亲自制定并带头践行《三大纪律八项注意》规定,不拿群众一个红薯,不拿群众一针一线,不打人,不骂人,说话和气,买卖公平,成为人民军队区别于一切旧式军队的显著标志,也是革命取得成功的重要保证。新的形势下,立足军队基本特点加强军队党的建设,必须牢牢树立走在前列的意识,这既体现了军队高度集中统一的特点,同时有利于带动党的建设全局。

(二) 加强军队党的建设是确保党对军队绝对领导的需要

习近平同志在接见全军党的建设工作会议代表时深刻指出:"我军之所以能够战胜各种艰难困苦、不断从胜利走向胜利,最根本的就是坚定不移听党的话、跟党走。这是我军的军魂和命根子,永远不能变,永远不能丢。"[①] 党对军队绝对领导是我军建军的根本原则,是永远不变的军魂和命根子,是我国基本军事制度和中国特色社会主义政治制度的重要组成部分,是党和国家的重要优势。始终坚持党对军队的绝对领导,关系人民军队的性质和宗旨,

---

① 习近平. 不断提高军队党的建设科学化水平 为实现强军目标提供坚强思想和组织保证. 人民日报,2013 - 11 - 07 (1).

关系党执政地位的巩固和执政能力的提高，关系国家的长治久安，也是实现强国强军伟大梦想的必然要求。军队党的建设各项工作和全部实践，最根本的就是确保党对军队的绝对领导。党对军队的绝对领导，是我们党领导中国人民在进行民族独立、人民解放的伟大斗争中艰辛探索得出的真理性认识，也是在社会主义革命、建设和改革历史进程中不断巩固和发展的根本原因，我军之所以能够战胜各种艰难困苦、不断从胜利走向胜利，最根本的就是坚定不移听党话、跟党走。

当前，诚如习近平同志深刻指出的，"军队所处的社会环境、我军使命任务、官兵成分结构等也都发生了很大变化。对这些情况，我们要有清醒认识。要始终把思想政治建设摆在军队各项建设首位，加强理论武装，强化军魂教育，持续深入培育当代革命军人核心价值观，组织官兵认真学习党史军史，使坚持党对军队绝对领导在官兵思想中深深扎根，确保全军在任何时候任何情况下都坚决听从党中央、中央军委指挥。"[①] 这一重要论述，全面分析了我军思想政治建设面临的新形势新挑战，深刻阐明了新形势下我军坚持听党指挥的极端紧要性。

1. 西方敌对势力千方百计企图使我军脱离党的领导

我军是维护社会主义制度和人民民主专政的坚强柱石。西方敌对势力一直把我军作为他们搞乱我们国家、搞垮我们党的执政地位的最大障碍，一直把我军作为他们对我国渗透破坏的重点目标。他们肆意攻击党对军队绝对领导的根本原则和制度，企图把我军从党的旗帜下拉出去。为达到这一目的，他们大肆宣扬军队是国家的军队，而不是政党的军队，歪曲军队是政治斗争工具的根本属性，极力否定军队与党的内在联系，否定军队的政治作用；他们把党领导军队与国家领导军队对立起来，说什么党对军队的绝对领导是"公器私用"，公然攻击我军坚持的党对军队绝对领导的根本原则和制度。他们凭借科技优势，利用大量现代传播工具，大规模输出其意识形态、生活方式、价值观念和思维方式，大力宣扬个人主义、享乐主义、拜金主义、消费主义等腐朽思想文化和价值观，大肆兜售西方所谓"民主、自由、人权"，妄图改变我军官兵的政治信仰和主流价值认同。可以说，今天的互联网已经成为意识形态领域斗争的主战场，西方敌对势力妄图以这个"最大变量"来同化我军官兵，他们把各种反马克思主义意识形态的思潮混杂在政治性谣言甚至所谓"心灵鸡汤"之中，企图挑拨离间我军与党、我军与人民以及我军内部官兵之间的关系。在经济全球化和信息网络化的时代背景下，西方各种错误思潮和腐朽思想文化对广大官兵的精神支柱的冲击和影响不可低估，而西方资产阶级倡导的个人主义人生价值观对我军官兵的精神支柱的冲击和影响尤为严重。现代西方人生价值观的消极影响，造成一些人尤其是青年人对党的领导产生模糊认识，个别

---

① 中国人民解放军总政治部．深入学习贯彻党的十八大精神军队领导干部学习文件选编．北京：解放军出版社，2013：137.

青年官兵思想中出现了以全心全意为人民服务、不计个人得失的牺牲奉献精神为特征的社会主义人生价值观的相对弱化,对党领导军队的必然性和真理性认识不够深刻。如何消除和抵制西方人生价值观的侵袭和影响,消除和抵制"军队非党化、非政治化"和"军队国家化"错误政治观点的影响,增强马克思主义科学理论的说服力和战斗力,树立当代革命军人核心价值观,已经成为新形势下军队思想政治建设必须特别关注和解决的突出问题。

2. 复杂社会环境对官兵听党指挥构成严峻挑战

当前,我国改革进入深水区、攻坚期,各种经济社会热点问题相互叠加,人民内部矛盾和其他矛盾相互交织,社会环境日趋复杂。社会主义市场经济条件下,坚持按劳分配为主、多种分配形式并存的原则,使地方人员收入渠道增多,但部队官兵的收入单一,工资津贴也不多。由于资源配置方式发生改变,国家用人制度随之改革,军人转业、退役安置和家属随军就业难度也逐年加大,官兵的职业安全感相对缺乏。社会思想文化呈现出多元化趋势,传统的、现代的,先进的、腐朽的,中国的、外国的思想观念交织在一起,使人们的思想处于复杂多变的状态,新自由主义、民主社会主义、极端民族主义、文化保守主义、民粹主义、历史虚无主义等有所抬头,侵蚀了社会成员原有的职业道德与诚信精神。开放的世界里不可能有完全封闭的军营,复杂的社会环境必然对官兵产生消极影响。随着社会生活中利益驱动作用的增大,少数官兵的价值观念发生了变化。在价值的判断标准上,由重"义"转向重"利"或义利并重,对自身利益的关切度大大提高;在价值取向上,由单一转向多元,不仅注重个人事业和成就,也追求个人实惠和个人自由,对涉及个人切身利益的问题过度关注、锱铢必较;在实现价值的途径上,由主要依靠组织转变为更多地依靠个人。市场经济条件下商品等价交换原则渗透到军队中来,对官兵的思想也造成了冲击,容易诱发"一切向钱看"、搞权钱交易等问题发生。在社会上各种错误思想和价值观念的影响下,个别官兵的主流价值认同弱化,是非界限模糊,政治上的忠诚度减弱,最根本的是听党指挥的政治信念和政治自觉有所动摇,这些都需要引起高度重视。

(三) 加强军队党的建设是实现能打胜仗的关键

习近平同志强调指出:"军队首先是一个战斗队,是为打仗而存在的。"[①] 能打胜仗是军队的职能所系,关乎军队声誉和军事斗争准备质量。世界上没有哪一支军队不把打赢作为自己追求的最高军事目标。一支军队没有对胜利的追求和渴望,就不是真正意义上的军队。如果把军人价值看成一座宝塔,那么"胜利"就是塔尖上那颗璀璨的明珠。我们党是用马克思主义武装起来的先进政党。在中国革命、建设和改革的历史进程中,我们党始终坚持用先进

---

① 中国人民解放军总政治部. 深入学习贯彻党的十八大精神军队领导干部学习文件选编. 北京:解放军出版社,2013:231.

的思想和进步的精神武装部队，使我军始终保持了旺盛的革命热情、高昂的战斗意志和不怕牺牲的战斗精神；能够深刻认识战争规律、把握科学的制胜之道、运用灵活机动的战略战术，领导我军战胜一个又一个强敌，创造一个又一个战争奇迹。当前世界形势正在发生着深刻复杂的变化，我国快速发展对世界格局和国际关系产生了深刻的影响，特别是一些西方国家不愿看到任何国家超越他们，尤其不愿看到意识形态和社会制度与其不同的社会主义中国赶上和超越他们，千方百计对我进行牵制和遏制。我国周边也存在多重不稳定的因素，一些地区热点问题局势变数很大，有的国家内部政治生态变化深刻，使我们面临的形势进一步复杂，现实威胁进一步增大。这是我们无法回避的挑战，是实现强国梦强军梦绕不过的门槛。军队要打胜仗，更离不开党组织的坚强领导。

1. 只有加强军队党的建设，才能牢牢掌握军事斗争准备的正确方向

军事战略从来是为实现党和国家战略目标服务的。我们党和国家的战略目标，就是实现"两个一百年"奋斗目标、实现中华民族伟大复兴的中国梦。创新发展军事战略指导，必须牢牢把握这个根本着眼点。战争是政治的继续。筹划和指导战争，必须深刻认识战争的政治属性，坚持军事服从政治、战略服从政略，从政治高度思考战争问题。当今时代，军事和政治的联系更加紧密，在战略层面上的相关性和整体性日益增强，政治因素对战争的影响和制约愈发突出。实现中华民族伟大复兴，是国家和民族的最高利益。现在，我们比以往任何时候都更加接近这一目标。越是在这样一个关键的发展阶段，我们越要保持战略清醒，增强战略定力，处理好战争和政治的辩证关系，把战争问题放在实现中华民族伟大复兴这个大目标下来认识和筹划，不能出现战略性失误。

2. 只有加强军队党的建设，才能为部队打仗提供正确指挥

战争年代，党的领导机构能不能领导打仗、善不善于领导打仗，是军队党的建设的核心问题。在总结大革命失败的教训时，毛泽东在党内提出要非常注重军事的建议。为领导部队起义，从中央到各起义部队都成立了党的前敌委员会，对作战实施统一领导。古田会议上初步形成了党委讨论军事工作、统一领导作战的制度。在血雨腥风的战争岁月里，党委的指挥作战能力时刻经受着战争检验。在长期的实战磨炼中，各级党委按照民主集中制的原则，积极贯彻落实军委作战方针、不断总结作战经验，提高了自身的指挥作战能力，部队作战因此有了坚强有力的指挥和胜利的保障。信息化条件下，战争形态、作战样式发生了深刻变化，对作战指挥提出了更高的要求。只有加强军队党的建设，强化各级党组织的核心堡垒作用，才能进一步提升部队实战化训练水平和各级党委的作战指挥能力，从而确保党中央、中央军委和习近平同志一声令下能拉得动、打得赢。

3. 只有加强部队党的建设，才能顺利推进国防和军队改革

此次国防和军队体制改革，是一场整体性、革命性变革，必然涉及机构等级变化、职能部署调整、个人进退去留等利益调整，其困难程度、艰巨程度前所未有。社会关系之繁、部门利益之障、统一思想之难、触动"奶酪"之阻、整体推进之艰，是深化改革绕不开、躲不过的难题。在这种情况下，要解决的大都是长期积累的体制性障碍、结构性矛盾、政策性问题，推进起来确实不容易。没有百折不挠的信心和披荆斩棘的勇气，势必在问题和矛盾面前束手无策、寸步难行，在风险和挑战面前畏首畏尾、败下阵来。正如习近平同志所说："这个时候就要一鼓作气，瞻前顾后、畏缩不前不仅不能前进，而且可能前功尽弃。"① 难易是相对的。越是难度大，越要坚定意志、勇往直前，绝不能瞻前顾后、畏首畏尾。"天下事有难易乎？为之，则难者亦易矣；不为，则易者亦难矣。"只有加强军队党的建设，突出各级党组织的战斗堡垒作用，以逢山开路、遇河架桥的精神，坚决推进军队各项改革，从而为军队建设科学发展提供强大动力和体制机制保证。

（四）加强军队党的建设是提高部队凝聚力的核心

习近平同志强调："我军是党缔造的，一诞生便与党紧紧地联系在一起，始终在党的绝对领导下行动和战斗。80多年来，我军之所以能始终保持强大的凝聚力、向心力、战斗力，之所以能够经受住各种考验，不断从胜利走向胜利，最根本的就是靠党的坚强领导。"② 随着形势任务的发展，推进国防和军队现代化建设面临诸多挑战。一方面，以信息技术为主导的世界新军事革命轰轰烈烈，战争形态出现重大变化，世界各国纷纷调整安全战略和军事战略，发展高技术武器装备，创新军事理论，加快国防和军队发展模式转型，反观我们，与先进国家还存在不小的差距；另一方面，国防和军队改革已进入"深水区"，还有不少攻坚战要打。形势越是复杂，任务越是艰巨，越要坚持党要管党、从严治党，越要增强自我净化、自我完善、自我革新、自我提高的能力。

（1）只有加强军队党的建设，才能锻造过硬的战斗作风。习近平同志指出："作风优良才能塑造英雄部队，作风松散可以搞垮常胜之师。"这一重要论断反映了古往今来军队建设的一条铁律。在中外军事史、战争史上，不少军队如罗马军团、蒙古铁骑、八旗精兵，之所以曾在战场上势如破竹、骁勇无敌，都得益于军风严整、军纪严明；这些胜利之师其后的溃败千里、灰飞烟灭，也都能从作风松散上找到原因。稀稀拉拉、松松垮垮，就不成其为军队，就打不了仗，更不可能打胜仗。现在，社会环境变化了，社会上的一些不良风气在部队

---

① 习近平. 发挥亚太引领作用维护和发展开放型世界经济. 人民日报，2013-10-08（1）.
② 中国人民解放军总政治部. 深入学习贯彻党的十八大精神军队领导干部学习文件选编. 北京：解放军出版社，2013：298.

都会有所表现，部队作风建设还存在一些问题亟待解决。如果不能及时解决自身存在的问题，任其发展下去，就会自毁长城。必须大力加强作风建设，坚持大病小病都要治，下大力解决存在的突出矛盾问题。我们要切实把作风建设作为胜利之源来对待来加强，始终做到信念不动摇、思想不松懈、斗志不衰退、作风不涣散，从而营造部队风清气正的良好政治生态。

（2）只有加强军队党的建设，才能营造良好的内部关系。良好的内部关系，对凝聚军心、稳定部队有着非常重要的作用，是部队战斗力的重要因素。当前要实现强军目标，官兵一致的制胜法宝必须坚定地传承下去，永不放弃。因为这一优良传统，在新的历史条件下，依然是克敌制胜和实现打赢的重要保证。"欲谋胜败，先谋人和。"信息化战争的决定因素仍然是人而不是物，作战是基于信息系统的体系对抗。只有各个作战部队、各个作战单元、各个作战要素、各个作战岗位密切协同配合，才能战胜对手、打赢战争。越是在信息化条件下，就越要发扬官兵一致的优良传统，越要把密切内部关系作为克敌制胜的重要法宝抓实、抓好。

（3）只有加强军队党的建设，才能获得最深厚的力量源泉。马克思指出，无产阶级只有解放全人类，才能最后解放自己。中国共产党作为马克思主义政党，坚持以无产阶级和广大劳动人民的利益为自己的最高利益，以全心全意为人民服务为自己的根本宗旨。我军作为党缔造、领导和指挥的一支新型人民军队，从建军开始就把党的宗旨作为自己的宗旨，把为人民服务写在自己的旗帜上。事实证明，中国共产党是全中国人民根本利益的忠实代表，只有在党的领导之下，我军才能坚持好全心全意为人民服务这一根本宗旨，才能始终站在最广大人民群众的立场上，忠实有效地为绝大多数人民大众服务，把人民的利益高高地举过头顶。新的形势下，只有不断加强军队党的建设，才能确保我军始终为人民利益而战，始终得到人民群众的拥护和支持，获得战胜强敌的最深厚的力量源泉。

三、军队党的建设面临的问题与挑战

应该说，军队党的建设的总体情况是好的，但诚如习近平同志反复强调指出的，"军队不是生活在真空中的，社会上存在的各种消极腐败现象必然会在军队中反映出来"。具体而言，军队党的建设面临的问题和挑战有以下几方面。

（一）少数党员党性不纯、理想信念动摇

从外部情况来看，经济全球化不仅给我国带来了前所未有的发展机遇，同时也带来了各种西方意识形态的精神鸦片。当前，西方国家凭借其强大的经济和科技手段，大肆鼓吹"军队非党化""军队非政治化"和"军队国家化"，企图"化"掉我们党的执政地位，"化"掉我们国家的社会主义性质，"化"掉我们人民军队的政治本色。从内部情况看，随着官兵构

成成分、生活方式、利益诉求等都发生着深刻的变化,特别是网络、手机等新兴媒体的广泛应用,传统的思想建设方式显得软弱无力。在内外因素的双重作用下,当前,少数军队党员干部党性不纯、理想信念有所动摇。

(1) 立场松动。部分年轻官兵乃至一些领导干部,由于没有经过血与火的洗礼和复杂斗争的考验,对党指挥枪的优良传统缺乏深刻认识,对听党指挥的极端重要性缺乏切身感受,"嘴上认同、心里嘀咕";有的官兵文化程度虽然较高,但对我党我军的历史知之不多,对马克思主义科学理论学习掌握不够,因而在纷纭复杂的思想文化面前,容易失去判别正误能力。

(2) 信仰矮化。军队部分党员长期受党教育,普遍对共产主义怀有美好憧憬,但同时又感到十分遥远,把实现社会主义、共产主义作为最高理想和毕生追求的寥寥可数,大部分还是看重入党带来的荣誉感;还有的"先天不足",把入党作为"从众选择""政治资本",注重的是"面子""好处";有的将"成功"与金钱地位划等号,信奉拜金主义、享乐主义,人生观、事业观、价值观发生偏移。

(3) 学习实践缺少自觉。一部分基层党员不注重思想和行为改造,尤其对理论武装有厌烦抵触情绪;有的了解党史军史零打碎敲、当故事听,甚至热衷于灰色段子、稗官野史;还有的对政治兴趣不浓,不愿意积极主动参加党的生活。

(4) 奉献精神淡化。有的认为,在艰苦单位呆着本身就是一种"奉献",即使不干工作也是成绩,当一天和尚撞一天钟甚至不撞钟,饱食终日,无所用心;有的想干工作,也想作出一些成绩,但又担心上级领导来单位时间少,发现不了自己,干的再好也是"白费",于是边干边看,得过且过;有的怕吃苦、求安逸,不安心本职,这山望着那山高,扒门子、走关系,一心想到条件好的单位工作。

(5) 品德退化。有的军政主官自律意识差,不能正确行使手中的权力,上级管不到,下级管不着,同级管不了,使党管党员、党管干部存在一定的随意性;有的摆不正"当官"与"做事"的关系,盲目攀比,贪图安逸,追求享乐,艰苦奋斗精神有所淡化;有的滥用职权,插手工程建设、大宗物质采购、大项经费开支等,为个人、家庭和小团体谋取私利,忘记了自己的权力是党和人民赋予的,丢失了革命军人的本色,丢失了共产党员的气节;有的贪图享受,生活情趣不健康,乱拉关系、滥交朋友,经不起权力、金钱、美色的考验,精神滑坡,给党和军队抹黑,严重损害了党和军队在人民心中的良好形象。

这些问题的存在,既不利于党员干部自身的党性修养和事业发展,也不利于听党指挥的实现,必须摆在更加突出的位置加以解决。

(二) 组织堡垒作用有所弱化

马克思主义政党的力量在于组织的巩固和坚强。然而,因循时代的变化,一些基层党委组织抓大事、议大事、统筹全局的能力欠缺,引领部队科学发展的水平不高,核心领导作用不明显，这是制约部队发展建设的关键所在。

（1）服务中心功能发挥不明显。有的对新形势下加强党的建设工作的目的和意义认识不清，不是以推动和促进中心工作作为党的建设工作根本所在，而是搞"自我服务"，就党的建设抓党的建设，导致了党的建设工作"空对空"，缺乏针对性和吸引力，难以为中心工作提供强有力的组织领导和服务保障。

（2）思想观念保守。这几年部队处于上升发展的良好时期，但在整个军队你追我赶、奋勇争先的竞争态势下，我们还存在开拓创新意识不强、思想解放程度不高、思路开阔不够等问题，墨守陈规、按部就班，局限于自己的"一亩三分地"考虑问题，小进则满、小富即安，认识不到存在的差距和不足，工作缺乏能动性、预见性和前瞻性。

（3）忧患意识不强。很多领导已习惯"当官老爷""当和平兵"，在严峻形势面前，个别领导认识不到国家安全面临的潜在威胁，心存侥幸、麻痹大意，"战斗就在眼前，随时都会打响"的高度戒备标准有所降低。另外，少数班子对部队内部安全形势估计不足，尤其对领导干部"八小时"以外的管控和执法执勤岗位人员的监督跟进不到位，对一些事故苗头和安全隐患缺乏清醒认识，自我感觉良好。

（4）统筹能力欠缺。少数班子成员至今还停留在办具体事、见子打子的工作层面上，立足部队全面建设、队伍管理等实际分析问题，提出全局性、有建设性的意见和建议的能力还比较弱。不注重学习，不善于思考，想问题办事情凭老经验、按老思维、走老套路，遇到新问题时束手无策，自己又不注意在实践中锻炼和提高，谋全局、抓大事和把关定向的能力跟不上形势需要。诚如习近平同志所说："我军打现代化战争能力不够，各级干部指挥现代化战争能力不够，这两个问题依然很现实地摆在我们面前。"①

（5）党管干部党管党员作用不强。发挥组织功能教育管理干部和党员不够，一定程度上造成了不敢管、不善管、管不好的问题。有的重选拔轻培养，有的重常规手段轻组织手段，有的重战士党员轻干部党员，有的重大项任务时轻平时。六是和谐氛围不够。有的班子不善于运用制度规范党委工作，党内民主生活不健全，班子内部工作见面多，思想见面少，情感沟通少，批评和自我批评流于形式，触及不了灵魂。有的班子成员之间貌合神离，搞无原则的团结和平衡，平时你好我好大家好，遇事议而不决，决而不行，团结干事的氛围不浓厚，形不成较强的战斗力。

这些现象与问题如果不能得到尽快克服解决，既不利于党组织胜任领导未来作战的需要，也不利于团结和带领部队打赢信息化战争的需要。

---

① 中国人民解放军总政治部．深入学习贯彻党的十八大精神军队领导干部学习文件选编．北京：解放军出版社，2013：300．

(三) 作风建设亟待加强

历史一再证明，决定政党执政和政权存在的关键民心所向。执政党必须以优良的作风去最大程度地争取执政资源，巩固执政地位，赢得民心。这些年来，一些单位党群、官兵关系紧张，虽然有各种具体原因，但深入分析，都能发现与一些领导干部和领导机关的作风有关，都能够从作风上找到根源。

（1）思想浮夸、学风飘忽。部分干部要么墨守成规、不思进取、小富即安、小进即满；要么脱离实际，违背规律，好高骛远，搞短期行为；不加强自身学习，就会知识老化、观念陈旧、眼界不宽、腹中空虚，不能熟练驾驭局面，完全背离了马克思主义实事求是的思想作风。

（2）形式主义、官僚主义严重。有的领导干部蹲点下基层，习惯于靠听汇报、要材料来开展工作，没有真正融入基层官兵的生活，虽然身在基层，但是不知道基层官兵们在想什么，需要什么，至于基层工作怎么样，有没有落实，工作开展过程中有没有碰到什么困难等具体情况；有的机关部门还是喜欢照搬照抄，不结合实际安排部署工作，当"传话筒""复印机"，导致基层单位工作繁忙，公差勤务不断；还有的不顾部队建设的实际情况和困难，一味追求短期效应，存在"表面工程"现象。

（3）战斗力标准树的不牢。历史表明，一支军队如果缺乏战争思维，没有忧患意识，战争机器就会生锈腐蚀，战斗力就会沉沦瓦解。我军已经有30多年没有打过仗了，一些同志由此产生"仗打不起来"的麻痹思想，缺少战争思维，缺乏忧患意识，淡化了当兵打仗、带兵打仗、练兵打仗观念，致使一些同志在训练中消极保守，危不施训，险不练兵，随意降低训练标准，甚至练为看、考为看、比为看。这些思维和由此导致的做法，会严重损害部队战斗力。

（4）消极腐败现象在个别单位仍然比较严重，违法违纪案件易发多发的现状与个别单位和地方的领导干部不认真履行"一岗双责"之间的矛盾依然存在。个别单位的领导干部"一岗双责"意识不强，只注重抓业务工作，对党员干部的教育管理不以为然，存在"一手硬，一手软"现象；个别领导干部不讲党性原则，好人主义严重，对下属的违规违纪行为习以为常，不批评、不制止，出了问题又捂着、瞒着，使小问题变成大问题，最终酿成大祸。党的十八大以来查处谷俊山、徐才厚、郭伯雄案件，性质非常恶劣，政治影响极坏，令人触目惊心。

军队党的作风问题如果不能从根本上解决，就不利于军队形成和保持优良作风，实现党在新形势下的强军目标也就失去了作风保证。

(四) 制度的权威性不足

重视制度建设，善于从制度上建党、治党、管党是中国共产党的优良传统。在革命、建设和改革的各个时期，特别是在发展历程的重要节点和开启新的奋斗征程的历史起点，我们党总是根据自身所处的历史阶段以及肩负的时代使命，把推进制度建设作为推进党的建设伟大工程的重要抓手。习近平同志更是把制度优势作为我党在长期奋斗中所形成的"五大独特优势"之一。[①] 然而，当前军队党的制度建设却存在一系列的问题。

(1) "习惯化"导致"强制性"不足。个别单位不注重抓法规制度的学习贯彻，有的说不清7项组织生活制度内容，有的对一日生活制度回答不完整，存在"把习惯当经验、把经验当制度"的思想，遇到问题先思考以前和平时是怎么做的，而不是翻"红本本"。有的嫌制度执行起来麻烦，费时费力，不如按习惯做的效率高，依法治军观念淡薄。

(2) "随意化"导致"规范性"不足。有的单位存在以权代法、以言代法的现象，把主官的话当作"法"，搞一些"土政策""土规定"。个别领导想到什么就抓什么、上级强调什么就抓什么，碰到什么抓什么、抓到哪里算哪里，对自己进步有利的就大抓特抓、对自己无关痛痒的就听之任之。有的在制度落实中喜欢搞"出头露面、出名挂号"的工作，搞一些所谓的"新招"，今天一个主意、明天一个办法、后天一个措施，制度落实随意性大。

(3) "感情化"导致"权威性"不足。部分基层主官存在"法不外乎人情""人情大于法"等错误思想，将个人感情凌驾于制度之上，凭情绪落实制度。有的凭主观的"你远我近"搞双重标准，对某些人搞"下不为例"。"以人为本"的感情化制度落实使官兵失去了对制度的敬畏、对制度执行者的信任和诚服。

(4) "过场化"导致"实效性"不足。部分领导干部存在"只要做了就落实了"的思想，虽然一些基本制度坚持比较好，但都是蜻蜓点水般的浅尝辄止，只要本子有记录即可。每次开会还是那一套东西，要求落实的内容千篇一律，会议还没开官兵就知道要讲什么，这样的制度落实反而成为基层建设的负担。更有的仅停留在把制度写在纸上、挂在墙上、讲在嘴上，对已发生的违规行为姑息迁就、对破坏制度的行为视而不见。

(5) "阶段化"导致"固定性"不足。一些制度刚出台后，因为上级抓的多、力度大，领导比较重视，基层单位往往能够主动抓落实，效果比较好，然而随着工作重心的转变、领导精力的转移、时间的推移，基层单位在抓制度落实上也会随之"由重视到忽视"，落实的质量和效果逐渐衰弱，甚至鸦雀无声，不能固化为一种意识和文化。

(6) "孤立化"导致"关联性"不足。当前规章制度的出台较多，涉及方方面面，各个部门都有一系列独立的规章制度，而这些制度又是互相关联、互相促进的。但在落实过程中，由于统筹力不够、对制度的把握力不够，往往狭隘地就某个职责抓某项制度，对自身分管的、本职业务上的法规制度思想重视，执行得比较自觉，而对一些共同的、相关的制度规定关注度不够，导致出现反复和矛盾，造成忙乱。

临渊羡鱼不如退而结网，锅内扬汤不如釜底抽薪。没有制度保证，改进作风、依法从严

---

① 习近平.始终坚持和充分发挥党的独特优势.求是，2012(15): 3.

治军的效果就会大打折扣。

四、大力加强和改进军队党的建设

习近平同志在接见空军第十二次党代会代表时明确指出:"要坚持党要管党、从严治党,重点在筑牢党对军队的绝对领导的军魂上下功夫,在坚定理想信念上下功夫,在培养战斗精神、提高战斗力上下功夫,在强化党的组织上下功夫,在改进作风、弘扬正气上下功夫,为实现强军目标提供可靠保证。"[①]"五个下功夫"的重要指示是军队党的建设总体要求,为在新的起点上推进军队党的建设指明了方向,提供了强大的思想武器和根本遵循。

(一)筑牢党对军队绝对领导的军魂

党对军队绝对领导是我军建军的根本原则,是永远不变的军魂和命根子,是我国基本军事制度和中国特色社会主义政治制度的重要组成部分,是党和国家的重要优势。始终坚持党对军队的绝对领导,关系人民军队的性质和宗旨,关系党执政地位的巩固和执政能力的提高,关系国家的长治久安,也是实现强国强军伟大梦想的必然要求。军队党的建设各项工作和全部实践,最根本的就是确保党对军队的绝对领导。

(1)深入进行党对军队绝对领导教育,筑牢思想根基。党对军队的绝对领导,是我们党领导中国人民在进行民族独立、人民解放的伟大斗争中艰辛探索得出的真理性认识,也是在社会主义革命、建设和改革历史进程中不断巩固和发展的根本原因,我军之所以能够战胜各种艰难困苦、不断从胜利走向胜利,最根本的就是坚定不移听党话、跟党走。在实现强军目标的过程中,要始终把党对军队绝对领导教育作为一项根本性长期性的战略任务来进行。有针对性地抓好党对军队绝对领导历史传统的教育,抓好党对军队绝对领导基本理论的学习,深刻领会毛泽东、邓小平、江泽民、胡锦涛和习近平同志关于坚持党对军队绝对领导重要论述的精神,以理论的清醒保证政治上的坚定,以思想的自觉保证行动上的自觉;要积极应对意识形态领域的严峻挑战,坚决抵制"军队非党化、非政治化"和"军队国家化",以及"宪政民主""普世价值"等各种错误思想和腐朽文化的侵蚀影响,在时代深刻变化、环境日益复杂、社会利益多样、价值观念多元、思想文化多种、军队使命任务多重的背景中,不迷失方向、不涣散斗志、不改变性质,特别是在敌对势力加紧渗透和破坏的情况下,要增强免疫力、提高辨别力和保持政治定力,弘扬主旋律,传递正能量,确保在重大原则问题上立场鲜明,在执行命令指示上绝不犹豫,在深化改革中服从大局,平时听招呼、战时听指挥,关键时刻不动摇、不迟疑、不含糊,任何时候任何情况下都坚决听从党中央、中央军委和习近平同志的指挥。

---

① 习近平. 接见空军第十二次党代会代表. 人民日报,2014-06-18(1).

(2) 坚持党对军队绝对领导的根本制度，强化自觉执行。党对军队绝对领导，是通过一系列根本原则和制度来保证和实现的。在长期的革命、建设和改革实践中，我们党形成和确立了一整套领导人民军队的根本制度：坚持军队的最高领导权和指挥权集中于党中央和中央军委；坚持在团以上单位设立党的委员会、政治委员和政治机关，营、连级单位设立党的基层委员会和党支部、政治教导员和指导员；坚持民主集中制和党委统一的集体领导下的首长分工负责制等等。这些制度实现了党的组织与部队建制体制的紧密结合，形成了严密、科学而完备的体系，是我们党在马克思主义军事理论指导下进行制度创新的科学结晶，是我们的特色和优势，在80多年的奋斗历程中，我军始终与党保持高度一致，根本原因就是有这一系列根本制度作保证。无论战争形态怎样演变、军队建设内外环境怎样变化、军队组织形态怎样调整，党对军队绝对领导的根本制度都不能有丝毫动摇，都必须始终不渝的坚持。必须坚决维护制度的尊严，增强制度的执行力，要把党对军队绝对领导的根本原则和制度，贯彻到军队建设的各个领域、部队完成任务的全过程。

(3) 严格执行纪律，做到"三个绝对"。纪律是军队的生命，是执行路线的保证。严格执行纪律从根本上反映了党、国家和人民的利益，是党对军队绝对领导根本制度的必然要求和具体体现。习近平同志强调要确保军队绝对忠诚、绝对纯洁、绝对可靠。这"三个绝对"深刻阐明了党对军队绝对领导根本制度的本质内涵，归根到底是确保全军官兵始终在思想上政治上行动上同党中央保持高度一致，坚决拥护党中央、中央军委权威，一切行动听从党中央、中央军委和习近平同志的指挥。绝对忠诚是人民军队的最重要的政治品格，是党对军队绝对领导的价值支撑；绝对纯洁是人民军队的本色所在，是党对军队绝对领导的思想、组织和作风保证；绝对可靠，是人民军队的鲜明特征，是党对军队绝对领导的实践要求。要坚决防止和反对政治上的自由主义，以严明的纪律保证思想和行动上的高度集中统一，确保政令军令畅通。要大力加强党委班子和基层党组织建设，把各级党组织建设成为实现党对军队绝对领导、巩固团结部队和完成各项任务的坚强领导核心和战斗堡垒。要注重从政治上考察和使用干部，保证枪杆子牢牢掌握在忠于党的可靠的人手里。对于违纪行为，要坚持党性、秉持正义，坚决惩处。

（二）坚定官兵的理想信念

理想信念是先进政党、先进军队的精神支柱和力量源泉。我军从小到大、从弱到强，敢打必胜、一往无前，坚定理想信念是强大法宝。当前，社会思潮复杂多变，价值观念多元多样，利益诱惑无时不在，给坚定崇高理想、坚守高尚道德带来严峻挑战。我军是先进军事文化的载体，在坚定马克思主义、共产主义信仰上，在坚持中国特色社会主义共同理想上，在培育践行社会主义核心价值观和当代革命军人核心价值观上，必须走在全社会前列。军队党的建设要高度重视思想建设，大力弘扬马克思主义政党的理想信念，用先进的思想观念、价值追求、道德情操塑造部队。

(1) 学习教育，增强先锋意识。以当代革命军人核心价值观主题教育和当前时事政策教育为契机，持续抓好《党章》《党内监督条例》等法规制度的学习贯彻，不断夯实官兵的信仰基础。引导官兵从中华民族复兴历程和社会主义发展进程中，深刻认识中国特色社会主义是科学社会主义理论逻辑和中国社会发展历史逻辑的辩证统一，是根植于中国大地、反映中国人民意愿、适应中国和时代发展进步要求的科学社会主义，坚信随着中国特色社会主义不断发展，我们的制度必将越来越成熟，我国社会主义制度的优越性必将进一步显现，我们的道路必将越走越宽广。深刻认识中国特色社会主义是党和人民长期实践取得的根本成就，是当代中国发展进步的根本方向，是中国共产党和中国人民团结的旗帜、奋进的旗帜、胜利的旗帜，进一步坚定中国特色社会主义道路自信、理论自信、制度自信，不断增强对党中央和习近平同志的信赖拥戴。

(2) 实践锻炼，提高能力素质。深化并扩大岗位练兵活动成果，立足职责岗位，在部队中掀起新一轮的岗位全员大练兵热潮，持续强化官兵矢志军营、建功军营的热情。提升军事训练实战化水平，坚持打赢先打假、治训先治虚、求胜先求实。破除"当和平兵、做和平官"的思想，改正慵懒、松散、懈怠的不良习气，真正集中精力想战斗力、谋战斗力、抓战斗力、强战斗力，切实以优良的作风促进部队教育训练不断跃上新台阶。要敢于坚持动真的、去虚的、批假的，多查找问题，多认识差距，多搞些不打招呼的检查抽考，解决好训为看、演为看、以牺牲战斗力为代价消极保安全的问题，让训练真正严起来、实起来，形成真打实练的鲜明导向。

(3) 严格奖惩，端正导向氛围。推进创先争优活动，大力表彰优秀党员，对素质较好、实绩过硬、群众满意的党员，进行提升任用、物质奖励和精神激励，切实让先进"香起来"，带动更多的党员干部。对违规违纪、履行职责不好、群众满意度低等不合格党员，适情严肃处理，以教育警醒本人，鞭策促进他人。对于看准的优秀人才，尤其是那些埋头苦干、不事张扬、实绩突出、不跑不要的人，那些坚持原则、敢抓敢管、敢于担当的人，需要我们坚决破除论资排辈、平衡照顾的思维定式，坚决防止任人唯亲而不唯贤的不良风气，并通过建立健全干部考核评价体系，加强和改进干部考核工作，增强选人用人的科学性、准确性、公信度，不拘一格举贤能。

(三) 培养战斗精神、提高战斗力

军队是为打仗而存在的，如果打不赢，一切等于零。我军作为执行政治任务的武装集团，能打仗打胜仗是军事斗争的根本出发点和落脚点，也是党和人民对军队的根本要求。军队建设必须把提高战斗力作为出发点和落脚点，向能打仗、打胜仗的要求聚焦，强化官兵当兵打仗、带兵打仗、练兵打仗的思想，使部队始终保持召之即来、来之能战、战之必胜的战备状态。现在，我军的装备有了很大改善，战争形态和作战方式也发生了深刻变化，但一不怕苦、二不怕死的战斗精神决不能丢。军队党的建设必须紧紧围绕能打仗、打胜仗来展开，成为部队战斗力的增强剂和功放器。

(1) 强化使命意识,在责任担当上要有更大的紧迫感。当前世界形势正在发生着深刻复杂的变化,我国快速发展对世界格局和国际关系产生了深刻的影响,特别是一些西方国家不愿看到任何国家超越他们,尤其不愿看到意识形态和社会制度与其不同的社会主义中国赶上和超越他们,千方百计对我进行牵制和遏制。我国周边也存在多重不稳定的因素,一些地区热点问题局势变数很大,有的国家内部政治生态变化深刻,使我们面临的形势进一步复杂,现实威胁进一步增大。这是我们无法回避的挑战,是实现强国梦强军梦绕不过的门槛。要牢记习近平同志"三个为念"的教诲,强化各级党委第一要务是带兵打仗、领导干部第一职责是指挥作战、广大党员第一身份是战斗骨干,始终做到心中存忧患、眼中有敌情、时刻在备战,随时随地能够在召之即来、来之能战、战之必胜的"大考"中交一份合格的答卷,自觉担当起维护国家主权、安全、发展利益的重大责任。

(2) 强化标准意识,在中心聚焦上要更加凝神聚力。习近平同志强调牢固树立战斗力这个唯一的根本标准,具有鲜明的指向性。要牢固树立战斗力标准,把战斗力作为党的一切工作的"牛鼻子",思想观念、行为模式、工作指导都要按照打仗的要求来筹划,围绕提升战斗力来聚焦,党委议事决策、领导心思精力、工作重心重点、各种资源配置都要向军事斗争准备聚合。要着力解决党委议军议训议战质量不够高的问题,要坚决克服消极保安全、把不出事作为检验工作的标准,要坚决反对做表面文章,把搞大呼隆当成战斗力落实的现象,要严肃纠治训风演风考风不实的歪风邪气。要树立好的导向,营造好的氛围,用人要贯彻习近平同志"两个坚持""三个注重""四个反对"要求,用真想打仗、真谋打仗、真抓打仗、真会打仗、能打胜仗的干部。评价标准要构建以战斗力为杠杆的政绩考评体系,政策优惠、表彰奖励要向执行任务部队和作战训练人员倾斜,凝聚起一切为战斗力提高、一切为打赢的正能量,使部队真正围绕战斗力这个"指挥棒"来运转。

(3) 强化打赢意识,在善谋打胜能力上有更大的提升。打仗是军人的天职,打仗是军队的使命,统兵打仗是领导的义务,善谋打仗、能打胜仗是党委的职责。党委是领军的,是领导作战的,如果不能带兵打仗,不能打赢战争,就会失去领军资格。我军"两个不够""两个差距很大"的现状,说到底是党委和领导能力存在突出的短板。各级党委和领导要加强党的军事创新理论学习,深入训练场,大兴研究战争之风,大兴研究打胜之道,大兴练兵之风,要把学军事钻打赢作为主课主业,把学习运用新装备作为基本功,把训练场演习场作为主阵地,把执行任务作为检验自身能力的测量仪。要提高综合素质,不断强化战略思维、辩证思维、底线思维,要防止研究战争习惯于炒"概念"和把强军目标当"标签",紧盯使命任务,熟悉战场环境,清楚作战对手,不断提高军事理论素养、谋略水平、制胜之道和克敌之策;从技术切入,从战术入手,研究战争,创新战法,突出使命课题训练,加大对抗性训练力度,走开基地训练的路子,在近似实战的环境下摔打锻炼部队,提高指挥信息化战争的本领和善谋打胜能力。

（四）强化党的组织功能

军队党的组织是坚强战斗堡垒，是在军队保证党的领导、贯彻党的意志、完成党的任务的组织基础，我们应在强化党的组织上下功夫。军队各级党组织的战斗力，直接影响军队的战斗力。加强党的组织建设，打造坚强有力的党组织，是搞好军队党的建设的基础工程。

（1）强化集体领导，严格贯彻执行民主集中制。集体领导是军队党的领导的最高原则，民主集中制是我们党和国家的根本组织制度和领导制度，是实现党的领导、贯彻党的意志的基本形式。要坚持集体领导，维护集体领导的权威，部队建设的一切重大问题必须由党委集体作出决策，不得由个人或少数人专断，要严格执行党委统一的集体领导下的首长分工负责制。要提高贯彻执行民主集中制的质量，认真解决好民主不够、集中不力、程序不规范、决策质量不高的问题。加强对新进班子成员关于民主集中制的学习和培训，认清重大意义，理解深刻内涵，落实基本制度，掌握科学方法。要对贯彻民主集中制的情况进行经常分析和考核评估，对贯彻不力、发生问题的要追究责任。

（2）严格党内生活，增强原则性战斗性。党内生活是党要管党的基本平台，是加强党性修养的有效载体和基本途径。要增强党内生活的政治性、原则性、战斗性，使各种形式的党内生活都有实质性内容，能有针对性地解决问题。要用好批评与自我批评这个防身治病的武器，打造捍卫真理、坚持原则、敢于担当的政治生态，有效清除思想污垢、政治灰尘、作风之弊。要增强班子原则性战斗性，不争你高我低、不相互拆台，坚决维护党委集体领导的权威。要严格党内生活，着力解决民主生活会质量不高的问题，解决组织生活制度落实不好的问题，解决执行纪律不严的问题。坚决反对表面一团和气、背地较劲设防，真正把团结建立在党性原则基础之上。

（3）突出重点环节，从严管住治理好领导干部和领导机关。党要管党，首先要管住治理好领导干部和领导机关。领导干部和领导机关处于重要的地位和岗位，能力强、职务高、权力大，所以出了问题破坏力更大，影响更恶劣。要加大对领导干部特别是主官的党性党风党纪教育，确保领导干部树立正确的世界观、人生观、价值观，知恩知足知责，清正廉洁，严于律已，秉公用权，能够抵制各种诱惑，自觉服从组织的管理，不搞特权，不游离于组织之外，更不能凌驾于组织之上，给全体官兵树立好的形象，为军队的声誉和党的威信增添光彩。要加强对领导干部的考察考评，强化集体领导，扩大群众监督，用制度规范言行。要强化机关组织功能，加强对领导干部的监管，旗帜鲜明地反对"四风"，切实管住人、管好权。要健全惩治和预防腐败体系，加大巡视力度，从严从快查处违法违纪案件，始终保持对腐败的高压态势。

（五）改进作风、弘扬正气

古往今来，作风优良才能塑造英雄部队，作风松散可以搞垮常胜之师。慈不掌兵，稀稀拉拉，松松垮垮，就不成其为军队，就打不了仗，更不可能打胜仗。人民军队如果不提倡艰苦奋斗，贪图享乐，不可能成为一支具有强大战斗力的军队。军队要有军队的样子，就是要坚决听党指挥，要能打仗、打胜仗，要保持光荣传统和优良作风。这就像一个人一样，要有灵魂、有本事、有品德，这样才能行得正、走得远。军队党的建设要把培养树立优良作风作为重点内容，紧抓不放、抓出成效，自上而下、以上率下，充分展现人民军队的好样子。

（1）端正指导思想。习近平指出，"空谈误事，实干兴军"。目前，部队的作风建设虽有较大改进，但还存在"文山会海""形象工程""政绩工程"等这些重形式轻内容，重口号轻行动，重数量轻质量，重眼前轻长远，偏离军队建设核心的表现，对其危害要有深刻认识，要本着对党高度负责、对国防和军队建设高度负责的态度，对自己所担负的工作用真心，使真劲，把该管的事情认真管好，该干的工作努力干好。要坚持一切从实际出发，敢于说真话、讲实情、求实效。新形势下，新情况、新问题层出不穷，不真干、不实干，半点实事也做不成，半点马克思主义也没有。这里，特别是突出依法从严治军的领导作风。应牢固树立领导机关就是执法护法机关、领导者就是执法者护法者的观念，注重发挥法治在部队建设和管理中的重要作用。在想问题、干工作、办事情时，头脑中要绷紧法律这根弦，做到学习法律、相信法律、执行法律、维护法律，尊重法律权威，任何组织和个人都不得有超越宪法和法律的特权，绝不允许以言代法、以权压法、徇私枉法。各级领导干部应努力养成研究决策依法、解决问题用法、化解矛盾靠法的思维方式和工作作风，增强必须依法开展工作、完成任务、管理部队、推动发展的自觉性。在工作指导上，要加快完成由主要依靠习惯、经验指导向主要依靠法规制度指导的转变；把思想和工作的注意力从侧重于管具体事务、管具体人，转到侧重于管建章立制、管法规执行、管对违法行为的监督检查上来，使领导机关从烦琐的日常事务、低效率的文山会海中解脱出来，集中精力谋全局、抓大事。

（2）抓住关键环节。军队党的建设改革创新涉及军队建设方方面面，要打开视野、解放思想，立足全局、体系思考，善于抓关键抓重点。一方面，善于纠治官兵反映强烈的突出问题和解决深层次矛盾。当前，以反"四风"为重点的党的群众路线教育实践活动，已经取得了明显的成效，全军面貌焕然一新，要乘势而上、乘胜追击、善始善终、善作善成，坚持按照标准更高、走在前列的要求，不断把部队作风建设引向深入，努力实现作风建设根本性好转，以良好的党风带动训风演风考风，推动部队全面建设。要完善干部选拔任用机制，坚持五湖四海、任人唯贤，坚持德才兼备、以德为先，要科学设置干部的成才路径，全面准确识别干部，客观公正评价干部，匡正选人用人风气，增强选人用人的科学性、准确性和公信度，切实解决用人不公不好不准的问题。另一方面，要突出领导干部这个重点。领导干部的作风对部队和官兵来说是风向标，其一言一行、一举一动，无形中在营造一种风气、提倡一种追求。加强作风建设，必须从领导干部严起，抓上促下、以上率下。要自觉锤炼党性，解决好世界观人生观价值观这个"总开关"问题，深刻剖析产生作风问题的思想根源，打牢转变作风的思想基础，增强自我净化、自我完善、自我革新、自我提高能力。要以树立标杆、向我看齐的态度严格要求自己,要求别人做到的自己首先做到,要求别人不做的自己绝对不做,勇于开展批评和自我批评,切忌在作风建设上见事不见人、对人不对己、避重而就轻。要深入开展团以上领导和机关干部下连当兵活动,通过下连当兵、蹲连住班,培养干部对士兵的感情,培养士兵对干部的感情,培养全军官兵对军队的深厚感情,切实当出感情来、蹲出好作风。要牢记"从善如登,从恶如崩",严格遵守党风廉政建设各项规定,既要严于律己,旗帜鲜明反对腐败;又要管好配偶、子女和身边工作人员,决不谋私利,决不搞特权,以过硬作风和实际行动带出部队的好作风、好风气。

(3) 构建规范化、制度化的长效机制。把改进作风不断引向深入,就要切实在"常""长"二字见成效,以踏石留印、抓铁有痕的劲头抓下去,善始善终、善做善成。实践看,以往作风建设存在的推诿扯皮现象与责任不明确、任务没细化有很大关系。要在各环节上改进作风,就应制定强有力的组织措施、考核措施、激励措施,健全抓作风建设落实的工作机制,健全人人负责、层层负责、环环相扣、科学合理、行之有效的工作责任制,把目标任务分解到部门、具体到项目、落实到岗位、量化到个人,以责任制促落实、以责任制保成效,形成一级抓一级、层层抓落实的工作局面。习近平同志多次反复强调指出:"各项制度制定了,就要立说立行、严格执行,不能说在嘴上,挂在墙上,写在纸上,把制度当'稻草人'摆设,而应落实在实际行动上,体现在具体工作中。"落实工作必须建立健全责任制,建章立制跟踪问责。要谁具体负责就追究谁,谁发生问题就惩治谁,将板子打到具体人身上,树立实干为本、落实为要的鲜明导向,只有这样,才能引导官兵更好地把工作落到实处、抓出成效。

(4) 旗帜鲜明地反对腐败。军队拿枪杆子的特殊性,决定了军队对腐败现象要"零容忍"。维护人民军队的形象,提升部队的士气,必须旗帜鲜明地反对腐败。反腐倡廉,一方面要打好"歼灭战"——严惩"老虎""苍蝇",坚持"老虎""苍蝇"一起打,既坚决查处领导干部违纪违法案件,严惩"老虎",又要切实解决发生在群众身边的不正之风和腐败问题,不放过"苍蝇"。在反腐的问题上不分官大官小,体现着法律面前人人平等,执行纪律没有例外。另一方面,要打好"持久战"——完善监督机制。习近平同志明确指出:"制度问题更带有根本性、全局性、稳定性、长期性。关键是要健全权力运行制约和监督体系,让人民监督权力,让权力在阳光下运行,把权力关进制度的笼子里。"① 消极腐败现象具有顽固性和反复性,抓一抓有好转,松一松就反弹。所以必须坚持打持久战,要以踏石留印、抓铁有痕的狠劲,以常抓不懈、一抓到底的韧劲,扭住根本抓,盯着问题抓,从严从紧抓,持续用力抓,以上率下抓,不见成效不撒手,见了成效也不撒手,把反腐倡廉的持久战一直打下去。"扬汤止沸,不如釜底抽薪。"只有不断建立和完善体制机制,进一步改善权力结构,

---

① 习近平. 积极借鉴我国历史上优秀廉政文化 不断提高拒腐防变和抵御风险能力. 人民日报,2013-04-21 (1).

增强监督权威，规范权力运行，才能从根本上解决导致腐败滋生的深层次矛盾和问题，让权力在阳光下运行，把权力关进制度的笼子里。

结束篇：着眼战略全局 全面推进国防和军队建设

大方略呼唤大担当，大担当支撑大使命。建设强大的人民军队是我们党的不懈追求。目标已明确，蓝图已绘就，号角已吹响。"四个全面"战略布局，植根于实践又指导实践。我们一定要把思想和行动统一到"四个全面"战略布局上来，牢记强军目标、坚定强军信念、献身强军实践，锐意进取、砥砺奋进，以共同之奋斗实现共同之目标，为协调推进"四个全面"战略布局提供坚强力量保证。坚持知行统一、笃信践行，在统一思想、凝聚共识上见成效，在强化担当提高能力上见成效，在攻坚克难、解决问题上见成效。要坚持用"四个全面"战略布局武装头脑、指导实践、推动工作，按照"四个全面"战略布局，加快推进国防和军队建设，把军委各项决策部署落到实处，抓好整顿、备战、改革、规划等工作落实，努力开创强军兴军新局面。

一、着力推动理论武装与实践运用相结合

深入学习理论，研究历史和现实，是中国共产党人注重科学理论指导、注重学习研究的鲜明特质和品格。坚持理论联系实际解决问题，既是我们党一贯坚持的马克思主义学风，又是我们党具有旺盛生命力和创造力的关键所在。习近平同志"四个全面"战略布局重要思想内涵丰富、思想深邃，既有谋划全局的宏观思考，又有解决问题的具体思路，丰富和发展了党的科学理论，是改造主观世界、客观世界的有力思想武器。深入学习贯彻"四个全面"战略布局重要思想，是统一思想、凝聚共识的迫切需要，是把握大势、明确方向的迫切需要，是提升能力、增强素质的迫切需要，是科学发展、推进事业的迫切需要，必须坚持把理论武装与强军目标、职能使命，以及军队建设实践联系起来，学用一致。

（一）坚持学习理论与指导实践相结合

坚持理论联系实际，用科学理论武装头脑、指导实践、解决问题，不只是方法问题，而且是党性、党风问题。能不能坚持理论联系实际，理论和实际联系得是否紧密，体现的是对党的创新理论的根本态度，关系到是否真正学懂弄通科学理论，关系到科学理论能否在指导

实践中发挥威力、产生效果，关系到党的理论、路线和方针政策的贯彻，关系到党的事业和部队建设的兴衰成败。当前，在理论学习问题上，还不同程度存在着联系实际不紧、学与用脱节、简单对号等问题。为此，必须强调端正学风，坚持理论联系实际，坚持理论武装与实践运用相结合，做到学以致用、学用一致，用"四个全面"战略布局的理论成果武装头脑，下功夫研究和解决部队建设和改革中的矛盾和问题。

学习贯彻习近平同志"四个全面"战略布局重要思想，贵在学以致用、用以促学、学用相长，就是要把学习的收获转化为认识世界、改造世界的实际本领，转化为指导工作、改进工作的具体措施，转化为运用最新成果、解决实际问题的能力。既要认真研读原文，深入系统学习，着力把握总体要求，着力理解科学内涵，着力掌握贯穿其中的马克思主义立场观点方法，全面准确地领会讲话精神；更要与做好当前改革发展稳定各项工作紧密结合，与推进军队建设各项任务紧密结合，深入研究解决经济社会发展中的重大问题，在加强和改进工作上取得实实在在的成效。

理论武装最重要的就是学习马克思主义，学习党的创新理论，学习中国特色社会主义理论体系，特别是学习党在新形势下的强军目标以及为实现这个目标的"四个全面"战略布局及其全面部署。只有掌握了这些党创新理论，才能把握军队建设正确的政治方向和科学的行动指南，高举起统一全军思想、凝聚官兵力量、应对重大挑战、战胜无数挫折的精神旗帜，把推动中国特色军事发展的主动权牢牢掌握在自己手里。在新的历史条件下，我们面临种种新的形势和挑战，最根本的依然是能不能毫不动摇地坚持国防和军队建设的正确方向，以科学求实的态度发展军事指导理论，深刻地理解、牢固地信仰、成熟地运用党的军事指导理论，不断提高思想政治水平，不断增强掌握真理的力量，我们才能始终拥有不被任何困难所惧、不被任何干扰所惑的主心骨，拥有坚定向前、步调一致的信心、动力和保证。

（二）坚持改造客观世界与改造主观世界相统一

学习的目的是更好地改造客观世界，让改革发展成果更多更公平地惠及人民。改造客观世界，必须更加注重主观世界的改造。当前，要与推动军队建设实践紧密结合起来，把握"四个全面"战略布局重要思想贯穿的坚定信仰信念这个核心和灵魂，着力解决好世界观、人生观、价值观这个"总开关"问题；把握"四个全面"战略布局重要思想贯穿的历史担当精神，切实增强忧患意识、使命意识、进取意识；把握"四个全面"战略布局重要思想贯穿的真挚为民情怀，认真解决好"为了谁、依靠谁、我是谁"的问题，真正做到认识上一致、思想上统一、政治上同心、行动上同步，不折不扣地把习近平同志、中央军委和上级党委的决策部署落到实处。

学以致用、学用一致，首先体现在改造主观世界上。学习贯彻"四个全面"战略布局重要思想，必须紧密联系自己的思想实际，在改造客观世界的同时改造主观世界，寓改造主观世界于改造客观世界的过程中，用改造主观世界的成果推进各种问题的解决，推进各项工作的开展。当前,社会生活环境已经和正在发生深刻的变化,新情况、新问题不断出现,各种消极的、腐朽的东西也随时在影响着人们,思想理论和军事实践面临着错综复杂的形势和异常严峻的挑战。只有以"四个全面"战略布局重要思想为指导树立正确的世界观、人生观、价值观以及战略意识和观念,才能增强辨别良莠、分清是非的能力,切实做到统揽战略全局、把握重点和关键、科学推动发展。学习贯彻"四个全面"战略布局重要思想,不断推动强军兴军实践,重要的是读原著、学原文、悟原理,真信、真学、真懂、真用,做到深学深悟、常学常新,努力做科学理论的自觉实践者、忠实捍卫者和积极传播者;净化心灵、坚强党性,牢固树立正确的权力观、群众观和政绩观,保持革命军人的政治本色和高尚情操;确立科学的思维方法和工作方法,按照"四个全面"战略布局的要求,客观求实地分析和把握部队建设的形势,积极转变思维方式,以思维方式的转变谋求工作的创新发展。归根结底,要不断深化对"四个全面"战略布局重要思想的理解和把握,增强贯彻落实的主动性坚定性。

学以致用、学用一致,要在改造主观世界的同时,加强对客观世界的改造,解决部队建设和改革中存在的问题。"四个全面"战略布局,既是新形势下国防和军队建设的强大思想武器,又是加快推进国防和军队建设的行动纲领;国防和军队建设,既是"四个全面"战略布局的重要组成部分,又是实现"四个全面"战略布局的力量保证。我们要更加善于从国内国际诸多因素的关联互动中谋划国防和军队建设,更加善于依据国家安全和发展战略全局确定国防和军队建设的发展战略和总体布局,更加善于正确处理国防和军队建设中的一系列重大关系,更加善于通过体制机制创新为国防和军队建设不断注入新的生机和活力,在加快国防和军队建设上不断突破。要正视国家安全形势新变化,正视世界军事形势新特点,实现强军目标、深化国防和军队改革、推进依法治军从严治军、加强军队党的建设。

(三) 坚持理论运用与理论创新相促进

理论,只有运用才能创新,只有创新才能更好地运用。发展机遇期、改革攻坚期、矛盾凸显期,面临的难题更集中,肩负的任务更繁重。要掌握和运用广大官兵是历史创造者的观点,紧紧依靠广大官兵推进军队改革发展,把国防和军队建设融入全面建设小康社会的光辉历程和伟大实践,为实现中国梦、强军梦而努力奋斗,唯有如此,军队建设和改革才能大有作为。要善于从理论上总结提炼广大官兵在丰富的军事实践中的新创造,鼓励部队、基层、官兵大胆探索、先行先试,弘扬敢为人先的精神,不断增强军队改革发展的动力和活力;要勇于冲破思想观念障碍和利益固化藩篱,积极推进实践基础上的理论创新和理论指导下的实践创新,深化对改革规律的认识,不断实现党的军队建设指导理论的创新发展。

要完整准确地掌握马克思主义基本原理。我军光辉发展史就是一部不断追求、推进和实现马克思主义在中国军事实践中实现中国化时代化大众化的历史,也是实现我们党的军事理论实现飞跃发展的历史,产生了适应时代引领军队建设的理论成果。这一过程既有启蒙悟动、固守本本时的失误,也有超越实际、落后实践时的挫折。但我们党能够始终坚信马克思主义基本原理是颠扑不破的科学真理,始终坚持实事求是的科学态度,依靠自己和人民的力量,在失误中反正,在挫折中奋起,引领和指导我国革命和建设事业不断走向胜利,也引领和指导我军建设与国防事业不断创造辉煌。这昭示我们,要不断强化对马克思主义基本原理和立场观点方法的历史认同,真正做到学习马克思主义的基本原理而不是具体结论,掌握马克思主义完整体系而不是只言片语,运用马克思主义的立场观点方法而不是个别论断,根据新的实践和要求发展马克思主义而不是僵化守旧,把马克思主义看成开放的不断丰富的真理而不是封闭的一成不变的教条,坚持马克思主义所指出的目标方向而不是某一个发展模式。只有做到了这些,才能解决学什么、怎么学的问题,真正把握住理论武装的着力点和根本点。

大力弘扬理论联系实际的马克思主义学风。实践发展永无止境,认识真理永无止境,理论创新永无止境。理论是时代的产物、实践的产物,顺应时代的实践发展不断催生新理论,而新的理论又不断推动社会发展进步,这是一个反复循环的过程。从建军之日起,我们党就在不断探索科学理论,指导我军军事实践;又艰苦而壮阔的军事实践中不断创新军事理论,形成了理论联系实际的优良学风。历史证明,什么时候理论和实际结合得好,党的事业就蓬勃发展,军队建设和军事斗争也顺利发展、创造辉煌;什么时候理论和实践结合得不好,党的事业就遭受挫折,我军建设与军事斗争也在曲折中艰难发展。当今时代,世情、国情、军情发生了深刻变化,我们既面临着新起点、新机遇、新发展,也面对着新情况新问题新挑战,强化理论武装比任何时候都更为迫切。我们必须学懂用好马克思主义基本原理,解放思想,更新观念,分析时代特点,找出发展规律,并把对规律的认识尽快转化为推进军队建设和军事实践的信心和动力;必须把理论学习成果与世界格局、国家战略、部队建设、军事训练等结合起来,紧紧围绕强军目标,创新工作思路、工作方法和工作措施;必须积极主动研究新情况新问题,敢于面对挑战,勇于突破创新,使运用理论的过程成为不断发现和解决问题的过程,成为理论创新、制度创新、工作创新的过程。

二、以实际行动拥护改革,支持改革,投身改革

在改革路线图已经绘就、改革号角已经吹响的今天,服从比表态更重要,担当比认同更关键,行动比计划更有效。面对时代赋予的历史重任,每名官兵特别是领导干部都应当自觉服从服务大局,强化历史担当,既立足本职勇于挑起改革的重担,又突破名缰利锁,勇于担当改革要付出的代价,坚决克服本位主义和部门利益羁绊,不当看客,不添障碍,不成阻力,以主人翁责任感投身改革,以埋头实干推进改革,在强军道路上书写无愧于伟大时代的精彩篇章。

（一）落实改革强军战略，思想要先行

深化国防和军队改革，是党中央、中央军委和习近平同志着眼党和国家事业全局做出的重大战略决策，是实现党在新形势下强军目标的必由之路。习近平同志强调：改革之难，首先难在统一思想、形成共识。思想不统一，步调就不会一致；认识不到位，行动就不会自觉。深化改革归根结底是破难局、解困局、开新局的创新过程，观念更新的程度、认识问题的深度，决定了军队改革的力度。落实改革强军战略，思想必须要先行。

1. 在观念认识上，要深入进行理论武装

思想是行动的先导，越是推进伟大的事业，越需要首先统一思想；越是完成艰巨的任务，越需要凝聚共识。思想准备不足，认识不深不透，就不可能廓清思想迷雾，改革就很难顺利推进。

（1）深入学习理解，真正掌握思想武器。习近平同志关于深化国防和军队改革重要论述，凝聚着全党全军关于深化改革的集体智慧，体现了党的意志和人民重托，回应了全军官兵的关注和期盼，得到了全军上下积极拥护和热烈响应，也充分展现了军队统帅强国强军的使命担当、洞察全局的战略视野、迎难而上的坚定意志、纵横捭阖的领导艺术，成为深化国防和军队改革的精神引领、统一思想凝聚意志的精神旗帜、贯穿改革全过程的"定盘星"和"压舱石"。只有深入学习习近平同志关于深化国防和军队改革重要论述，才能充分认清改革的重大意义，进一步强化投身改革的自觉性坚定性；才能解放思想，更新观念，进一步增强大局意识，破除困惑疑虑；才能极大激发改革热情，进一步坚定信心决心，积极为深化国防和军队改革贡献智慧和力量。要把学习贯彻习近平同志关于深化国防和军队改革重要论述作为重大政治任务，原原本本地学，全面系统地学，融会贯通地学，着重领悟蕴含其中的历史担当、坚定意志、问题导向、科学思维、务实作风等立场观点方法，切实把精神实质和精髓要义学到手，要自觉从政治高度、战略全局和时代要求上思考把握改革强军问题。

（2）深刻领会意图，自觉提高思想认识。习近平同志在中央军委改革工作会议上的重要讲话不仅明确了深化国防和军队改革的目标任务和时间节点，而且科学回答了塑造什么样的军队、怎样塑造军队的重大问题，擘画了建设强大人民军队的宏伟蓝图。目标指向哪里，军队的未来就在哪里；任务聚焦哪里，改革的落点就在哪里。无目标的努力，有如在黑暗中远征。目标意识的缺乏，或者改革重点的模糊，必将导致改革步伐的游移。只有牢牢把握目标任务，才能把准方向，使改革少走弯路、不走错路；才能整体联动，妥善处理各项改革措施的关联性和耦合性；才能凝聚意志力量，鼓舞军心士气，形成戮力同心推进改革的强大势场。要用党中央、习近平同志的改革决策部署统一思想认识，深入学习理解深化国防和军队改革的指导思想、目标任务、改革重点，深刻认识改革决策部署的重大意义和根本要求，自觉把握改革决策部署的科学性和正确性。

（3）理论上清醒是政治上坚定的基础，只有学得越深，悟得越透，才能树牢"改革是契机、不改是危机"以及"早改早强，大改大强"的观念，才能真正做到政治上高度自觉、思想上高度认同。

2. 在思维方式上，要主动掀起头脑风暴

深化国防和军队改革，不仅是军事力量体系的重塑，更是建军治军理念的创新，必须解放思想、理清思路，树立与改革相适应的思维方式。要主动来一场思想上的革命，掀起一轮新的头脑风暴，从一切不合时宜的思维定式、固有模式、路径依赖解放出来，防止穿新鞋走老路。

（1）坚持改革创新，破除思维定势。恩格斯指出："当技术革命的浪潮正在四周汹涌澎湃的时候，让这些保守的偏见在军队中占统治地位，是没有好处的。我们需要更新、更勇敢的头脑。"当前，军队深化改革面临难得的机遇窗口，对今后10年、20年甚至更长时间的国家和军队建设发展，必将产生深刻影响。如果错失良机，我们与竞争对手产生的不仅是"年代差"，可能是"时代差"。作为一场整体性、革命性变革，全面实施改革强军战略的前提和基础在于首先开启思想观念的变革。唯有改革创新，从上到下掀起一场"头脑风暴"，彻底冲破守旧、守常、守成思想观念的束缚，勇于改变机械化战争的思维定势，树立信息化战争的思想观念；改变维护传统安全的思维定势，树立维护国家综合安全和战略利益拓展的思想观念；改变单一军种作战的思维定势，树立诸军兵种一体化联合作战的思想观念；改变固守部门利益的思维定势，树立全军一盘棋、全国一盘棋的思想观念，才能真正看清各种矛盾和问题的症结所在，才能准确理解军事变革突破的方向和着力点。

（2）坚定改革信心，勇于冲破阻碍。习近平同志2013年《在中央军委扩大会议上的讲话》中指出："国防和军队改革进入了攻坚期和深水区，要解决的大都是长期积累的体制性障碍、结构性矛盾、政策性问题，推进起来确实不容易。越是难度大，越要坚定意志、勇往直前，决不能瞻前顾后、畏首畏尾。难易是相对的。'天下事有难易乎？为之，则难者亦易矣；不为，则易者亦难矣。'只要全军统一意志，敢于啃硬骨头，敢于涉险滩，就没有过不去的火焰山。"目前全军官兵对改革高度关注、衷心拥护，已经形成了强大的改革场势。我们完全有理由充满信心，有党中央、中央军委和习近平同志的掌舵领航，深化国防和军队改革一定能够取得成功。行动自觉源于思想自觉。思想的禁锢，是改革的最大障碍。影响改革的许多思想障碍，不是来自体制外而是来自体制内。思想能否"破冰"，关系改革能否"突围"。思想上的改越自觉，行动上的改就越坚决、越彻底。要勇于打破思想禁锢，自觉破除求稳怕变、求易怕难、守成怕新的思想障碍，在深化国防和军队改革这场攻坚战中，要用新的理念、新的视野、新的方法、新的标准扎实推进各项任务，着力解决影响军队建设科学发展的突出矛盾和问题。

"天下之事，因循则无一事可为；奋然为之，亦未必难。"我军历来有敢打善打硬仗的传统,今天深化改革,我们仍要拿出那么一股劲儿、那么一种革命热情、那么一种拼命精神,增强非改不可的紧迫意识,坚定改革必成的信心决心,切实把习近平同志重要决策指示落到实处,把改革各项任务落实到位,坚决打赢这场攻坚战。

3. 在精神状态上,要自觉进行思想革命

改革是一场自我革命。无论是撤并降改,还是进退去留,都可能使官兵产生一些想法,出现一些波动。只有坚持以党和军队事业为重,把有利于改革强军作为个人选择取舍的根本标尺,坚决跳出局部和个人利益的小圈子,才能在时代大考中交出合格答卷。

(1)服从改革大局,勇于牺牲奉献。习近平同志指出:"深化国防和军队改革是一场大考。"面对这场大考我们合不合格,考察的是党性、检验的是境界、拷问的是灵魂。推进改革我们面对的既有思想僵化的阻力,也有利益固化的藩篱。改革之难在于涉及重大利益关系的调整。改革是集中的利益调整,动力和阻力都与利益相关,尤其是涉及到撤、并、降、改单位的官兵,将不可避免地触碰到切身利益。面对机构调整变化、岗位地位变化和进退去留等问题,能否站在党、国家和军队整体利益、根本利益、长远利益的大局上思考问题、权衡得失,是对能否做到听党指挥的最好检验。环顾现实我们不难发现,官兵热切期盼中也涌动着浮躁与焦虑。在深化国防和军队改革的时代大考面前,时时处处,一言一行都是对个人政治态度、政治立场的检验。直面改革,应把调整转型作为浴火重生的"新长征",无论触碰到谁的利益,都应有"计利当计天下利"的胸怀,做到感情服从政治、局部服从全局、个人服从集体。要牢固树立改革的大局观,自觉站在军队建设全局的高度,看待单位的精简裁撤、岗位的变动调整、个人的进退走留,无论改到谁头上都闻令而动、听令而行。

(2)强化政治意识,增强改革定力。深化国防和军队改革,是我军进行的一场结构性重组、体系性重塑、整体性变革,一次浴火重生的革命性跃升过程,是决胜未来的战略谋划。面对这一历史性的重任,舆论主流是有利于改革的,但也存在一些网络新媒体的杂音噪音,特别是一些别有用心的炒作,或多或少影响官兵思想稳定。众声喧哗之际,广大官兵必须要强化政治意识,保持思想定力。要始终保持思想稳定,不为干扰所困、不为利益所惑,安心本职、恪尽职守,切实把心思和精力放在干工作、尽职责上,做到斗志不减、作风不散、标准不降。要严格遵守改革中各项纪律规矩,严守政治纪律、组织纪律、人事纪律、财经纪律、群众纪律、保密纪律,切实做到令行禁止。

恩格斯指出:"行动的一切动力,都一定要通过他的头脑,一定要转化为他的愿望和动机,才能使他行动起来。"我们坚信,全军官兵一定能在思想上深刻领悟党中央、中央军委和习近平同志的决策部署,一定能在观念认识上,深入进行理论武装;在思维方式上,主动掀起头脑风暴;在精神状态上,自觉进行思想革命,从而以高度的历史自觉和强烈的使命担当,以踏石留印、抓铁有痕的精神,坚决打赢改革这场攻坚仗,努力交出让党和人民满意的答卷。

（二）用忠诚迎接改革大考

深化国防和军队改革是一场整体性、革命性变革，是对我军组织架构的体系重塑，推进力度之大、触及利益之深、影响范围之广前所未有，是一道决胜未来的时代考题，势必触及个人利益，是回避不了而又前所未有的一场大考。这次军改被称为史上最牛的军改，是适应现代化战争的脱胎换骨式的大动作。随着《中央军委关于深化国防和军队改革的意见》的公布，改革的启动键已经按下，攻坚的冲锋号已经吹响，革命军人该如何应考？革命军人只能用忠诚迎接这场改革大考！

（1）以军魂不变的忠诚信念迎接大考。改革创新，这是古今中外建设强大军队的历史铁律。深化国防和军队改革是中国特色社会主义军事制度的自我完善和发展，是为了更好地发挥中国特色社会主义军事制度的优势。改革不是改向，变革不是变色。改革的首要任务就是维护好、发展好、实现好党对军队绝对领导这一根本原则制度，坚持和完善党对军队绝对领导的一整套制度，捍卫军魂永不变。听党指挥，铁心跟党走，这是革命军人的忠诚信念。有军魂不变的忠诚信念支撑，广大官兵政治意识、大局意识和号令意识就能得到强化，真正做到讲政治、顾大局、守纪律、促改革、尽职责。军队历次改革成功经验千万条，广大官兵对党忠诚是最根本的一条！不管编制体制怎么改，忠诚于党的政治本色不能改！只要坚持党对军队绝对领导，改革必成，强军可期！号令如山，听党指挥不是空喊口号，要积极拥护、支持、参与改革。习近平同志深化改革的重要论述和战略要求就是广大官兵积极拥护、支持、参与改革的根本遵循，要深入学习、深刻理解、切实贯彻。党员干部要强化党性观念，政治机关及其干部在改革中既要当好排头兵，更要筑牢"生命线"，既从严要求自身，又全力服务部队。广大官兵要坚决拥护党中央、中央军委的决策部署，强化支持拥护改革的信念，坚决把党中央、中央军委的改革决策落到实处，确保党中央、中央军委和习近平同志的决策指示得到全面准确的贯彻落实，以高度的政治自觉和强烈的使命担当迎接国防和军队改革大考。

（2）以自觉担当的忠诚品格迎接大考。一个国家，惟有变革图强方能迸发前进力量；一支军队，惟有改革自新方能赢得制胜先机。深化国防和军队改革，是世界前所未有大变局、国家发展战略大布局、强军目标战略思想大格局对国防和军队建设的必然要求。这是当代革命军人的历史和社会责任，这是当代革命军人的无上荣耀和伟大使命。击楫中流、勇敢担当是当代革命军人的不二选择。革命军人不做局外呐喊议论人，要做躬身入局、挺膺负责、成就事业担当者。应有担当的自觉、担当的德才及担当的智能与力量，以强烈的担当意识，自我更新、不断提升担当能力的努力，真正担当起改革重任。自觉担当就要争做改革促进派、实干家。习近平同志指出，"要着力强化敢于担当、攻坚克难的用人导向，把那些想改革、谋改革、善改革的干部用起来，激励干部勇挑重担。"革命军人要大力弘扬实事求是、求真务实精神，充分理解改革，为改革谋，为改革行，义无反顾、勇毅前行。革命军人要有大破大立的勇气和担当,面对改革中碰到的各种矛盾难题,发扬钉钉子精神,决不瞻前顾后、畏首畏尾,以舍我其谁的责任担当和无限崇高的使命感,力破守旧观念、守常思维、守成思想,力克改革难题与险阻,力战成见流俗促改革。

(3) 以胸襟开阔的忠诚气度迎接大考。改革调整期,也是思想浮动期。改革必定带来编制限制,改革大考前部分官兵难免产生和存在心浮气躁、焦虑不安情绪。对待改革调整要有开阔的胸襟和精神风范,响应改革召唤、响应党的号召、服从组织安排,这是改革时期革命军人应有的气度风范,这就是革命军人的忠诚。要以博大开阔的胸襟和大局为重的气度风范,争取和营造改革事业发展的海阔天空。面对利益关系调整,始终做到个人利益服从集体利益、局部利益服从全局利益。以牺牲"小我"、成就"大我"的精神风范,成就改革"大棋"环环相扣、层层相叠、招招制胜。改革面前,党委要有大格局,个人也要有大胸襟。党委要有困难自己顶、压力自己扛的气度,决不搞本位主义、亲亲疏疏!矛盾不上交,责任不推诿。官兵要深刻领悟习近平同志强调"事之当革,若畏惧而不为,则失时为害"的政治期许,以"错过一个时期,就可能错过一个时代"的危机感支持改革,以"功成不必在我、建功必须有我"的使命感参与改革。把改革的刚性要求内化为政治信念和道德修养,外化为行为准则和自觉行动,努力使思想观念更新与全局要求合拍、与时代发展同频、与改革强军共振。

(4) 以对接岗位的忠诚行动迎接大考。思想上的服从和口头上的拥护要落实在具体行动中,支持改革只有对接岗位才能见证忠诚。强军兴军动力在改革,出路也在改革。全面实施改革强军战略,是习近平同志深刻洞察世情、国情、军情作出的重大战略决策。改革强军力量在基层,在官兵的岗位上、任务中。广大官兵要把支持改革的热情转化为岗位建功的动力,凝聚起"面对改革大考、岗位建功立业"的共识,安心本职、恪尽职守,用高标准的工作支持改革。从大局着眼、从本职岗位出发,投身改革实践,用昂扬奋发的工作状态、精益求精的工作标准、实实在在的工作成绩,向党和人民交出拥护支持参与改革的合格答卷。对接岗位,要把战斗力标准真正立起来、落下去,持之以恒、久久为功,使战斗力标准落地生根、开花结果。不论怎么改,优良的传统不能改,崇高的使命和职责不能改,战士的军姿和实力不能改,铁一般的纪律和作风不能改,深山里的坚守与无悔不能改。广大官兵应以能力提升为目标,把练兵打仗的激情和动力充分释放出来,扎实提高履行使命的实战能力,提升对战斗力建设的贡献率,催生能打胜仗的生机活力。

(5) 以严守纪律的忠诚作风迎接大考。军令如山,令行禁止。改革是大考,考纪要严明。面对深化国防和军队改革的大考,要坚持把纪律规矩挺在前面,守纪律讲规矩,筑牢改革的防护堤。要坚决维护改革决策部署的权威性和严肃性,坚决反对政治上组织上行动上的自由主义,以铁的纪律维护改革顺利进行、确保部队经受考验。习近平同志严肃指出,一些党员干部不收敛不收手、明知故犯、顶风作案的问题仍然存在。改革就是要打破利益藩篱,改革也是要整风肃纪,改革还须形成反腐败、反四风的长效机制,就是要触及深层矛盾、敏感问题，强力推进问题纠治。必须加深对军队党风廉政建设和反腐败斗争形势严峻复杂性的认识，保持正风肃纪的高压态势；必须深化军队改革与正风肃纪内在一致性的认识，坚持利剑高悬，打好持久战。深化改革过程中，大事汇集，难事叠加，对部队和官兵的作风是一场严峻的考验。革命军人要始终做到闻令而动、听令而行、令行禁止。在人员调整分流、物资装备处理、经费使用管理、房地产处置等各项工作中，严守政治纪律、组织纪律、人事纪律、军事纪律、财经纪律、保密纪律、群众纪律，严格执行法规制度。强化底线思维和风险意识，在训练、战备、日常工作中，保持政治思想稳定，思想不散、工作不松、标准不降、秩序不乱，保证军令政令畅通无阻。

总之，革命军人就应该也必须以忠诚迎接改革大考，以忠诚信念、忠诚品格、忠诚气度、忠诚行动、忠诚作风书写出党和人民满意的答卷，以自己的勤奋和努力锻造听党指挥、能打胜仗、作风优良的强大人民军队。

后 记

火箭军工程大学（原第二炮兵工程大学）党委一直以来高度重视党的创新理论"三进入"工作，不断用党的创新理论武装学员头脑，铸牢学员军魂，培养绝对忠诚、绝对纯洁和绝对可靠的高素质军事人才，为建设强大的现代火箭军提供坚强的人才保障。学校2013年在全军中国特色社会主义理论体系教学评估中被评为先进院校，学校"毛泽东思想和中国特色社会主义理论体系概论"课程入选2012年国家精品资源共享课建设项目。

深入研究党的创新理论最新成果，紧跟党的理论创新步伐，有效开展党的创新理论教学，是政治理论教员终生的追求。现在呈现在读者面前的《"四个全面"战略布局与全面推进国防和军队建设》，就是我们跟进党的"四个全面"战略布局重大思想，为深入进行相关教学而形成的研究成果。习近平同志提出"四个全面"战略布局之后，学校党委对深入学习专门作出了部署，学校政委亲自定题，政治部首长和机关直接领导、选配人员组成课题组并指导课题研究。经过课题组半年多的努力，基本完成了这项研究任务。本研究侧重于对"四个全面"战略布局及其对军队全面建设指导作用的理论认识，从"四个全面"战略布局对强军兴军的指导意义、目标要求和具体落实进行阐释。课题研究的内容包含七章。杨梅枝、孙家荣、刘盍松负责总体策划、撰写提纲及统稿修改等，课题组成员参与编写，具体分工如下：第一章为杨梅枝，第二章为杨梅枝、王鹏，第三章为孙家荣，第四章为徐树森，第五章为刘盍松，第六章为高攀，第七章为王鹏，结束篇为孙家荣、刘盍松。李梦莹、王喆参与了校对工作。

本书能够如愿付梓，首先要感谢学校首长和机关的大力支持和帮助。要特别感谢国防大学马列主义教研部颜晓峰教授对我们的指导，感谢解放军西安政治学院王军旗教授、空军工程大学秦宗仓教授、第四军医大学金新亮教授、解放军西安陆军通讯学院王争印教授和武警工程大学冯小卫教授对我们的书稿提出的宝贵意见和建议。还要特别感谢西北工业大学出版社的大力支持。编写本书参阅了相关文献资料，恕不一一注明。在此，向引文、参考文献的

后　记

作者表示最诚挚的谢意。

由于我们的学习研究还不够深入，错漏、不尽如人意之处，恳请学界同仁和读者指正。

编　者
2016 年 5 月 20 日

参 考 文 献

[1] 习近平．习近平谈治国理政[M]．北京：外文出版社，2015．

[2] 中共中央文献研究室．习近平关于协调推进"四个全面"战略布局论述摘编[M]．北京：中央文献出版社，2015．

[3] 毛泽东．毛泽东选集：第四卷[M]．北京：人民出版社，1991．

[4] 邓小平．邓小平文选：第三卷[M]．北京：人民出版社，1993．

[5] 中共中央关于全面深化改革若干重大问题的决定[M]．北京：人民出版社，2013．

[6] 中共中央关于全面推进依法治国若干重大问题的决定[M]．北京：人民出版社，2014．

[7] 中共中央关于国民经济和社会发展第"十三五"规划的建议[M]．北京：人民出版社，2015．

[8] 胡锦涛．坚定不移沿着中国特色社会主义道路前进 为全面建成小康社会而奋斗[M]．北京：人民出版社，2012．

[9] 辛向阳．"四个全面"战略布局的当代意义[N]．中国社会科学报，2015-10-29(4)．

[10] 习近平．关于〈中共中央关于全面深化改革若干重大问题的决定〉的说明[N]．人民日报，2013-11-16(1)．

[11] 郑必坚．全面深化改革的重大意义[N]．人民日报，2013-12-04(7)．

[12] 毛晓刚．改革开放是实现"中国梦"的"关键一招"[N]．北京日报，2012-12-14(1)．

[13] 本书编写组．党的十八届三中全会〈决定〉学习辅导百问[M]．北京：党的建设读物出版社、学习出版社，2013．

[14] 任天佑，赵周贤，刘光明．中国梦引领强军梦，强军梦支撑中国梦[J]．求是，2013(23)：25．

[15] 宋普选．坚决落实"四个牢牢把握"，扎实推进国防和军队改革[J]．求是，2014(15)：25．

[16] 袁德金．改革开放30年中国军队改革的基本经验[J]．南京政治学院学报，2008(6)：24．

[17] 汤晓华．深入学习领会习近平同志关于深化国防和军队改革重要论述[J]．军队政工理论研究，2014(05)：15．

[18] 姜鲁鸣，王文华．国防和军队改革重点方向和基本原则[N]．学习时报，2014-05-19(3)．

[19] 任天佑．充分认清深化国防和军队改革的重要性紧迫性[N]．解放军报，2014-06-17(1)．

[20] 胡光正．深化国防和军队改革的几个重点理论问题(上)[J]．国防，2014(11)：37．

[21] 颜晓峰．牢牢把握全面深化改革的总目标[N]．解放军报，2013-11-14(1)．